論理パラドクシカ
思考のワナに挑む93問

三浦 俊彦［著］　　　　　　　　　　　　　　　　　　二見書房

付録：パラドクス辞典（寸言的索引）

　　　　　　ま　え　が　き

　たしか『世にも奇妙な物語』の一挿話だったか、こんなドラマがありました。大衆食堂によれよれの男が入ってくる。男は壁に貼られた品書きの端から順に注文し、平らげてゆく。それに気づいた客たちは声援を送る。男がすべて食べ終わるとみんな拍手し、店主も出てきて感激の言葉を述べる。男は何事もなかったように品書きの一番始めに戻って注文する。みな呆気にとられ、白けたムードが漂う——というオチ。
　本書がそのような迎えられ方をしませんように。というのも、二見書房から『論理パラドクス』（2002）『論理サバイバル』（2003）『心理パラドクス』（2004）を続けて出版したとき、多くの人に「3部作完結おめでとうございます」と言われたからです。
　完結させたつもりはなかったのですが、「おめでとう」と言われた手前、すぐに4冊目を出すわけにもいきません。他の仕事に精力を注ぐことにしました。しかしパラドクスたるもの蠢動範囲が広く、どんな仕事をしていても行く先々、新種珍種に遭遇します。ついに今、黙視できなくなって、パラドクス・コレクションを累計401題に伸ばすこととなったわけです。
　食堂の男と違って、同じメニューをなぞってはいません。前3冊であまり論じなかった物理学の問題を、「EPRパラドクス」「シュレーディンガーの猫」など定番から「量子自殺」のような新しい難問まで布陣し、「ジェンダー」「レム睡眠」「エディプス・コンプレックス」といったパラドクス〈ぽい〉有名トピックも立項してみました。
　採用問題はどれもが既存のネタを使っていますが、解答と枝問の多くは私のオリジナルです。むろん、学界の定説や異説を踏まえています。第2章や第5章には専門誌レベルの議論も含まれているので、教養や脳トレを超えて学術的な素材としても活用していただけるでしょう。
　なお、このパラドクスシリーズの索引はこれまでウェブサイトに掲載していましたが、今回は巻末に4冊分の問題タイトルをすべて五十音順に並べ、アフォリズム風の解説を付けました。本文を未読の方は、アフォリズムからパラドクス本体の全貌を推測してみるのも一興でしょう。

C O N T

この目次に並ぶ93の問題名のほとんどは、学界における通称であり、「〜のパラドクス」と称されていても実はジレンマ、「〜のジレンマ」という名でも実はパズル、といった問題が少なくありません。名称にとらわれずに楽しく解いてください。

評価軸について......006

参照注の略称について......007

第1章
論証と屁理屈の狭間......008
世にパラドクスの尽きぬ理由......

- 001 パラドクスとジレンマをパズル化する......008
- 002 間違い探しのパラドクス......010
- 003 エイプリルフール・パラドクス......011
- 004 役に立つ質問のパラドクス......013
- 005 キャッチ＝22のジレンマ......015
- 006 定義のパラドクス......016
- 007 分析のパラドクス......018
- 008 禅問答：外道問仏......020
- 009 清水義範のメタ・パラドクス......020

第2章
確率と期待値......023
可能性相手に直観はかくも無力......

- 010 2人の子ども問題......023
- 011 「上の子」問題......028
- 012 「フロリダ」という名の女の子......030
- 013 ライアーゲーム版ギャンブラーの誤謬......032
- 014 ライアーゲーム版コイントス......035
- 015 シンプソンのパラドクス：一般形......039
- 016 全体的証拠の原理......042
- 017 訴追者の誤謬......043
- 018 ネクタイのパラドクス......044
- 019 「2つの封筒のパラドクス」へのトンデモ解答......046

第3章
物理学......054
宇宙による自己解釈ゆえの逆理......

- 020 ゼーリガーのパラドクス......054
- 021 双子のパラドクス......055
- 022 不確定性原理......056
- 023 EPRパラドクス（アインシュタイン‐ポドルスキー‐ローゼンのパラドクス）......059
- 024 シュレーディンガーの猫......065
- 025 ウィグナーの友人......068
- 026 量子自殺......071
- 027 量子不死......073

第4章
数学......075
論理という暴力を振るうこの学問......

- 028 アリストテレスのコイン......075
- 029 ガリレオのパラドクス......077
- 030 0乗......080
- 031 0の0乗......081
- 032 0の0乗：哲学バージョン......085
- 033 ブラリ・フォルティのパラドクス......087
- 034 選択公理......088
- 035 バナッハ・タルスキーのパラドクス......091

第5章
論理学・哲学......095
謎を栽培した者どもの採種責任......

- 036 含意のパラドクス......095
- 037 ラッセルのパラドクス：命題バージョン......097
- 038 様相論理の公式......098
- 039 同一性のパラドクス......099
- 040 鏡はなぜ左右を反転させるのか......100
- 041 過去断罪のパラドクス......102
- 042 オムファロス仮説（世界5分前誕生仮説）......104
- 043 現象判断のパラドクス......107
- 044 クオリアの点滅......109

第6章
進化論......119
動物学で解きやすく説きがたい人間......

- 045 ペイリーの時計......119

ENTS

- 046 初版のパラドクス……120
- 047 赤の女王仮説……121
- 048 コンコルドの誤謬……122
- 049 逆説的ESS……124

第7章
セックスとジェンダー……127
論理思考が不謹慎となる最後の砦は……

- 050 有性生殖のパラドクス……127
- 051 ジェンダー・パラドクス……129
- 052 性差のパズル……130
- 053 性比のパズル……132
- 054 買春のパラドクス……134
- 055 セクシュアル・ハラスメントのジレンマ……135
- 056 時間差レイプ……138
- 057 売春のパラドクス……139

第8章
心理学……143
心を心で映し出す困難……

- 058 快楽のパラドクス……143
- 059 禁欲のパラドクス……144
- 060 ピアジェの錯誤……145
- 061 エディプス・コンプレックス……146
- 062 シンデレラ民話のパラドクス……151
- 063 精神鑑定のジレンマ……152
- 064 女か、虎か……153
- 065 レム睡眠……155

第9章
利己性と合理性……158
合理人に合理性は不要だが……

- 066 選択のパラドクス……158
- 067 選好の推移律……160
- 068 罰金のパラドクス……161
- 069 最後通牒ゲーム……163
- 070 最後通牒ゲーム：N回バージョン……165
- 071 毒物パラドクス……168
- 072 毒物パラドクス：N回バージョン……171

第10章
オカルト、マジック、サブカルチャー……175
錯覚の効用・転用・誤用悪用……

- 073 良心的な商売……175
- 074 マジシャンズ・チョイス……177
- 075 マルチプル・アウト……178
- 076 うさぎ‐あひる図形……180
- 077 ルビンの杯……182
- 078 多義図形と多義文……183
- 079 ミューラー・リヤ錯視……184
- 080 折りの実験……185
- 081 水の記憶 part1──ホメオパシー……189
- 082 水の記憶 part2──ムペンバ効果……191
- 083 心霊ドキュメンタリーの信憑性……195
- 084 真剣勝負のパラドクス……197
- 085 打ち歩詰め……198

第11章
倫理・社会・政治……203
倫理とは擬態した論理か感情か……

- 086 議席のパラドクス……203
- 087 アラバマ・パラドクス……204
- 088 アビリーンのパラドクス……206
- 089 良きサマリア人のジレンマ……208
- 090 時限爆弾シナリオ……211
- 091 原爆投下のジレンマ……213
- 092 「無条件降伏」というパラドクス……215
- 093 勝者の裁き？……217

付録
パラドクス辞典 (寸言的索引)……219
最終問題……270

評　価　軸　に　つ　い　て

以下の **A ～ Z** は、各問題を評価する基準 **26** ファクターです。
このうち、■付きの 4 ファクター **C, L, U, V** が、各問題タイトルに表示されています。たとえば

3213 と記されている問題は、必然度 **3**、基本度 **2**、繊細度 **1**、
頭脳度 **3** であることを表わします。（各 **3** 段階評価, **3** が最高）
他の **22** の基準については、各自が判定してみてください。

本 質 の 軸

【 内 容 的 座 標 】
- **A**　難易度　（答えにくさ）
- **B**　純度　（現実世界でたまたま成り立つ偶然からの独立度）

【 論 理 的 座 標 】
- ■**C**　必然度　（正解の限定性）
- **D**　攻略度　（解き方の多彩さ）

【 形 式 的 座 標 】
- **E**　蒸留度　（改善の余地のなさ。審美度。完結度）
- **F**　透明度　（言語表現からの独立度）
- **G**　解像度　（下位問題含有の複合性）

制 度 の 軸

【 歴 史 的 座 標 】
- **H**　鮮度　（問題の歴史的新しさ）
- **I**　知名度　（一般的な知られ方）

【 業 界 的 座 標 】
- **J**　認知度　（学術的な文献数、ポピュラリティ）
- **K**　天然度　（自然発生的パラドクスか、作為的なものか。「詭弁度」に反比例）
- ■**L**　基本度　（他パラドクスへの応用度、派生パラドクス数）
- **M**　膨張度　（専門家間での意見相違の度合）
- **N**　深刻度　（未解決のままでは学問的に悪影響の及ぶ度合。「趣味度」に反比例）
- **O**　温度　（将来の専門的議論の発展性。ホット度）

精 神 の 軸

【 盤 上 的 座 標 】
- **P**　霊感度　（閃きに頼る度合。「計算度」に反比例）
- **Q**　挑発度　（心理的インパクト。別名「衝撃度」）
- **R**　飽和度　（正解への納得度）
- **S**　吸湿度　（問いと答えの感覚的落差）

【 盤 外 的 座 標 】
- **T**　マニア度　（同類問題創作への誘惑度）
- ■**U**　繊細度　（誤解のされやすさ）

機 能 の 軸

【 啓 発 的 座 標 】
- ■**V**　頭脳度　（IQ 鍛錬の教材としての価値）
- **W**　教訓度　（生活、ビジネス、詐欺・屁理屈対策への利用価値）
- **X**　緊急度　（倫理、政治、法律上の課題性）

【 道 具 的 座 標 】
- **Y**　娯楽度　（コンパクトさ、座興としての使い勝手）
- **Z**　メンタル度…………………（性格判断への応用）

論理パラドクシカ
思考のワナに挑む93問

◆
参照注の略称について
◆

本文の参照注は以下のような形式で表記しています。

　例：☞パ001【パズル？　ジレンマ？　パラドクス？】
　　　☞サ086【ラムジー・テスト】
　　　☞心098【アキレスと亀：変則バージョン】
　　　☞058【快楽のパラドクス】

　問題名の前にある略称は、それぞれ順に書名・問題番号・問題タイトルを示します。書名の略称の意味は以下のとおりです。

　パ――――　『論理パラドクス』
　サ――――　『論理サバイバル』
　心――――　『心理パラドクス』
　書名なし――　本書

第 1 章

論証と屁理屈の狭間
世にパラドクスの尽きぬ理由……

001 パラドクスとジレンマをパズル化する
how to puzzlize dilemma or paradox

「問題」には、次の3種類がある。まずは、とりあえずの定義。
　パズル…………正解が1つだけに決まる問題
　ジレンマ………互いに矛盾した正解が2つ以上ある問題
　パラドクス……正解が1つもない問題

そこで次の3つの問題を考えてみよう。実数 x を求めよ、という問題である。
① $x^2 = 0$
② $x^2 = 1$
③ $1 < x < 0$

それぞれ正解は、① $x = 0$　② $x = 1, -1$　③正解なし　となる。

> したがって冒頭の定義に照らせば、①②③はそれぞれパズル、ジレンマ、パラドクスであるかのようだ。しかし、それぞれ「$x=0$」「$x=1, -1$」「正解なし」という正解が１つに定まっていると言えるので、実はどれもがパズルなのである。たとえば、$x^2=1$ の x を求めよと言われて $x=1$ とだけ答えると、不正解となる。２つセットで、唯一の正解となっているのだ。
> さて、それでは正確に言うと、ジレンマ、パラドクスとはどう定義するべきだろうか。

答え◎ジレンマ、パラドクスともに、〈パズルのように見えて〉実は正解が定まらない、というところがポイントである。つまりそれぞれの定義はこうだ。

> ジレンマ………正解がただ１つに定まるはずなのに、互いに矛盾した正解候補が２つ以上残ってしまう問題。
> パラドクス……正解がただ１つに定まるはずなのに、正解候補が１つも出てこない問題。

「２つとも正解」「正解なし」を唯一の正解とすることができればパズルだし、「２つとも正解というのはおかしい」「正解なしというのはおかしい」という疑問が残ればそれぞれジレンマ、パラドクスというわけである。
ジレンマもパラドクスも、「正解がただ１つに定まるはず」という前提が間違いだったと証明できれば、本当はパズルであったことが示され、「解けた」ことになる。
こう考えると、手に負えないパラドクスもジレンマも、本当はパズルになりたがっているのだと見なせば我慢できる。ただし中には確信犯も混じっているようだ。本書でこれから見てゆく各問を、誠実なパズル志望者と確信犯とに分別してみるのも一興だろう。

☞パ001【パズル？ ジレンマ？ パラドクス？】、サ086【ラムジー・テスト】

002 間違い探しのパラドクス
spot the difference paradox

A. この中には、間違った文が2つだけある。どれだろうか。
1　1＋1＝2
2　中国は日本よりも広い。
3　北海道は本州よりも広い。

B. この中には、間違った文が2つだけある。どれだろうか。
1　1＋1＝2
2　日本は中国よりも広い。
3　北海道は本州よりも広い。

答え◎Aは、1，2，3のうち3だけが間違いなので、Aの問題文の述べていることが間違い。すると、問題文と3の2つが間違いということになり、問題文は正しくなる。しかしその場合、間違いは3だけとなり、問題文は間違い。

こうして、Aについては、問題文が正しいとしても間違っているとしても辻褄が合わない。典型的なパラドクスである。

Bは、1，2，3のうち2と3が間違いなので、Bの問題文の述べていることは正しい。しかし、Bが間違いということもありうる。その場合、問題文と2と3が間違いということになり、間違いは2つだけと述べている問題文は間違っており、辻褄が合っている。

こうして、Bについては、正しいとしても間違っているとしても辻褄が合い、どちらとも決められない。典型的なジレンマである。

もちろんこの結果は、A，Bで問題文そのものを「この中には」の候補に入れるという措置によって産み出されたものである。その措置が間違っている、と決めることもできるが、その措置が許されている、という〈自己言及状況〉では、パラドクスやジレンマが生ずるのである。

この問題には「嘘つきのパラドクス系」共通の難しさがある。選択肢1，2，3について言われる通常の「間違い」と、問題文そのものについて言われる「自

己言及的間違い」とは、意味が異なるので分けて数えねばならない、というのが最も有望な解決だろう。

☞サ031【枠の中のパラドクス】

003 エイプリルフール・パラドクス
April fool paradox

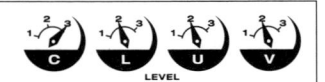

　「今日は騙してやるからな」と警告する、という有名なジョークがある。警告された人は騙されまいと身構えているのだが、ついにその日の終わりまで騙された覚えがなく過ぎてしまった。「騙さなかったじゃないか」と言うと、「騙されると思っていたんだろう。ほうら、騙された」……。騙されるという思い込みが間違っており、騙されるものとばかり騙されていたというわけである。

　📖でレイモンド・スマリヤンは、子どもの頃に兄にこうやってからかわれ、自分が騙されたのかどうか考えて一睡もできなかったという。もし騙されなかったのだとすれば、兄の「騙してやる」はウソだったことになり、レイモンドはそのウソに引っかかったことになる。「騙さなかったじゃないか」と不平を言った時点で騙されたことが暴露されたのだ。

　もし騙されたのだとすれば、兄の「騙してやる」という予告どおりになったことになり、レイモンドは騙されたことになる。しかし考えてみると、レイモンドが騙されたのだとすれば、兄の「騙されると思っていたんだろう。ほうら、騙された」の根拠がなくなるのではなかろうか。兄がそのセリフでレイモンドを「騙してやった」と主張できるためには、兄はレイモンドを騙していないのでなければならない。なぜなら、兄のセリフの意味は、「僕はおまえを騙していない。おまえは騙されると思い込んでいたんだろう。ところが、騙されなかったんだ」ということだからである。これは結局、騙してやったという兄の主張を否定している。すると、レイモンドはやはり騙されていなかったのか？

> レイモンドは兄に騙されたとすれば騙されていないことになり、騙されていないとすれば騙されたことになる。これはパラドクスだろうか?

答え◎「騙す」という言葉の意味が曖昧なだけで、パラドクスではない。

「騙してやる」という約束は、1日になされる他の発言について語るメタ言語なので、通常の基準では、「騙し」の候補には入ってこない。しかし、「騙してやる」という約束そのものを騙しの候補に含めるというふうに基準を設定しようと思えばできる。こうして、「騙してやる」という約束が騙す行為の候補から成る母集団に入るのか入らないのか、曖昧なところにこの擬似パラドクスが生じたのである。

兄が1日の終わりに言った「騙されると思っていたんだろう。ほうら、騙された」の最初の「騙される」の母集団には、「騙してやる」という約束を信じることそのものは入っていない。2番目の「騙された」には、「騙してやる」という約束を信じたことが入っている。

つまり、「騙されると思っていたんだろう。ほうら、騙された」の第1文の発声のときまでは、兄はレイモンドを騙しておらず、レイモンドが「まだ騙されていない」と思い込んでいるのは正しい。しかし、第2文の発声の時点で初めて、兄は基準を変更し、レイモンドを騙したことにした。このとき、レイモンドが「まだ騙されていない」と思い込んでいるのはもはや間違っている。

「騙されると思っていたんだろう」「うん、騙されると思っていた」ここではまだ通常の基準を適用していた兄は、次の瞬間、基準をメタレベルへ変更し、レイモンドは一転、メタレベルで騙されていたことになったのである。ここに矛盾はない。基準変更はずるい、と抗弁したとしても、そのずるさに引っかかったことがまさに騙されたということなのである。

レイモンド・M・スマリヤン『パズルランドのアリスⅡ 鏡の国篇』ハヤカワ文庫

第1章◎論証と屁理屈の狭間

004 役に立つ質問のパラドクス
paradox of the question

1 〈最も役に立つ質問と正解〉の実例はどういうものだろうか？

答え◎これはいろいろ考えられる。
「地球上から戦争をなくす方法は？」「（正解）」
「あらゆる癌に効く特効薬は何だろうか？」「（正解）」
「この宇宙に文明はどのくらいの密度で存在するのか？」「（正解）」
「量子論の観測問題の正しい解釈は？」「（正解）」
　これらの質問への正解をまだ人類は知らないが、もし正解が与えられれば、それは人類の福祉や学芸にとって途方もない利益をもたらす。文句なく「最も役に立つ質問と正解」の実例と言えるだろう。
　さて、すでにもう露骨なパラドクス臭を嗅ぎとっている方もおられるだろう。第2段階として問うべきは、もちろん、次のことである。

2 上の**1**は、それ自身、その正解の一部（質問の部分）だろうか？

答え◎ 1の段階でこの展開を予想していた人もいたであろう反面、ほとんどの人にとっては**2**の意味そのものが説明を要するかもしれない。
　「地球上から戦争をなくす方法は？」「（正解）」は、〈最も役に立つ質問と正解の実例〉なのだから、**1**に対する正解である。そして、このような〈最も役に立つ質問と正解の実例〉が得られるとすれば、**1**のような問題意識があるからである。**1**そのものが、最も役に立つ正解（たとえば戦争をなくす方法）を引き出す質問になっており、最も役に立つ質問と正解の実例になっているわけだ。したがって、**1**をQとし、**2**を疑問文から平叙肯定文に変えたものをAとすると、次のことが成り立つ。

　　Q「〈最も役に立つ質問と正解〉の実例はどういうものだろうか？」
　　A「質問はQ。正解はA」

ところが、このAそのものは、まったく情報価値がない。Aの無内容性ゆえに、A（つまりQとAのペア）は、どう考えても〈最も役に立つ質問と正解〉とは言いがたい。もしAがQの正解として認められるようだと、Aは無価値なのだから、Qは問う価値のない質問だということになる。ということは、Qに正解があるとすれば、Aは正解ではありえないということだ。
　こうして、Aのような無内容な答えはQの正解から除外される。しかしそのことは、Qの正解はAのようなものとは違う有意義な答えだということを意味する。これは、Qの正解を探す意義があるという証拠であろう。実際、「地球上から戦争をなくす方法」がわかれば素晴らしいではないか。
　ということは、再び、Qを問うのはこの上なく有用ということであり、AはQの正解の1つということになってしまう。
　こうして、Qに対してAが正解である場合にはAは正解でなく、Aが正解でない場合にはAは正解となる。パラドクスだ。

3　このパラドクスをどのように解決すべきだろうか。

答え◎有望な解決法は3つある。1つは、Qの中の「役に立つ」が多義的に使われていることを指摘し、意味を確定することで矛盾を解消する。「役に立つ」は直接役に立つという意味なのか、間接に役立つことも含めるのか。これを決めさえすれば、なんら問題は生じない。
　直接の意味に限定するならば、「地球上から戦争をなくす方法は？」「（正解）」のようなペアは紛れもなく正解であり、「その質問。この答え」といった空虚なAを含むペアは正解ではない。逆に、間接的な意味も含めるならば、Aのような答えも正解と言ってよいだろう。Q，Aのペアを正解と認めるということは、Qの価値を認めるということであり、その認定が「地球上から戦争をなくす方法は？」の正解を探し求める理由を提供するので、Q，Aは間接的に役立っているからである。
　第2の解決法は、Q自身はいかなる意味でも「最も役に立つ質問」ではないと考えることだ。Qのような明瞭な実利的意識などなくても、自然発生的に、あるいは好奇心から「最も役に立つ質問と正解」は探し求められるもの

だろう。役に立つかどうかを考えていたのでは、役に立つ成果は生まれにくいかもしれない（☞058【快楽のパラドクス】）。

あと1つの解決法は、Qの指示対象を明確化することである。Aの述べている「質問はQ。正解はA」の中のQは、まさにAを正解として認定するようなQのことだろう。そのようなQはあるだろうが、それは、たとえば「地球上から戦争をなくす方法は？」が正解となる質問とはまったく異なる質問である。たまたま「Q」と同じ名で呼ばれていたが、厳密には、Aを正解として認定するようなQと、本当に役立つ正解を持つ質問とは、別の名が与えられなければならない。どのような答えが正解となるかということは、質問の本質を規定するのだから、名前を変えねばならないのは当然である。

こうして、「役立つ」の意味の厳密化（第1と第2の解決法）、「Q」という名の曖昧さの解除（第3の解決法）という少なくとも3つの解決法を思いつくことができよう。

このパラドクスには、まだまだ他の解決法が考えられそうだ。それだけ大味なパラドクスだったということである。ということは、■1を見た時点で■2を予感した「鋭い人」は変にパラドクスズレした人であって、ピンとこなかった人のほうが健全な感覚の持ち主だったと言えるかもしれない（☞009【清水義範のメタ・パラドクス】）。

📖 Scott, A.D. & M. "The paradox of the question" *Analysis 59* (1999)

005
キャッチ=22のジレンマ
Catch-22-type double bind

爆撃機での出撃が重なって神経が参っている兵士が、「頭が変で、もう出撃できません」と司令官に申し出た。軍の規則では、「頭がおかしい者以外は、出撃任務を続けねばならない」「出撃拒否は、本人の申し出によらねばならない」と定められている。司令官は言う。「誰だって危険な出撃はやりたくない。出撃拒否を申し出てきたということは、おまえは危険を理解しており、頭が正常ということだ。よって、出撃拒否は却下する。出撃せよ」。

一対の規則が、論理的に矛盾しているわけではないがどちらに転んでも不利に追い込まれるように出来ている。そんなアンフェアな状況を、ジョーゼフ・ヘラーの反戦風刺小説のタイトルにちなんで「キャッチ（落とし穴）＝22」と呼ぶ。任務拒否を申し出ても申し出なくても、任務を続行せざるをえなくなるというわけだ。

この「キャッチ＝22状態」の例を、いくつか作ってみてください。

答え◎これは日常生活でもいろいろありそうだ。

「今日の私の授業が理解できないようなら、ついて行けないので、履修登録しても無駄です。もし理解できるなら、この分野はもうわかっているということだから、履修登録するのは無駄でしょう」

「もし入賞できなかったら、素質がないのだから、ピアノをやめよう。入賞できたなら、私なんかで入賞できる程度の世界ってことだから、続けるに値しない。やめよう」

「この心霊写真はただの光線の加減だから心配ないっていうのかい。もしそうなら、ただの光を霊だと思い込んでしまうほど、僕の心は悪霊に影響されてるってことか。どちらにしても僕は呪われているんだ」

「この心霊ビデオがヤラセでなかったら怖いな。ヤラセだったら、霊を捏造するなんて罰当たりな真似をして、祟りが怖いな。どっちにしても怖いビデオだ」

「私はノーマルな人の求婚しか受け入れない。私みたいなgummyな女に求婚するなんて、あなたフェチだわ。だからあなたとは結婚できない」

　ジョーゼフ・ヘラー『キャッチ＝22』ハヤカワ文庫

006
定義のパラドクス
paradox of definition

定義にはさまざまな分類法があるが、最もよく出会う区別として、2種類ある。学術用語のように概念を新しく作る場合と、曖昧あるいは難解な既成概念を明確あるいは簡単な概念で置き換えてわかりやす

くする場合である。

　第1の発明的な定義も、新しい概念をまずザックリ提示した後で正確な説明をしようとする場合が多いので、広い意味では第2の説明的な定義と同じだと言える。

　いま、「適者生存」を定義するとしよう。つまり、「適者生存とは何か」が誰にでもわかるように、簡潔に説明する句「＊＊＊」を提示しよう。たとえば、「生物が、生存競争の結果、外界の状態に最もよく適したものだけが生存繁栄し、適していないものは淘汰されて衰退滅亡すること」(『広辞苑』第六版)。

　さてここで、定義は目的を果たしただろうか？　定義などということは不可能だとしばしば言われ、「定義のパラドクス」と呼ばれることがある。定義が不可能な理由がいくつか提出されてきた。

① 「＊＊＊」が「適者生存」の正しい定義かどうかを知るためには、「適者生存」の意味を始めから知っていなければならない。その場合、定義は無用である。
② 「適者生存」という概念が理解できない人は、「＊＊＊」と言われてもわからないはずだ。他方、「適者生存」という概念が理解できる人は、「＊＊＊」と言われなくてもわかっている。よって、いずれにしても定義は無駄である。
③ 「適者生存」という概念が、定義する必要のあるほど曖昧な概念ならば、正確に定義できるはずがない。正確に定義できるならば、それは曖昧な概念ではなく、もとの「適者生存」という概念とは違うものだからだ。

　さて、①②③のどれも、「定義が可能であり、役に立つ」ということを否定できてはいない。それぞれの言い回しに適合した表現で①②③に反論してみよう。

答え◎①「適者生存」の意味を知らない人に対して知っている人が、「＊＊＊」が正しい定義だと教えてやるという形で、定義は機能するだろう。実際、辞

書は正しいことを述べているという前提に立って、私たちは言葉の意味を学ぶことができる。

　②理解は、している、していないという二分法でキッチリ分けられる状態ではない。「適者生存」という概念を中途半端に理解している人に対して、「＊＊＊」と定義してやることで、理解を深める手助けをすることができる。また、「適者生存」という概念はわかっているが、その言葉を知らない人に対して（たとえば日本語のこの単語だけ知らない人に対して）「＊＊＊」と言い換えてやれば、理解を増やすことができる（☞サ088【解釈学的循環のパラドクス】）。

　③「適者生存」が曖昧な概念（語）であれば、同じ程度に曖昧な概念（語）で置き換えてやれば、それなりに正確な定義となりうる。「生物が、生存競争の結果、外界の状態に最もよく適したものだけが生存繁栄し、適していないものは淘汰されて衰退滅亡すること」という定義には、「生物」「生存競争」「最もよく適した」といったある程度曖昧な語が使われている。それらの組み合わせが全体として、「適者生存」の曖昧さを正確に模写できていることは十分ありうるだろう。

 Robinson, Richard. *Definition*. (Clarendon Press,1954)

007 分析のパラドクス
paradox of analysis

　前問「定義のパラドクス」と表面上似ているが全然違う問題である。
　「兄」を「年上の男の同胞」と定義したとしよう。「兄とは、年上の男の同胞である」という定義文ができる。この文は、「兄」という概念が「年上の男の同胞」という概念に等しいことを述べている。「兄」を、「年上」＋「男」＋「同胞」へと分析しているだけなのだ。つまり、ある対象に「兄」という概念が当てはまるかどうか知るためには、「年上の男の同胞」という概念が当てはまるかどうかを知る必要があり、その逆も言える。したがって、「兄とは、年上の男の同胞である」という文は、「兄とは、兄である」という文と同義である。しかし、「兄とは、年上の男

の同胞である」は情報をもたらす文であるのに対し、「兄とは、兄である」は単なる同語反復であって、情報価値がない。まったく同じ意味を表わす文であるはずなのに、どうしてこのような違いが生ずるのだろうか。

答え◎このパラドクスは概念のレベルで論じると難しいが、レベルを転換すると単純な解決がたやすく得られる。「兄とは、年上の男の同胞である」という定義文は、概念についての文であるのみならず、言葉についての文であるというのがポイントだ。

　定義文は、言語論の視点で見ると、「『兄』という語は、『年上の男の同胞』という語と、同じものを指し示す」という文なのである。「兄」と「年上の男の同胞」は、概念としては同じでも、言葉としては別物だ。そして概念とは違って言葉の場合は、ある対象を「兄」という語で指せるかどうか知るために、「年上の男の同胞」という語で指せるかどうかを知る必要はない。「男」という語を知らなくても、ある人を「兄」と呼べるかどうか知ることはできるからだ。逆に言うと、「男」という語を知れば、「兄」という呼称をより広い機会に正しく使うことができるようになる。

　したがって、「兄とは、年上の男の同胞である」という定義文を、以下のAではなくBとして読み、「兄とは、兄である」という定義文をCではなくDとして読めば、パラドクスは解ける。

　A 「兄という概念は、年上の男の同胞という概念である」
　B 「『兄』という語は、『年上の男の同胞』という語と、同じものを指し示す」
　C 「兄という概念は、兄という概念である」
　D 「『兄』という語は、『兄』という語と、同じものを指し示す」

　AとCは同義だが、BとDは同義ではない。意味が違うのだから、Bに情報価値があってDに情報価値がないのは、なんら不思議ではないのである。

📖 *The Philosophy of G.E. Moore* ed. by P. A. Schilpp (Open Court, 1942, 1977)

008
禅問答：外道問仏
mondo: One Outside the Way Asks the Buddha

『無門関』第32則のエピソードである。世尊（仏陀）は外道（異教徒）から、「不問有言、不問無言（言葉でもなく、沈黙でもないものは何ですか）」と問われた。世尊はしばらく黙って坐っていた。外道は大いに賛嘆して、「悟りの世界に導いていただきました」と礼拝して立ち去った。阿難が世尊に「あの外道はいったい何を悟ったのでしょうか」と尋ねた。世尊は「良馬がただ鞭の影を見るだけで走り出すようなものだ」。

さていったい、外道は何を悟ったのだろうか。

答え◎禅問答特有の難解さに満ちたエピソードだが、「仏陀が黙って坐っていた」というところから自ずとある瞑想的イメージが浮かび上がり、正解に至ることができるのではなかろうか。

外道は異教徒であるから、仏陀に挑んでいる。つまり、何かを答えれば「それは有言ではありませんか」とやっつけ、黙っていたら「それは無言ではありませんか」とやりこめようというのだ。そこで仏陀は、じっと坐ったまま無我の境地に入ってみせたのである。

「有言か無言か」という二択は、自我の働きを前提としてこそ成り立つ。そこで無我の拠座(きょざ)を示し、外道の問いの前提を覆した。言葉と沈黙を分別する自我というものを脱却した世界が示され、有言でも無言でもないものが提示されたのである。

秋月龍珉『無門関を読む』講談社学術文庫

009
清水義範のメタ・パラドクス
Shimizu's meta-paradox

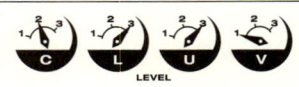

清水義範の短編小説「アキレスと亀」の一場面。飲食店で食事しなが

ら酒が入った男女２人。大学出たての新入女子社員に、先輩風を吹かせたい男子社員が得々と説明している。

「まず亀を追い越そうとするには、アキレスはまず、今その亀がいるところまではとりあえず行かなきゃいけないでしょう。(中略) その間にね、亀も少し前へ進んでいるから、並ぶことができない。そこまで来たんだけど亀はもうちょっと前にいるわけ。そこまでは、わかるでしょう」「はい……」「だから次にアキレスはさ、今、亀のいるところまで行くわけ。そうするとさ、さっきと同じで、亀はまた、ちょっと前まで進んでいるわけでしょう」「そうですけど」「そうするとまたアキレスは行く。でもまた亀は、ほんのちょっとだけ前へ行ってる。また行く。また亀がちょっと前。(中略) 追い越すどころか、追いつくこともできないの」「でも、本当は追い越しますよね」「追いつかないじゃない。だって、さっき説明したとおりになっちゃうよ。まず亀が今いるところまで行こうとするでしょう」「どうしてそんなふうに思うんですか」「だって、追い越すためには、まず追いつかなきゃ。そのためには、とりあえず今、亀がいるところまで行こうとするでしょう」「そんなふうに、区切って考えることはないと思うんですけど」「区切りたいんだもの。そうやって区切って考えてみると、どうしてもアキレスは亀に追いつくことができない。ね。これ面白いんだから」「アキレスはバカなんですか」「そうじゃなくてさ、考え方の問題なのよ。そういう考え方をするとね、とても不思議なことが起こっておかしいなあ、という話」「でも、追い越せるような気がします」「でもさ。まず亀が今いるところまで行くでしょう。そうすると亀はちょっとだけ前に……」

　この会話に見るように、学問でパラドクスと言われているものの多くは、日常思考に馴染んだ人に心から「不思議」と感じさせるように語るのは容易なことではない。パラドクスを解決することよりも説明することの方が難しいくらいだ（だから「メタ・パラドクス」と名づけたのだが）。論理ズレしたマニアにしか通じないような瑣末なパラドクスが案外多いのである。

001【パラドクスとジレンマをパズル化する】で見たように、問題というものは本来、パズルであることを目指す。しかし中には、パズルとなるチャンスを自ら潰して、永遠にパラドクスやジレンマであり続けようと頑張る問題がある。問題そのものが悪いというよりも、いったんパラドクス視した問題には解決後も執着しがちな学者たちに責任があることは言うまでもない。
　「アキレスと亀」のように明らかに常識に反する結論を導き出すタイプのパラドクスを哲学童貞に向かって話す場合、「通じるように」「わかってもらえるように」語るコツがある。どういう語り方をすればよいだろうか。

答え◎世に言うパラドクスは解くより語る（繕う）方が難しい、という皮肉を例証した清水のこの短編を「パラドクスのパラドクス」と戸田山和久が評していたのをヒントに、本問を採択してみた。
　男の説明がひたすら女の反発を招き（会話そのものを弾ませる役には立っているようだからそれはそれでよいのだが）、パラドクスの説明として泥沼にはまり込んでいる原因は、「アキレスは亀に追いつけないのだ」と説得しようとしているところにある。
　そういう説得は成功しない。実際、等速運動で一直線を進む限り、速い者が遅い者に追いつくことは自明だからである（ただし速度変化を許せば話は違ってくる（☞心098【アキレスと亀：変則バージョン】）。したがって、説得路線は外れて、「この考え方のどこが間違っているのか」を問いかけるという方法（本書でもほとんどの問題について採用している方法）で語りかけるべきなのだ。それならば相手としても考える甲斐がある。実際、「アキレスと亀」をはじめ多くのパラドクスは、不適切な語り方によって可能と不可能が混同される言語トリックだからだ。このタイプには【交換のパラドクス（2つの封筒のパラドクス）】（019、心056）、【ベルトランのパラドクス】（サ092）、【終末論法】（パ075）、【鏡はなぜ左右を反転させるのか】（040）など、難易度第一級と定評のある諸問題が含まれている。

　　　　　　　　　　　　　　　　🕮 清水義範『アキレスと亀』角川文庫

第 2 章
確率と期待値
可能性相手に直観はかくも無力……

010
2人の子ども問題
boy or girl part 2

　パラドクスやパズルの王道は、嘘つきのパラドクスに代表される「真偽・言語」系から、「確率」系に移行しつつあるようだ。プロの数学者が素人にもわかる明白な誤りにしがみついてゴネる珍景が見られるのもこの分野である。そこで、最新の確率クイズから始めることにしよう。『論理パラドクス』『心理パラドクス』で見た【男の子と女の子】【百聞は一見に如かず?】のバリエーションである。

❶　まずは、マーティン・ガードナーが1959年に『サイエンティフィック・アメリカン』で提示したおおもとの問題。
　「スミス氏には2人の子どもがいる。そのうち少なくとも1人は男の子である。2人とも男の子である確率は?」

❷　次に、2010年3月24～28日にアトランタで開催された「マーティ

ン・ガードナーのための集会第9回（G4G9）」（ちなみにガードナーは同年5月22日に死去）で、数学者、マジシャン、パズル愛好家たちを前に、パズルデザイナーのガリー・フォシーが提示した問題。

「スミス氏には2人の子どもがいる。そのうち少なくとも1人は火曜日に生まれた男の子である。2人とも男の子である確率は？」

答え◎ 1 にガードナーの用意した正解は、$\frac{1}{3}$ だった。2人の子を区別して（たとえば上の子と下の子を順序付きで並べて）、〈男、男〉〈男、女〉〈女、男〉〈女、女〉という等確率の可能性のうち（本当に等確率かどうかという細部は、論理パズルでは無視するのが慣例）〈女、女〉が消えたので、$\frac{1}{3}$ ということだ。しかし、「少なくとも1人は男の子」という情報の得られ方が、たまたま1人を目撃してそれが男だったというような場合は、残りの1人が男である確率が $\frac{1}{2}$ なので、正解がガードナーの意図と食い違ってしまう。それでガードナー自身も問題の不備を反省したのだったが、単に「少なくとも1人は男の子」という提示法であれば、選ばれた（目撃された）特定の1人が男の子だったというような情報まで述べていないので、最低限の情報だけを参考にして $\frac{1}{3}$ が正解ということでよいだろう。

さて、問題は **2** である。出題者ガリー・フォシーは、「みなさんが最初に思うのは、『火曜日というのが問題に何の関係があるんだ？』ということでしょう。でも、関係大ありなんですよ」と言ってステージを下りた。数学者も含め聴衆はみな「火曜日は関係ないだろ？」と笑い、そして後で驚いたという。

問題は2人が男の子かどうかなので、「火曜日に生まれた」というのは無関係であるように感じられる。どのみち誰もが誕生日に曜日が付いているには違いないので、たまたま火曜日生まれがいるとわかっても情報価値はない。そこで火曜日生まれという情報を無視すると、「少なくとも1人は男の子」という情報だけになるので、ガードナーの古典的問題（**1**）と同じになり、2人とも男の確率は $\frac{1}{3}$ だ。

さてしかし、次のように考えたらどうだろう。すべての場合を丁寧に列挙してみるのだ。

第1子　男火曜　　第2子　7日×2（男or女）の可能性
　　第2子　男火曜　　第1子　7日×2－1の可能性（－1はすでに勘
　　　　　　　　　　　　　　定されている男火曜の場合）

　全部で27の場合があり、うち男2人の場合は13通りなので、スミス氏の子どもが2人とも男である確率は、$13/27$ であることがわかる。

3　さて、常識的な解答と、場合分けによる解答とで、食い違ってしまった。正解は $1/3$ か、$13/27$ か、どちらだろう？

答え◎どちらも正解である。**1**の問題設定の違いによって正解が $1/3$ と $1/2$ に分かれたように、**2**も問題設定が曖昧なために、2つの正解があるのだ。

　スミス氏に2人の子どもがいるとわかってから（あるいは、さらに少なくとも1人は男の子だとわかってから）、「誕生の曜日についても教えてくださいよ」と頼んだら、「火曜日生まれの男子がいますよ」という答えだった——そういう場合は、$1/3$ が正解となる。

　この設定では、曜日はどうでもよくて、たまたまスミス氏に火曜日生まれの男子がいたからこの問題になったのであり、いなかったらたとえば「少なくとも1人は金曜日に生まれた男の子である。スミス氏の子どもが2人とも男である確率は？」という問題になっただろう。火曜日生まれという情報は、単なる余剰情報であり、**2**は**1**と変わらない。

　他方、事情が次のようなものだったら確率は異なる。火曜日生まれの男子という条件が始めにあって、スミス氏に火曜日に生まれた男の子がいなかったらこの問題は出さない、と決められていた場合。あるいは、スミス氏に「火曜日生まれの男の子はいますか？」と訊ねたら、「いますよ」という答えだった場合。あるいは、2人の子どもがいてうち1人が火曜日生まれであるような親を意図的に捜し出してきたら、その人がスミス氏だったという場合。

　このような場合は、「**火曜日生まれの男の子**」がいないと問題が成立しないので、火曜日という情報が問題と独立でない。したがって、確率は $1/3$ から改訂される。男子1人だけの場合よりも、2人とも男子の場合に「**火曜日生まれの男の子**」が含まれている確率が高かったはずなので、含まれている

とわかった時点で、2人とも男子である確率は $1/3$ よりも上がっているはずだ。先ほどのようにすべての場合を列挙して、$13/27$ が正解だとわかる。

　ちなみに、「マーティン・ガードナーのための集会」でガリー・フォシーが出題したときの言葉は、正確には **2** の文面ではなくて、次のようなものだった。

　"I have two children. One is a boy born on a Tuesday. What is the probability I have two boys?"

　主語が「私」なので、親が先に選ばれており、子どもの誕生曜日が従属変数であることは明らかだ。つまり、「火曜日生まれ」が独立に指定されていない。よって、この問題の正解は $1/3$ である。フォシーは「関係大ありなんですよ」と聴衆を煙に巻いたが、彼の述べ方では意図した正解 $13/27$ が確保できていない。三人称で出題すべきだったのだ。惜しい失敗である。

　同じ過ちは、数学者キース・デブリンのウェブサイト（📖）にもある。フォシーの問題に「当然 $1/3$」と答えてから冷静に考え、$13/27$ に考えを「改め」たデブリンは、自前の誕生日問題を出題したが、それがやはり「私」を主語としているのだ。出題者デブリンの意図を生かすために三人称に書き換えると、次の問題になる。

　「Dさんには2人の子どもがいる。そのうち少なくとも1人は4月1日に生まれた男の子である。Dさんの子どもが2人とも男である確率は？」

　これの正解も、問題の成立事情に依存する。誕生日などいつでもよかったが、たまたま4月1日生まれがいたからそれを問題文に付加したという場合、正解は $1/3$。

　他方、「4月1日生まれの男の子がいるか？」とDさんに当てずっぽで訊ねたらなんと「いる」という返事だった場合、これは男の子が1人の場合よりも2人の場合の方が当たりやすいことは明らかだ。計算すると、
第1子　男　4月1日　　第2子　365日×2（男 or 女）の可能性
第2子　男　4月1日　　第1子　365日×2−1の可能性（−1はすでに勘定されている男子4月1日の場合）

　全部で1459の場合があり、うち男2人の場合は 365 + 364 = 729 な

ので、求める確率は $^{729}\!/\!_{1459}$ となる。

4 **3** で計算された $^{13}\!/\!_{27}$、$^{729}\!/\!_{1459}$ は、$^1\!/\!_2$ に近い数である。火曜日生まれと４月１日生まれという属性を比べればわかるように、珍しい特徴であればあるほど、２人とも男である確率が $^1\!/\!_3$ から $^1\!/\!_2$ に近づいてゆくことがわかる。どうしてだろうか。

答え◎世界に１人しかいない属性によって子どもを特定したとしよう。たとえば、**2** の「火曜日に生まれた」を「上の子」に置き換えた問題Ｒ。

「スミス氏には２人の子どもがいる。そのうち少なくとも１人は上の男の子である。スミス氏の子どもが２人とも男である確率は？」

「上の子」と先に唯一性質を特定して、それが当てはまるのが男の子だとわかった場合、問題Ｒの正解は、$^1\!/\!_2$ である。残る下の子が男である確率は半々だからだ。「スミス氏の上の子」という性質は世界でただ１人しか持たないことに注意しよう。

４月１日生まれから始めて、血液型Ｏ型、目尻にホクロ、等々を付け加えていけば、そのような性質を持つ人物の「唯一特定性」が強まり、問題Ｒに類似してくる。

しかし、単に珍しい特徴というだけでは、確率を改訂する役には立たない。誰もが珍しい特徴を無数に持っているには違いないので、「○○であるような男の子が少なくとも１人いる」の「○○のような」が後から恣意的に付け加えられたものであっては情報価値がない。「○○のような男子はいるだろうか」と問われたとき、「なんと、いた」という、反証のリスクを冒した試練をくぐって初めて、確率が問題Ｒに近づくのである。

この条件をクリアしなくてよいとしたら、次のような推論も可能になってしまう。

「スミス氏には２人の子どもがいる。そのうち少なくとも１人は男の子である。のみならず、ある世界唯一の属性を持つ男の子がいる、と詳述してよい。誰もがそのような何らかの属性を持つことは自明だからだ（たとえば誕生の正確な日時分秒＋地点とか）。その属性を α と呼ぼう。よって、問いは次のように書き直せる。『スミス氏には２人の子どもがいる。そのうち属性

αを持つ方は男の子である。さて、スミス氏の子どもが2人とも男である確率は？』……αがどんな属性であるかはまだわからないが、なあにどうせ存在するのだから問題ない。わかった時点でαに具体的な属性名を代入すればいいのさ」

このように読むと、誰が男の子であるのかを特定できていないのに、正解が$\frac{1}{2}$になってしまう。つまり、次の2つの問題の答えが常に一致してしまう。

A「2人の子のうち、少なくとも1人は男の子である。2人とも男である確率は？」
B「2人の子のうち、上の子は男の子である。2人とも男である確率は？」

もちろんAとBが同じ問題ということはありえない。Aの正解が$\frac{1}{2}$になるためには、「少なくとも1人」に付け加える特徴づけが、後から付け加えたものではなく、問題成立の条件として始めに提示されていなければならない。属性αを先に指定して、その条件に合致した親を後から選んでくる、という手続きを踏まないと、母集団が「属性αを持つ男の子のいる親」だったことにはならず、正解は$\frac{1}{3}$のままである。

📖 "Magic numbers: A meeting of mathemagical tricksters" *New Scientist* 29 May, 2010
📖 "Devlin's Angle" April 2010, *the website of the Mathematical Association of America*, http://www.maa.org/devlin/devlin_04_10.html
📖 三浦俊彦『本当にわかる論理学』日本実業出版社

011
「上の子」問題
boy or girl part 3

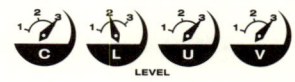

前問で得られた教訓は、次のようなことだった。

原理α
「スミス氏には2人の子どもがいる。そのうち少なくとも1人は○○

である男の子である。スミス氏の子どもが2人とも男である確率は？」という問題について——

「どういう男の子がいますか？」「○○である男の子です」という聞き出し方をした場合は、正解は、$1/3$。これは、○○という性質がどれほど珍しかろうと関係ない。

「○○である男の子はいますか？」「います」という聞き出し方をした場合、正解は、○○という性質が珍しければ珍しいほど（唯一の対象にだけ当てはまる性質に近づけば近づくほど）$1/2$に近づく。

こうして整理してみると、前問の **4** で微妙に疑問を抱いた読者もいるのではなかろうか。「上の子」という性質——スミス氏の上の子であるという唯一の対象にだけ当てはまる性質——についても、原理 α が成り立つはずだろう。とすると、こういうことになるのだろうか。

「スミス氏には2人の子どもがいる。そのうち上の子は男の子である（少なくとも1人は第1子の男の子である）。スミス氏の子どもが2人とも男である確率は？」
① 「どういう男の子がいますか？」「上の男の子です」という聞き出し方をした場合、正解は $1/3$。
② 「上の子は男の子ですか？」「そうです」という聞き出し方をした場合、正解は $1/2$。

しかしガードナー以来、2人の子ども問題の伝統的な提示法では、①②の区別などせず、「スミス氏には2人の子どもがいる。そのうち上の子は男の子である」だけで十分だったのでは？ 残る下の子は男か女か五分五分だから、2人とも男である確率は $1/2$、というのが正解とされているのではないか？

「火曜日生まれの男子」「4月1日生まれの男子」の場合は、原理 α に服することを見たばかりだ。「上の男の子」の場合も、原理 α に服するのだろうか。それとも伝統的な問題提示のとおり、「上の男の子」の場合は原理 α に服さず、聞き出し方にかかわらず正解は $1/2$、とい

うことでよいのだろうか。

答え◎「スミス氏には2人の子どもがいる。そのうち上の子は男の子である。スミス氏の子どもが2人とも男である確率は？」という問題も、原理 α に服する。同時に、その問題提示がなされたとき、われわれはごく自然に、②の設定で理解する。そしてその理解はあまりに自然であるから、設定が①か②かという問題は通常問われず、正解は $1/2$ とされるのである。

なぜだろうか？

「上の子（第1子）」というのは、「火曜日生まれ」や「4月1日生まれ」とは違って、2人の子どもがいればそのうち1人は必ず持つ性質であることがわかっている。「下の子」「背の高い方の子」「背の低い方の子」「スミス氏とよくしゃべる方の子」など比較級の性質はすべてそうだが、とくに「上の子」という指定は、複数の兄妹姉妹から1人を選び出すときにもっとも自然な方法として了解されている「決まり文句」である。

この決まり文句は、スミス氏の上の子が男かどうかとは独立に、すでに社会的に流布している。問題文で「上の子」という言葉が用いられれば、当然のように、この社会的な「兄弟姉妹からの代表的な選出方法」が前もって指定されていたものと理解されるのである。

それに対して、「下の子」「背の高い方の子」「スミス氏に似ている方の子」といった特定は、社会的に代表的選出方法とは認められていないため、暗黙に②の設定で理解される、というわけにはいかない。①なのか②なのかの明示が要求されるのである。

http://sciencenews.org/view/generic/id/60598/title/When_intuition_and_math_probably_look_wrong （June 28th, 2010）

---

012 「フロリダ」という名の女の子
boy or girl part 4

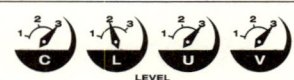

1 2人の子どもがいる家族で、1人がフロリダという女の子である場合、子どもが2人とも女児である確率はいくらだろうか。

答え◎ 010【2人の子ども問題】に倣って計算すると、家族を先に選んで女児の1人の名を後から知った場合は、$1/3$。

フロリダという名を先に決めておき、2人の子どもがいて1人がフロリダである家族に当たるまで尋ね歩いた場合、$1/2$。同じことだが、フロリダという女児のいる家族を募って集まってもらった場合、$1/2$。

2 **1**の後半の設定において正解が$1/2$になるのはなぜだろう。011【「上の子」問題】ではたしかに$1/2$だった。しかし「フロリダ」問題は、「上の子」問題よりも「火曜日」問題や「4月1日」問題の方に似ていると思われるのだが。フロリダという名は単に低い確率によって1人を指定しており、「上の子」のようなあらかじめ唯一の該当者の保証された個体同定ではないのだから。そして「4月1日」問題などと同じ考え方、つまり珍しい性質であるほど$1/2$に近くなるという考え方をするなら、この問題の後半の正解は、フロリダという名前の珍しさによって変動するはずではなかろうか。「フロリダ」という名は4月1日生まれより珍しい性質だろうから「$1/2$にきわめて近い値」であるにせよ、$1/2$そのものではないのではなかろうか。

答え◎「上の子」が特定の1人を厳密に選び出し、$1/2$という正解を得たのは、兄妹姉妹のうち1人だけが持つ性質だったからだ。同様に、「火曜日生まれ」「4月1日生まれ」などが$1/2$に近い正解を得たのは、2人の子の両方ともにその性質が当てはまる確率が小さかったからだ。性質そのものの珍しさは実は関係ない。

ちなみに、010【2人の子ども問題】の**2**（正解$13/27$バージョン）で、問題となる2人の子が双子だとわかったとしてみよう。双子は同日に生まれるとすれば、場合分けによって、2人とも男児の確率は$1/3$であることがわかる。逆に、深夜零時をまたいで生まれた双子であるため同じ日（曜日）に生まれなかったとわかったとしよう。場合分けによって、2人とも男児の確率は$1/2$であることがわかる。

「フロリダ」という名についても同様である。べつに「スーザン」「ナオミ」「ミホ」のようなさほど珍しくない名であってもよい。📖 では、「フロリダ」

という名の珍しさがこの問題にとって重要であるかのように解説されているが、名の珍しさは本質的ではないのだ。2人の子に同じ名を付けるということがまずありそうにないという理由だけにより、2人とも女児である確率は$\frac{1}{2}$としてよい。（表1）

もちろん、問題となる家族が、女児にはみな同じ名をつけて、ミドルネームで区別するという主義の持ち主だとわかった、というのであれば、2人とも女児である確率は$\frac{1}{3}$である。（表2）

表1

第1子	女（フロリダ）	第2子	女（フロリダ以外）
第1子	女（フロリダ）	第2子	男
第1子	女（フロリダ以外）	第2子	女（フロリダ）
第1子	男	第2子	女（フロリダ）

表2

第1子	女（フロリダ）	第2子	女（フロリダ）
第1子	女（フロリダ）	第2子	男
第1子	男	第2子	女（フロリダ）

レナード・ムロディナウ『たまたま――日常に潜む「偶然」を科学する』ダイヤモンド社

013 ライアーゲーム版ギャンブラーの誤謬
gambler's fallacy: Liar Game version

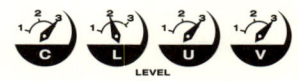

『カイジ』『アカギ』『ライアーゲーム』などのギャンブルマンガは、理屈がきわめてうまく出来ている。必勝法と思われた戦術が裏を搔かれて必敗法に転じてしまい、それを挽回するための奇策の応酬が形勢を二転三転させるストーリー。ただしその仕掛けはほとんどが心理的錯誤につけ込むもので、初期の『ライアーゲーム』の「少数決ゲーム」など少数の例外を除くと、論理的なトリックは意外と少ないようだ。

そこでやや気になるのは、登場人物のセリフに論理的に正しくないものがしばしば見受けられること。『カイジ』『アカギ』の登場人物は「ツキ」「流れ」といったオカルト語をよく口にする。確率論に従った判断は軽蔑され、本能的直感が礼讃される。むろん、登場人物がそのように思い込んでいるということなのだから、そのようなキャラクター設定に疑義を差し挟んでもしょうがないだろう。しかし、トリックを説明するセリフの中で確率的に正しくない説明がなされていると、どうも気になってしまう。説明とはいえ登場人物の思い込みだから、そこが間違っていたとしてもフィクションとしての価値が下がるわけでもない。しかし読者は概して、説明部分は単に登場人物の偏った考えではなく、教養的な説明として読みがちだろう。『ライアーゲーム』の中から「正しくない説明的セリフ」の例を選んで、問題としてみよう。

　「感染ゲーム」では、グループ9人の中に2人の感染者がいるという状況が生じた。7人は未感染の正常である。ここで、感染と正常を電波の違いで識別できる振り子なるものをアキヤマが持ってくる。正常か感染かの違いによって、玉Aと玉Bのいずれか異なる一方だけが振れるはずであると。

　そこで、9人のうち3人で試したらAが2人、Bが1人に分かれた。これを見て、ゲーム主宰組織側の人間が次のような会話をする。

　栗藤「コイントスの賭けをやったとしましょう。なんと10回連続で表が出ました。11回目どちらに賭けたいですか？」
　フォルリ「そりゃ裏だろ。11回連続で表が出るなんて考えにくいもの」
　栗藤「それが「ギャンブラーの誤謬」です。10回連続で表が出ていようがそんなことまったく関係なく次に裏が出る確率は50パーセントです」
　フォルリ「あっ」
　栗藤「人間ってものは直感的なものにしばしば正確な判断を歪められてしまうということです。この場合もそう。グループ9人の中に感染者が2人いる。つまり正常と感染は7対2。9人から3人を抽出し

たら2対1に分かれた。その状況で2対1の「2」が「正常」か?「感染」か? と問われれば「間違いなく正常だな」とつい思い込んでしまう」
　フォルリ「確かに……」
　栗藤「本当は「3対1」あるいは「3対2」になってはじめてアキヤマの理屈は正当化されるのですが、この「2対1」の時点ですでにプレイヤーはアキヤマの言い分を完全に信用してしまったのです」

　2対1の2が正常なのかどうかということと、アキヤマの振り子がそもそも識別機能を持つのかどうかということとは別の話で、後者こそが物語の焦点なのだが、とりあえず、栗藤が説明しているのは前者なので、アキヤマの振り子が識別機能を持つことは前提したうえで、次のことを考えよう。
　もともと正常と感染は7対2であるところから任意の3人を抽出して識別したら、結果が2対1に分かれた。「2」が正常か感染かと問われれば「正常」と考えるのは、栗藤の言うとおり、早とちりなのだろうか。早とちりだとしたら、「ギャンブラーの誤謬」と同じ種類の間違いだろうか。

答え◎計算してみよう。結果が2対1に分かれたとき、2の方が正常である確率はいくつだろうか。
　まず、2対1に分かれたときに、2が正常、1が感染である場合は何通りあるかを計算しよう。7人の正常から2人を選び、2人の感染から1人を選ぶ組み合わせなので、((7×6)÷2)×2＝42通り。次に、2が感染、1が正常である場合を計算する。2人の感染から2人を選び、7人の正常から1人を選ぶ組み合わせなので、7通り。振り子の実演を見せられた人々は全員、自分以外の誰が正常で誰が感染かについてあらかじめ無知の状態だから、計49通りの各々は等確率である。そのうち2が正常、1が感染の場合が42通りを占めるから、その確率は$6/7$。85パーセント以上である。
　このように、栗藤の説明とは異なり、ギャンブラーの誤謬ではないことがわかる。厳密には、栗藤は2対1の2が正常と考える判断をギャンブラーの誤謬そのものの例と言っているわけではなく、「直感的なものにしばしば正

確な判断を歪められてしまう」例としてギャンブラーの誤謬と同列に評価しているにすぎない。が、ギャンブラーの誤謬は「正確な判断を歪められ」た例と言えるが、2対1の2が正常と判断することは、85パーセント以上当たる判断なのだから、他に手掛かりがない場合には、その判断の正しさを信用してよいことになる。決して誤った直感に引きずられた錯覚などではない。

甲斐谷忍『LIAR GAME 9』集英社

014 ライアーゲーム版コイントス
Coin flipping: Liar Game version

　前問を受けて、ギャンブラーの誤謬について少し突っ込んだ考察をしておこう。

　栗藤は「10回連続で表が出ていようがそんなことまったく関係なく次に裏が出る確率は50パーセントです」と言う。しかし本当だろうか。

　栗藤の問いはこうだった。「コイントスの賭けをやったとしましょう。なんと10回連続で表が出ました。11回目どちらに賭けたいですか？」

　コインに仕掛けがないこと、投げ方にイカサマがないことは暗黙の了解となっているものとしよう。そういう想定はこの種の問題では常識であり、マナーである。さて、栗藤の答えである「11回目は裏が出る確率50パーセント」という判断は、妥当だろうか。

　「コイントスの賭けをやったとしましょう。なんと10回連続で表が」という表現は曖昧なので、詳しい記述を補わねばならない。具体的には2種類の場合を分けて考える必要がある。

　1．連続コイントスの賭けは世界中で行なわれているでしょう。そのうち最初から10回連続で表が出た例をひとつ、いまここに選んでみました。さて、その勝負の11回目を当ててください。どちらに賭けたいですか？

　2．いまちょうど、連続コイントスの賭けをやっているところです。

最初から10回連続で表が出たところです。さて、11回目どちらに賭けたいですか？」

1 この設定1と2それぞれについて、どちらに賭けるのが得か、あるいはどちらでも同じか、考えよう。その前に念のため、次の設定AとBを新たにもうけてみる。設定1,2と対応するのはそれぞれA，Bのどちらだろうか。

　A．いまちょうど、連続コイントスの賭けをやっているところです。もう何千回とトスしていますが、その表と裏の結果の列の中で、最初に10回連続で表が出た部分を取り出してみましょう。さて、その部分の次のトスの結果を当ててください。どちらに賭けたいですか？
　B．いまちょうど、連続コイントスの賭けをやっているところです。もう何千回とトスしていますが、いまランダムにひとつ、10回分のトスの結果列を選んでみました。すると10回連続で表が出ていたのです。さて、その部分の次のトスの結果を当ててください。どちらに賭けたいですか？

答え◎ 10回連続で表が出た列を意図的に選んだのか、それとも意図せずしてそういう列が与えられてしまったのか、という違いである。よって、1はA、2はBに対応する。

さて、もともとの栗藤の問い方「なんと10回連続で表が出ました」は、驚きを含んでいるので、2およびBの設定に対応すると言えるだろう。1およびAの設定では、問題の必要上、10回連続で表という設定を選んだにすぎないから、「なんと」という驚きは生じたはずがないからである。

2 それでは、1およびA、2およびBのそれぞれについて、11回目にどちらが出やすいのか考えてみよう。

答え◎ 「なんと10回連続で表」という驚き要素に対応している2およびBの設定をまず考えよう。

2およびBでは、連続10回表という列を選ぶ意図などなかったにもかかわらず、偶然、その列が得られてしまった。連続10回表〈表、表、表、表、表、表、表、表、表、表〉という列には、〈表、裏、裏、表、裏、表、表、裏、表、裏〉のような他のパターンと確率は同じであるにもかかわらず、特別な物理的意味と生理学的意味がある。ひとつは、表と裏はそれぞれコインの片側に固定されているため、コインと着地面との相性に偏りがあって、表が出やすくなっているという疑いが生ずる余地がある。もうひとつは、トス役の無意識の癖がたまたま環境と連動して、表が出やすい方向に偏っている疑いもある。つまり、他の列に比べて、連続10回表と連続10回裏とは、偶然そうなった、という以外の物理的原因・生理学的動機を疑うべき理由が豊富なのである。

　となると、次の11回目も表が出る可能性が高い。フォルリの答え「そりゃ裏だろ。11回連続で表が出るなんて考えにくいもの」とは正反対に、連続10回表のあとは、また表が出る確率の方が裏の確率よりも高いと考えるべきである。

　これは、先ほど「この種の問題では常識であり、マナーである」と言った「コインに偏りなし、投げ方にイカサマなし」の前提に反しているのではないだろうか。いや、反していない。コインに偏りがなく投げ方に作為がなくとも、気圧・湿度・風向き・筋肉・神経の揺らぎによって、たまたま出方が偏るというハプニングは考慮に入れるべきである。ただ、コインの出方のデータがない段階では、出方の偏りが表と裏のどちらに有利に働くのか予見できないため、どちらも確率$1/2$と想定すべきなのだ。しかしいま、連続10回表というデータが得られた。したがって、物理的揺らぎまたは生理学的偏りによって表が出やすくなっている疑いが濃くなったと考えるべきだ。むろん、純粋な偶然で表が10回連続したという可能性もあるが、逆に裏に有利なデータはいっさい得られていない以上、次も表が出やすい方に賭けるべきなのは当然である。

　次に、1およびAの設定で考えよう。この場合は、自由に選べるコイントスの結果列の中から、問題の都合に合った列を持ってきただけなので、表と裏の出やすさについて普通の確率とは違う判断を正当化するような有益なデータはなんら得られていない。したがって、裏が出る確率は$1/2$であり、

栗藤の説明は正しいということになる。

栗藤の説明は1およびAの設定ではなく、2およびBの設定でなされているように読めるので、結果として栗藤の説明は間違っていることになるわけだ。

ただし、このような理解は栗藤に対してフェアでないだろう。栗藤の出した問いは、アキヤマの行動を見てそれをフォルリに説明するために発せられたものである。とすると、その問いは、栗藤にとっては、目下必要な問い、つまり問うことが予定されていた問いということになる。問う必要性が先にあり、コイントスの設定はあとから問いに合うように決められた。つまり10回連続で表が出た列が必然的に選ばれたのであり、1およびAの設定が栗藤の意図に合ったものとなるだろう。すると、正解は$1/2$で間違いない。

ただその場合、「なんと10回連続で表が出ました」の「なんと」は誤解を招く言い方ということになる。コイントスをしている当人にとっては「なんと」という驚きが感じられたかもしれないが、栗藤およびフォルリにとっては何の驚きの要素も持たないパターンのはずだからである。

あるいはもっと自然な経緯としてこうも考えられる。栗藤は問いを出そうと決めてから、仮想的なコイントスを提示する。そのコイントスは、意図的に10回連続で表が出るように仕組まれたものだ。そうでないと問いの趣旨に合わないからである。選ばれた10回連続でもなく、起きてしまった10回連続でもなく、特別に作られた10回連続。この場合は、「なんと10回連続で表が出ました」の「なんと」はもちろん意図的な偽装である。そして、11回目がどうなるかについては、栗藤の意図次第だ。表裏が$1/2$という保証はない。ギャンブラーの誤謬を説明しようという栗藤の意図を考慮すれば、11回目には表へのバイアスが解除されていると考えるべきか。つまり正解は表裏$1/2$。それとも、表へのバイアスがそのまま維持されていると考えるのが妥当か。どちらとも言えない。総合すると、表の方が出やすいという判断が妥当になりそうである。

まとめるとこうだ。1およびAの設定では、問いの都合が先にあって10回連続表という事情は問いに合わされただけである。問いへの合わせ方が「選ぶ」であったならば、正解は11回目に表裏$1/2$。問いへの合わせ方が「作る」であったならば、正解は11回目に表が出やすい。2およびBの設定で

は、10回連続表という現象が先に起きて、そこから初めて問いが生じている。10回連続表という現象は問いに合わされたわけではなく、「起きてしまった」。すると当然、「なぜよりによって……」という説明が必要となり、「もともと表が出やすく設定されていたのだ、だから11回目も同じだろう」という推測が妥当になるのである。

　問いが発せられるときと、データの得られたときとの順序はきわめて重要なのだ。仮説が立てられたときと、データの得られるタイミングとの関係についても同じことが言える。仮説を成立させるために後から都合よく選ばれたデータには価値がない。ハトムギにダイエット効果があるという仮説を支持するために、ハトムギを食べてダイエットできた人の例を集めても意味がない。ハトムギを食べてダイエットできた人の例がたまたま集まったから、そこで初めてハトムギにダイエット効果があるという仮説が立てられた、というのが正しい順序である。仮説のことを知らない筋によって独立に集められたデータが、あとから仮説と照らし合わされ、なるほど仮説はデータをよく説明していると納得される……そういう運びになるのが正しい手続きなのだ。科学的にも、日常思考としても。

015
シンプソンのパラドクス：一般形
Simpson's paradox: general version

　母集団での相関と母集団を分割した集団での相関とが異なる場合がある。つまり、集団を2つ以上に分けた場合に特定の仮説が支持されたとしても、集団全体では正反対の仮説が支持されることがある。

　それぞれ独特の論理教育の必修プログラムで知られるA大学とB大学の、いずれのプログラムが効果的かを調べるため、両大学の学生それぞれ1万人を対象に論理学のテストをした。問いは2つあり、どちらか一方を自由に選んで答えることになっている。問1は、A大学9000人、B大学1000人が選択し、正答したのはA大学5400人、B大学900人だった。問2は、A大学1000人、B大学9000人が選択し、正答したのはA大学100人、B大学2700人だった。

問１の正答率は、Ａ大学 $5400/9000 = 60\%$、Ｂ大学 $900/1000 = 90\%$。
　問２の正答率は、Ａ大学 $100/1000 = 10\%$、Ｂ大学 $2700/9000 = 30\%$。

　さて、この結果を見るかぎり、Ｂ大学の学生の方が論理学ができると結論すべきだろう。問１も問２もＢ大学の方が正答率が高いからである。
　ところが、２つの問題をいっしょにして、正答した総人数を比べてみよう。
　Ａ大学は $5500/10000$、Ｂ大学は $3600/10000$。
　個別の問題ごとには負けていたＡ大学が、総計すると勝ちに転じてしまう。
　はて？　本当のところ、どちらの方が論理学ができると判定すべきなのだろう？

答え◎Ａ大学の大多数が問１を選び、Ｂ大学の大多数が問２を選んでいる。両大学とも問１の方がはっきり正答率が高いので、問１の方が易しい問題だったことは確かなようだ。
　すると、２問を総合した正答率55：36というＡ大学優位の比率は、二大学の能力差というより、問１と問２の難易度の差によって生じたと言うべきである。
　つまり、Ｂ大学の学生の方が論理学ができると結論するのが正しい。
　ただし、付帯的事情を考慮しなければならないこともある。受験者は「どちらか一方を自由に選べる」ことになっていたのだった。Ａ大学は大多数が問１を選んだがゆえに正答率が高くなったことを考えると、Ａ大学は易しい問題（あるいは得意な問題）を見分ける能力に優れ、その意味では「論理学のセンスがある」ことになるかもしれない。
　ただし逆の見方をすると、Ｂ大学はあえて難しそうな問題にチャレンジする気概があったということかもしれず、その意味では、「論理学的な探究スピリットがある」と言えなくもない。

あるいは単に、問1はＡ大学の地元の話題が問題文に使われ、問2はＢ大学の創立者を連想させる事例が扱われていたのかもしれない。そのせいで自然に偏りが出たのかもしれない。さらには、もしも問題割り当てが本人の自由ではなく、意思とは無関係にランダムに問1・問2の選択を決められたのであれば、Ｂ大学はたまたま難しい方に多く振り分けられてしまったのであり、55：36という判定はアンフェアとなる。両問ともＢ大学の方が好成績だったのだから、Ｂ大学の方が論理学ができると結論すべきである。

解答問題の選択がランダムなのか自由意思なのか、問題の難易度が同じだったかどうかなど、いろいろな要因が結論を左右するので、統計には注意しなければならない。

ちなみに、『論理パラドクス』077【シンプソンのパラドクス】は、本問を以下のように変換すれば得られる。

　コーヒーをよく飲む人をＡ、飲まない人をＢとして、
　　喫煙者の発癌率は、Ａが $5400/9000 = 60\%$、Ｂが $900/1000 = 90\%$。
　　非喫煙者の発癌率は、Ａが $100/1000 = 10\%$、Ｂが $2700/9000 = 30\%$。

総合すると55：36でＡの方が発癌率が高い。では、コーヒーには発癌性があると結論すべきか？　いや、55：36の差は、コーヒーを飲むか飲まないかではなく、喫煙するかしないかの差によると見るべきである。Ａの大半が喫煙し、Ｂの大半が喫煙していないからだ。コーヒー成分の発癌性については、喫煙者、非喫煙者に分けた統計をそれぞれ用いなければならない。両統計ともにＡの方が発癌性が低いので、コーヒーには癌を防ぐ効果があると結論すべきなのである。

タバコとコーヒーのように嗜好物については偏った相関が思いつかれやすく、統計を別個に見るべきだと気づくのは比較的容易だが、試験の総合成績、2種類の薬の男女別の効果、等といった事例だと、偏った相関が見逃されやすく、総合した1個の統計によって間違った判断がされてしまいがちだ。Ａ大学とＢ大学の総合成績の話を、2人の受験生の枝問ごとの正解率と総合得点の話に置き換えてみよう。総合得点評価によって、本当の実力が順位づけ

られるとは限らないことがさらにハッキリするだろう。

　Pearl, Judea *Causality: Models, Reasoning, and Inference*, (Cambridge U. P., 2000)

016
全体的証拠の原理
principle of total evidence

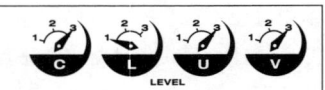

　妻に対するＤＶの前歴のある男が、妻を殺した罪で起訴された。弁護士は述べた。
　「統計によると、わが国では昨年、約400万人の女性が男性パートナーに暴力をふるわれ、うち1432名が当のパートナーによって殺されました。言い換えれば、ＤＶ歴のある男2500人につきたった1人が、実際にパートナーの女性を殺したということです。つまり、被告が犯人である確率は、2500分の1なのであります」
　弁護士の議論の欠陥を指摘してください。

答え◎これは、有名な1994〜95年のシンプソン裁判で実際に弁護側が行なった弁論である。アメリカンフットボールのスーパースターだったＯ.Ｊ.シンプソンは、妻とその男友達を殺害した罪で起訴されたが、検察側にみられるアフリカ系への人種差別を非難する弁論を主軸に据えて、無罪を勝ち取った。その中で、『ＦＢＩ統一犯罪報告書』に依拠したこの確率的弁論も効果的に使われたのだった。
　さて、弁護士は、被告の妻がすでに殺されているという最も重要な情報を故意に無視している。正しくは、「ＤＶ歴のある男」ではなく、「ＤＶ歴があり、しかもそのパートナーが何者かに殺された男」のうちどのくらいがその犯人だったかという統計を用いなければならない。あるいは、「ＤＶの被害者でありしかも何者かに殺された女のうち、何％がパートナーに殺されたのか」を調べなければならない。同時期の『ＦＢＩ統一犯罪報告書』によると、殺されたＤＶ被害女性の90％はその虐待者によって殺されていた。
　情報をことさらに制限してしまうと、被告を間違った母集団に入れてしまうことになり、確率を歪めて見積もることになる。ここでの適切な証拠は、

「被告は人間である」「被告は男である」「被告はＤＶ歴のある男である」などではなく、「被告はＤＶ歴がありかつ妻が殺人の犠牲者となった男である」でなければならない。証拠の情報をどこまで詳しくとるかによって仮説の確率が変わってくるので、要注意だ（☞サ034【両義的な証拠のパラドクス】）。「関連のある情報はすべて証拠に含めよ」という原則は、「全体的証拠の原理」と呼ばれる。

📖 レナード・ムロディナウ『たまたま──日常に潜む「偶然」を科学する』ダイヤモンド社

017 訴追者の誤謬
prosecutor's fallacy

前問で見た誤った論証は、「訴追者の誤謬」と呼ばれる一連の錯覚（または故意の詭弁）の一例である。訴追者の誤謬とは、裁判で検察、判事、陪審員などが、被告が有罪である確率を過大または過小に見積もってしまう傾向のことだ。シンプソン裁判は有罪確率が過小に見積もられた例と言える（シンプソンは民事裁判では殺人を犯したと認められた）が、逆に過大に見積もられた事例に、コリンズ裁判がある。1964年のロサンゼルスでの強盗事件で、被害者と目撃者の証言により、コリンズ夫妻が逮捕された。検察は、目撃証言にもとづき、犯人と容疑者がともに次のような特徴を備えているとし、ランダムに選ばれた人が当該特徴を有する確率を控え目に（珍しさを誇張しないように）次のように算出した。

部分的に黄色い自動車	$1/10$
口髭のある男	$1/4$
頬髭のある黒人	$1/10$
ポニーテイルの女	$1/10$
ブロンドの女	$1/3$
車の中の異人種のカップル	$1/1000$

これについて、証人喚問された数学者が証言した。「すべて掛け合わせると、確率1200万分の1。容疑者コリンズ夫妻が現場にいなかったにもかかわらず犯人と特徴が一致する確率、つまり容疑者が無実である確率は1200万分の1である」。
　この推論のどこが間違っているだろうか。マイナーな誤りと重大な誤りの2つを指摘してください。

答え◎マイナーな誤りは、確率を提示された6つの項目が、互いに独立とは言えないことである。たとえば、口髭と頬髭は同一人物が生やしている場合が多いから、それぞれの確率を単純に掛け合わせると確率の小ささが誇張されることになる。ただこの点は、もともと各項目の確率が控え目に推定されているという事情により、大目に見てもいいだろう。
　重大な誤りは、そもそも求める確率が間違っているということである。1200万分の1という計算値は、ランダムに選んだカップルが犯人の特徴に一致する確率であって、犯人の特徴を持つカップルが犯人である確率ではない。求めるべき数値は、後者なのである。
　人口の1200万分の1が容疑者ないし犯人の特徴を持つカップルだとすると、アメリカに該当者は5～6組は存在することになる。つまり容疑者が犯人である確率は1200万分の11999999どころか、たった20％程度。とてもではないが有罪とするには不十分だ。ロサンゼルス周辺の人々に限定するなら有罪確率はもっと上がるが、被害者と目撃者の証言の曖昧さや錯覚の可能性を考慮すると、やはり有罪確率は大きくないと言うべきだろう。
　コリンズ裁判では、陪審員の評決では被告は有罪となったが、カリフォルニア州最高裁判所はさすがに評決を覆して無罪判決を下した。

ゲルト・ギーゲレンツァー『数字に弱いあなたの驚くほど危険な生活』早川書房

018
ネクタイのパラドクス
necktie paradox

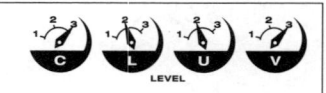

　2人の男が、クリスマスに妻からネクタイをもらった。2人はネク

タイを見比べて、相手のネクタイの方が高価だと言い張った。見比べただけでは決着がつかないので、高い方のネクタイをもらった男が、相手に自分のネクタイを与えるという賭けをすることになった。それぞれ家に帰って、妻に値段を聞き、比べるのだ。

　1人の男は考えた。「勝つか負けるかは五分五分だ。負ければ、このネクタイを失う。しかし勝てば、このネクタイより価値あるネクタイが俺のものになる。この賭けは俺に有利だ」。もう一方の男も同じように考えた。

　しかし両者とも有利だなんて、そんな賭けがあるだろうか。どこかおかしい。間違いを指摘してください。

答え◎この問題は、本書次問で再考する【交換のパラドクス】（心056）の簡略版である。財の移動が交換ではなく一方的である点が違うが、「交換のパラドクス」と本質的には同じだ。

「勝つか負けるかは五分五分」なので、主観確率として、同額だった場合を除いて勝ちが50％、負けが50％。勝てば「このネクタイより価値あるネクタイ」が手に入る。他方、負ければ「このネクタイ」を失う。ここで、得られる確率50％の「このネクタイより価値あるネクタイ」の方が、失う確率50％の「このネクタイ」よりも高価なのだから、賭けは自分にとって得だ、というのが2人の推論だった。

しかし、「このネクタイ」「このネクタイより価値あるネクタイ」という語句で指し示された「このネクタイ」の価格は異なることに注意しよう。獲得しうる「このネクタイより価値あるネクタイ」における「このネクタイ」は、価格が低かった方のネクタイである。喪失しうる「このネクタイ」は、価格が高かった方のネクタイである。

価格が高い方だった場合に失い、価格が低い方だった場合に得るのだから、期待値は得も損もないのである。言い方を変えればこうだ。2つのネクタイのうちどちらが高いにせよ、2つの価格はすでに決まっている。失う場合は高額を失い、得る場合も高額を得るのだから、得でも損でもない。

さらに言い方を変えると、「このネクタイより価値あるネクタイ」と「このネクタイ」とは、なんのことはない同額を意味している、というわけだ。

このパラドクスのような出題法だと解決が比較的簡単だが、構造が同じはずの「交換のパラドクス」の方はなぜかすこぶる難しく感じられる。この「ネクタイのパラドクス」をウォーミングアップに、次問で【交換のパラドクス（２つの封筒のパラドクス）】に改めて挑戦してみよう。

Brown, Aaron C. "Neckties, wallets, and money for nothing" *Journal of Recreational Mathematics* 27.2 (1995)

019 「２つの封筒のパラドクス」へのトンデモ解答
absurd answer to two envelopes problem

さあそれでは、ネクタイのパラドクス難解版である。

『論理サバイバル』に 043【２つの封筒のパラドクス】という同名の問題を立項したが、ここで論じるのはそのパラドクスではなく、『心理パラドクス』056【交換のパラドクス】である。歴史的には財布の交換という設定で提示され始めた「交換のパラドクス」は、最近では封筒を使った問題として定着し、「２つの封筒のパラドクス」と言えばこちらの方を指すようになった。

このパラドクスについては根本的に間違った解説がメジャーな解答として流布しているので、ここでじっくり考えてみたい。まず、問題そのものを述べよう。

外見では区別できない２つの封筒の中に、それぞれある金額を書き込んだ小切手が入っている。一方は他方の２倍の額である。あなたはどちらでも好きな方をもらえる。あなたは一方を取った。ここで、「取らなかった方と交換してもいいですよ」と言われた。そこであなたは次のように考えた。

「あっちの封筒の小切手は、こっちの半額か、倍額かだ。交換したとして、半額だったときの損失よりも、倍額だったときの利得の方が大きいよな。こっちの額を M とすると、むこうは $M/2$ か $2M$。交換したときの期待値を計算すると、$(M/2 \times 1/2) + (2M \times 1/2) = 5M/4$。つまりこの封筒より 25% も得だ。これは交換すべきだな」

……この考えを**推論A**としよう。推論Aが間違っていることは明白だろう。交換してもしなくても損得などない。「ネクタイのパラドクス」で見たように、2人でこのゲームをする設定にすれば、「2人とも交換した方が得」という不合理な結論になってしまうからだ。

　このパラドクスに対するポピュラーな解決に、次のようなものがある。

　推論Aが成り立つためには、あなたが選んだ封筒が高額の方である確率と低額の方である確率がそれぞれ$1/2$、ということが成り立たなければならない。しかし、どちらの金額が選ばれる確率も$1/2$であるための必要条件は、選ばれる整数の確率分布が一様であることだ。ところが、あなたの取った金額Mから見て、$M/2$までの距離と、2Mまでの距離は対等ではない。数直線で考えると、$M/2$、M、2Mは一様に分布していない。

　ここから、「一様分布が成り立たないので確定した期待値計算はできない」とする論者がいる（📖）。かと思えば、確率は数直線上の距離に反比例するから、いかなる範囲であれ期待値はMのままで変わらないとする解説もある（富永裕久『図解雑学 パラドクス』ナツメ社）。

　後者の説明はこうだ。むこうの封筒が$M/2$である確率は$(2M-M)/(2M-M/2)$、むこうの封筒が2Mである確率は$(M-M/2)/(2M-M/2)$であるから、交換したときの期待値は$(M/2)(2M-M)/(2M-M/2)+2M(M-M/2)/(2M-M/2)=M$、よって交換してもしなくても同じになる、と。

1　しかしこの説明はいくらなんでもひどすぎる。なぜ額面の大きい方を取っている確率が低く見積もられねばならないのか？　この説明の決定的な弱点を指摘してください。

答え◎問いで紹介した解決法、つまりあなたの封筒の中身が多額の方、少額の方である確率がそれぞれ$1/2$ではないとする説を、便宜的に「確率分布説」と呼ぼう。確率分布説の弱点は2つ考えられる。

　1つは、取らなかった方の小切手の額面を差し上げよう、というふうに問

題設定を変えることもできることだ。取った小切手の額面に確率分布説における確率をあてはめ、もらえる額をそのまま期待値計算に適用するとどうなるか。交換したときの期待値は（2M）（2M−M）／（2M−M/2）＋M/2（M−M/2）／（2M−M/2）＝3M/2になってしまう。数字の大小を確率に反映させるというのは、まったく恣意的なのである。

　もう1つの弱点は、やはり少し設定を変えるだけで確率分布説がはっきり不正解を出してしまうことである。次の設定を考えよう。

　設定S「あなたが取った封筒の中にしか小切手が入っておらず、もう1つの封筒の中身はこれからコイン投げで決めるとしよう。コインが表ならあなたの封筒の2倍の額、裏なら半額の小切手が入れられる。コイン投げをする前に（あるいは後でもよいが）、あなたは封筒を交換するかどうかを決めねばならない」

　この設定Sなら、あなたは交換することを選んだ方が得である。ウソだと思う人は実際に何度も実験してみればよい。交換を選び続けて50回も続ければ、最初の計算（推論A）のとおり、25％ほど利益を得ているはずだ。このような紛れもなく交換が得であるような設定においても、確率分布説は「交換は損得無し」あるいは「確率分布が不明ゆえ回答不能」と言い張らねばならなくなるだろう。

2　それでは、正解は？　交換すると25％得だという結論を導き出した推論Aは、どこが間違っていたのだろう？

答え◎推論Aには、確率分布説が言うような確率の誤りはない。しかし、金額の設定に誤りがある。推論Aでは、あなたが取った封筒の中身をMとし、むこうの封筒の中身をM/2または2Mとした。しかしこのM/2、M、2Mという記号化は無意味である。なぜなら、むこうの封筒の中身がM/2であるときと、2Mであるときとでは、Mの値が異なっているからだ。むこうの封筒がM/2のときの方が、2Mのときよりも、Mの値が大きいのだ。

　つまり、Mは定数ではなく変数である。「あなたの取った封筒の中身の金額」という確定記述句に引きずられて、むこうの封筒の中身にかかわらずMが定数を表わしていると考えると大間違いなのである。

ポイントは、始めの選択時に２つの封筒の中身がすでに決まっていることだ。$M/2$、M、２Mという３つの可能性（現実性１つ＋可能性２つ）など存在しない。存在するのは、Nと２Nという２つの可能性だけである。あなたが取ったのがNであれば、交換すれば２N－N＝Nの得。あなたが取ったのが２Nであれば、交換すればN－２N＝Nの損。それぞれ確率は$1/2$だから、交換することの期待値はゼロとなって、常識どおりに決着する。

　可能性を$M/2$、M、２Mの３つで表現するのが妥当なのは、**1**の後半で見た設定Sの場合だ。つまり、あなたの取った封筒だけが中身が決まっていて、もう１つの封筒の中身はあとからコイン投げで決めるという場合だ。その場合は、あなたの封筒の中身を定数Mで表わすことが許される。むこうの封筒の中身は$M/2$か２Mか、各々$1/2$の確率であり、交換すればあなたは$M/4$だけ得をする。

　このパラドクスは、016【**全体的証拠の原理**】に違反した記述によって引き起こされたものと言えよう。選択の時点で封筒の中身が２つとも決定しているのに、一方だけに定数Mをあてがって、もう一方にはわざわざ不確定な変数「$M/2$または２M」をあてがった。しかしこの表現だと、選択の後でむこうの封筒の中身を決めるという設定になってしまうのだ。選択時に確定していたむこうの封筒の中身も定数で記述してやらなければ、問題設定のすべてを正しく反映した描写にならない。

　この理屈はまことに簡単なのだが、なぜこのパラドクスはいまだ未解決の難問とされるのだろうか？　それはおそらく、主観確率を論ずるベイズ主義の立場からすると、自分の身に起きたこと（この問題では自分が選んだ小切手）以外を変数で表わすことに違和感がないからだろう。しかしいかにベイズ主義者とて、全体的証拠の原理に違反しては正しい定式化はできない。

　まだ納得しないベイズ主義者がいると困るので、駄目押しとして問題構造を「**可能世界**（仮想的な状況）」で言い表わしておこう。設定S、つまりこれからコイン投げをして一方の封筒の中身を決める設定では、あなたの取った確定金額Mに対して、もう１つの封筒の中身が$M/2$である世界と、２Mである世界とが競合し、その２つがそれぞれ$1/2$で実現するとされる。他方、すでに中身の決まった２つの封筒からあなたが１つ取った場合に競合する可能世界は、封筒の中身がまだ決まっていない時点に戻って再構成された世界

ではない。そのような過去の世界は比較対象にするにはもう現実から遠ざかりすぎている。選択肢として未だ有効なのは（現実世界に十分近いのは）、封筒の中身が決まった時点以降に分岐した２つの可能世界だ。それはもちろん、あなたが一方を取った世界と、他方を取った世界とである。

こうして結局、考えるべき可能性は、「むこうの封筒の中身がどう決まるか（$M/2$か$2M$か）」ではない。「あなたはどちらを取っていたのか（Nか2Nか）」なのである。

3 前問「ネクタイのパラドクス」は結構簡単に感じられただろう。なのに、本質的に同じ問題である本問はどうして難しく感じられ、第一線の数学者まで間違えてしまうのだろうか。（ちなみに確率分布説を説く📖は、010【２人の子ども問題】でポカをしたキース・デブリンの同じサイトである！　やれやれ……）

答え◎ネクタイのパラドクスは、金額が問題になっているにせよ、その担い手はあくまで「ネクタイ」という具体物だった。したがって、３つのブツがあるのではなく２つのブツしかない、という認識に容易に従うことができた。

他方、「２つの封筒のパラドクス」では、紙幣や小切手という物質感の薄い一種の記号を介して金額が指定されるため、つい抽象的な数字だけでの考察に終始してしまい、２つの選択肢でなく３つの選択肢が並んでいるかのように錯覚しやすいのだろう。

ネクタイのパラドクスが簡単に感じられた人は、この「２つの封筒のパラドクス」も簡単に感じられなければならない（☞心007【同型問題】）。そして**1**に戻ると、ネクタイのパラドクスで自分のネクタイの方が高い（安い）確率が$1/2$であるとすんなり理解できた人は、「２つの封筒のパラドクス」でも確率の一様分布に同意しなければならないのだ。

4 こちらの封筒の中身がM、むこうの封筒の中身が$2M$か$M/2$、と考えてはならないことはわかった。つまり**2**で見たように、自分の封筒の中身が「Nか2Nか」の可能世界を考えるべきであった。しかし、自分の封筒を開けて中を見てしまったらどうだろう？　実は、この問題が「ネクタイのパラ

ドクス」より難しいのは、この「金額確認バージョン」が語られてきたためでもあるのだ。

　さて、中を見ると、小切手に10万円と記されていた。こっちの中身が確定したのだから、むこうの中身は5万円と20万円が半々と考えるのは妥当だろう。こちらにあるのが「Nか2Nか」の可能世界を考えることは、それぞれむこうが「20万円か5万円か」の世界を考えることなのだから。……今度こそ期待値計算により、交換すると25％の得、ということになるのではなかろうか？

答え◎手もとの具体的中身を確認しただけで「交換した方が得」に変わる、というのはいかにも不思議である。しかし、ある意味で実際そのとおりなのである。

　2の場合と違って今や、こちらの封筒とむこうの封筒との間に非対称性が生じた。あなたがむこうの封筒を手にしている可能世界は消えた。現に見た10万円は変更できないため、基準はこちらに一方的に固定された。ベイズ主義（主観確率論）の出番である。こちらの封筒にあるのが「Nか2Nか」は、それぞれむこうが「20万円か5万円か」。すると今度こそ、交換すると25％の得なのだ。

　ただし、「交換すると25％の得」という期待値は、1回限りの期待値であることに注意しよう。「この試行」においては、期待値計算は、封筒の中に発見した10万円という初期金額を固定して、無限回の試行でその同じ10万円が常に続くと仮定し、自己本位に計算する（これが、封筒の中身を見たことの効果である）。1回限りのゲームなら、そうした理想化された計算も許される。

　しかし実際にこのゲームを100回もやったとしてみよう。問題設定からして、封筒に入れられる金額はランダムのはずだから、こちらの封筒を開けてみて発見する金額は毎回同じではない。常に初期金額が10万円などという偶然はありえないのだ。

　あなたが最初に10万円を取った場合だけを選んでゲーム成立として、それを100回続けよう。特別な情報がなければむこうの封筒は20万円と5万円が半々と期待するべきなので（繰り返すが確率分布説は誤りだから）、す

べての試行で交換することにより、100回終えたときあなたは250万円ほどの儲けが期待できるだろう。しかし、現実はそのようにあなた本位には運ばない。恣意的な設定抜きで100回行なえば毎回初期金額は変動するので、封筒を交換して得する場合と損する場合とを比べると、あなたの封筒内に見出す初期金額は、平均して、交換が得の場合には損の場合の半額であるはず。つまり、試行全体の平均に照らして初期金額が大きいときに損しやすく、初期金額が小さいときに得しやすい*。この偏りのため、1回ごとの期待値がすべて「交換で25%の得」ではあっても、100回全体では損得ナシとなるのである。

*確率分布説はこの事情を捉えているつもりなのだろうが、一度限りの試行において初期金額の相対的大小の傾向を判定できるはずがないため、間違っているのである。

　よって、正解はこうなる。交換ゲームをするのが1回限りのつもりであれば、手もとの金額を見た場合、交換するのが得である（むこうの封筒の金額だけを見た場合は、交換しないのが得である）。しかし何度も行なう場合は、毎回金額が異なることを計算に入れて補正し、交換してもしなくても期待値は同じに収束する、と結論せねばならない。

5　確認のための追加問題。あなたがA氏と相対する形でこのゲームをし、あなたは自分の封筒の中を確かめ、A氏も同様にした。2人とも、自分の観点から「交換するのが得」と判断する。2人ともこのゲームは生涯に一度きりしかできないと信じている。すると**4**の答えによれば、いずれの判断も正しいことになる。

　2人とも交換するのが得だなんて、不合理ではないか？

答え◎不合理ではない。手もとの封筒の中に、あなたは6万円を見出し、A氏は3万円を見出したとしよう。あなたは、初期金額が毎回6万円のゲームに限って期待値を計算したのだし、A氏は初期金額が毎回3万円のゲームに限って期待値を計算した。2人は別々のゲームの中に自分を置いているので、期待値計算が食い違っても矛盾はない。もちろん、初期金額がそのつど違うという現実的な同じゲームの中に自分を置いてみれば、交換の期待値は2人とも損得ナシである。しかし1回限りの場合は、どのようなゲーム（の無限

試行)の中の1回として現在の試行を捉えるかは各自の自由なのである。

「交換が得」という判断は、結果としてA氏が正しく、あなたが間違っているわけだが、ただ一度の試行については、結果によって期待値判断を反証することはできないのだ。

この事情は、012【「フロリダ」という名の女の子】に似ている。あの問題では、二児のうち1人がフロリダという女児である場合だけに限れば、2人とも女児である確率は「全体的証拠の原理」にもとづく場合分け計算どおり、$\frac{1}{2}$だった。他方、現実的に特定の名に限定せず、ただ名前がわかっただけとするならば、名前は無関係になり、確率$\frac{1}{3}$となった。封筒問題でも同様に、初期金額6万円を固定して同額のゲームだけを考えれば、「全体的証拠の原理」にもとづく期待値計算どおり、交換が得となる。初期金額を固定できなければ、**2**で見たように、交換は損得ない。

「封筒の中身はランダム」という設定を「全体的証拠」に入れて考えると、名前を後から知ったバージョンのフロリダ問題と同じく、たまたま手もとに来た初期金額に固定した無限回シミュレーションは筋違いのように思われる。しかし、すでに多数の家族が存在しているフロリダ問題とは事情が異なり、封筒ゲームでは他の試行がなされている保証がない。よって、初期金額のペアの確率傾向について目下の1回を参照するしかなく、たまたま手にした具体的金額を固定して期待値計算をすることに一理あるというわけだ。

"Devlin's Angle" July-August 2004, *the website of the Mathematical Association of America*, http://www.maa.org/devlin/devlin_0708_04.html

第 3 章

物理学
宇宙による自己解釈ゆえの逆理……

020
ゼーリガーのパラドクス
Seeliger's paradox

　宇宙が一様かつ無限ならば、無限の数の星からの重力の総和も無限であるはずである。私たちはあらゆる方向から無限の重力で引っ張られ、引き裂かれているはずだ。ところが実際はそうなっていない。天文学者フーゴ・フォン・ゼーリガー（1849-1924）はこの問題について、ニュートンの万有引力の法則を修正することによって対処しようとした。
　その他の対処法としてはどんなものがあるだろうか。

答え◎「宇宙が一様かつ無限ならば」という前提を否定するのが正解である。ビッグバン以降、有限の時間しか経っていないので、因果関係が届きうる範囲は無限ではなかった。重力の伝達速度は有限なので、有限の時間内に無限の重力は届かないのである。

LEVEL……**C**［必然度］**L**［基本度］**U**［繊細度］**V**［頭脳度］

さらに、宇宙の膨張という事情も働いている。因果関係の届く地平線の内側には永久に有限の物質しか存在できないため、重力の影響も常に有限なのだ。

　このパラドクスの「重力」を「星の光」に変えたバージョンが、ゼーリガーのパラドクスより100年以上前から論じられていた【オルバースのパラドクス】（心049）である。

021
双子のパラドクス
twin paradox

　特殊相対性理論によると、早く動くものにとっては時間の進行が遅い。光速度に近づくにつれ、時間の進みかたはゼロに近づく。双子の兄が光速の99%で進むロケットに乗って6年ほど宇宙を旅して地球に戻ってくると、地球にいた弟は40年も歳をとっている、という「浦島効果」が起こる。これは一見、パラドクスだ。というのも、特殊相対性理論では、その名の通り運動は相対的であり、無条件に静止している絶対座標はないので、「地球が静止していてロケットは運動している」という非対称的な差別など生じないはずなのだ。つまり、ロケットが静止している座標に置いてみれば、地球のほうが光速の99%で運動してきたことになり、再会時には弟は6歳しか年をとらず、兄のほうが40年歳をとっている、ということでもよいではないか。

　この矛盾はどのように解決されるだろうか。

答え◎実際は、弟が40年、兄が6年歳をとるという非対称性が生ずる。重力の効果が対称的でないからである。圧倒的な質量を持つ宇宙全体に対して、地球はほぼ静止している（自転や公転の速度は微小）のに対し、ロケットは、宇宙全体に対して著しく加速するので（地球に対する往復運動に相当する方向転換も必要なので）、重力の変化を受ける。そして重力は運動と同じ効果を及ぼす。宇宙全体と同調している地球ではなく、同調していないロケットだけがこの効果を被る。したがって、地球とロケットだけから成る系ではお

互い対称的な運動をしているにもかかわらず、宇宙の他の部分も合わせた全体で考えると、運動しているのはロケットのほうだけ、という非対称性が生まれる。

こうして、兄と弟の年齢の進み具合が異なることには、パラドクスはない。日常生活でも「相対的な問題」という言い回しはよくなされ、どちらの観点も同等の重みを持つかのようにしばしば主張されるが、環境全体を考慮に入れると、環境の中で評価される相対性なるものは、必然的に非対称的評価に落ち着くのが常なのである。

たとえば、地球の重力に相当する加速度で飛び続けるロケット（地球と同じ重力環境をたえず乗組員に体感させる快適なロケット）で旅すると、アルファ・ケンタウリまで約2年（地球ではその間約5年）、銀河系の中心まで約11年（地球では約2万7000年）、アンドロメダまで約15年（地球では約2400万年）、現在私たちに観測可能な宇宙の果てにそのロケットが到達するまで約23年（地球では約137億年）。地球も太陽もとっくに消滅している超・遠未来に、ロケット内部では人間個体の寿命の3分の1も経過していない。なんと一世代のうちに宇宙踏破が可能なのだ！

とはいえ踏破は距離だけの話で、現在の観測限界にある物質に人間が到達することは永久にできない。宇宙が膨張しているからである。ちなみに、西暦2010年までに発見された銀河のうち最も遠いものは地球から132億光年程度のところに観測されたが、その姿は132億年前のものなので、その光が当の銀河を出発してから地球に届くまでに銀河本体はさらに加速しつつ遠ざかっており、今この瞬間には、その銀河は地球から400億光年ほど離れたところにある。

📖 Victor J. Stenger *God: The Failed Hypothesis: How Science Shows That God Does Not Exist* (Prometheus Books, 2007)

022
不確定性原理
uncertainty principle

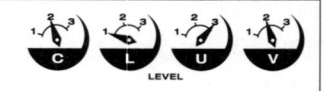

量子力学によれば、特定の粒子の〈位置と運動量〉、〈時間とエネル

ギー〉のように、測定によって同時に確定することの決してできない物理量のペアが存在する。それぞれの物理量の不確実さの積は、換算プランク定数で表わされる特定の値以下にはなりえない。その値はごく微小なので、マクロな世界の記述、たとえばニュートン力学では不確定性原理の影響はほぼゼロに等しい。しかしミクロな粒子系の記述には、プランク定数で制約される不確定性が不可避である。

ウェルナー・ハイゼンベルクが定式化したこの原理は、一般化すると「空間・時間的記述」と「因果的記述（シュレーディンガー関数を用いる記述）」とが両立しないにもかかわらず実在の完全な記述のためにはともに必要、というニールス・ボーアの「相補性原理」の特殊例として解釈できる。

さて、「**現在を正確に知れば未来を正確に算出できる**」という伝統的な世界観を、「**因果性の法則**」と呼ぶことにしよう。そしていま、不確定性原理と因果性の法則について、次のように述べられたとする。

言明A「不確定性原理により、因果性の法則が正しくないことが決定的に示された」

❶ 言明Aは正しいとは言えない。その問題点を指摘してください。

答え◎「因果性の法則」は「PならばQ」という形をしていることに注目しよう。不確定性原理は、たとえば位置と運動量について、正確な値を同時に知ることはできない、というものなので、因果性の法則の前件「P」が不可能であると述べている。このことは、因果性の法則の真偽には影響しない。因果性の法則が誤りだと示されるのは、「Pが成り立っているのにQでない」場合、つまり、「現在を正確に知ることができたのに未来を正確に算出できない」という場合である。「現在を正確に知ることができた」ということがそもそも起こりえないとする不確定性原理は、因果性の法則と矛盾しない。不確定性原理が正しいと認められても、因果性の法則は次のように主張できるのだ。「現在を正確に知ることはできないが、**もし知ることができたとしたら**、未来を正確に算出できる」と。

このように、不確定性原理は、因果性の法則の具体的適用を否定するものではあるが、法則そのものを否定するものではない。

2 「因果性の法則」を、次のように改訂しよう。「現在を正確に知れば未来を正確に算出できる。**かつ、現在を正確に知ることはできる**」

　改訂版の「因果性の法則」は「現在を正確に知ることはできる」と述べているので、位置と運動量を同時に正確に知ることはできないとする不確定性原理により否定されているように思われる。今度こそ言明A「不確定性原理により、因果性の法則が正しくないことが決定的に示された」は正しいように思われるだろう。しかし、実はまだ言明Aは正しいとは限らない。なぜだろうか。

答え◎不確定性原理を、測定や知識についての原理ではなく、実在そのものについての原理だと解釈してみよう。つまり、不確定性というのは人間による測定の技術的限界でも物理的限界でもなく、実在そのものの姿だと考えるのである。量子力学と実在との間にギャップはない、つまり量子力学の記述は実在を完全に反映しているのであると。

　そのような「不確定性原理の実在論的解釈」をとると、改訂版「因果性の法則」の言う「現在を正確に知ることはできる」は否定されていないことになる。なぜなら、不確定性原理の言う「同時に確定することのできない物理量のペア」がもともと確定していないのだとすると、そのとおり確定できないものとして認識すれば、「現在を正確に知ることはできた」と言えるからである。

　たとえば、1つの電子の温度を知ることができないからといって、「電子について正確に知ることができない」と悩む人はいないだろう。温度というのは統計的な概念であり、しかも分子の運動エネルギーで定義される概念だから、「電子1個の温度」は意味をなさない。意味をなさない物理量を測定できないからといって、それは理論や知識の不完全さを意味しない。

　同様に、位置と運動量の関係を数学的に解析すると、きわめて小さなスケールにおいてはその両者が確定した値を持つということが意味をなさなくなる。不確定性原理は、電子の温度のように、マクロ世界を扱う古典物理学

の概念をミクロスケールに強引にあてはめたことからくる〈見かけの不確定性〉を定式化していることになる。

　意味をなさない事柄について不確定と判定する不確定性原理は、まさに実在そのものの姿を正確に記述していることになろう。因果性の法則の述べるとおり「現在を正確に知り、それによって未来も正確に知る」ことを、不確定性原理は禁じてなどいないのである。

　ただし不確定性原理には、「電子の温度」にはない難解さがある。不確定性原理が述べるのは、位置と運動量をともに知ろうとすると不可能だということであって、位置と運動量の一方だけを測定すれば、原理的にいくらでも正確に測れるということだ。それなのに不確定性関係が客観的に成り立つのだとすると、観測者が実在世界のどの物理量をどれほど詳しく測定しようとするかという「観測者の恣意」によって、客観的世界のどの側面がどう決定するかが左右されることになる。そんなことがありうるだろうか？

　この不可解な帰結を問題視したアインシュタインは、「量子力学は世界の完全な記述ではない」と証明しようとした。その論証を次に見ることにしよう。

　　　　　　　　　マックス・ヤンマー『量子力学の哲学 上』紀伊國屋書店

023
EPRパラドクス（アインシュタイン・ポドルスキー・ローゼンのパラドクス）
EPR paradox (Einstein–Podolsky–Rosen paradox)

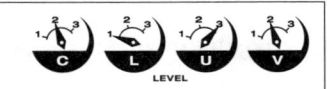

　量子力学が実在を完全に記述した理論ではないと考えるアルバート・アインシュタインは、ボリス・ポドルスキー、ネイサン・ローゼンとともに、1935年の共著論文（通称、ＥＰＲ論文）でだいたい次のような背理法による証明を提示した。

1　仮定……　量子力学は完全な理論である（量子力学による実在の記述は完全である）。
2　完全性の条件……　完全な理論は、いかなる実在物に対しても対応する記述を持たねばならない。

3 重ね合わせ（波束の収縮）……　量子力学によれば、系の物理量Xは、系を攪乱する測定という介入がなされて初めて特定の値を持つ。

4 物理的実在の判定条件……　1つの系を攪乱することなくある物理量の値を確率1で予言できるならば、この物理量に対応する実在の要素が存在する。

5 不確定性原理……　量子力学の中には同時に測定されえない（交換可能でない演算子を持つ）ペアの物理量PとQがある（たとえば位置と運動量）。

6 暫定的結論……　1, 2, 3, 5より、物理量PとQは同時に実在ではありえない。

7 量子もつれ……　量子力学によれば、相互作用したある2つの系 α, β が、遠く離れて相互作用しなくなった後にもある物理量Xについて相関関係を保ち、系 α のXを測定することから系 β のXを知ることができる。

8 波動関数の例示……　量子力学によれば、PとQは7のXに該当する。

9 暫定的結論……　7, 8より、物理量PとQの任意の方につき系 α を測定して系 β の状態を予言できる。

10 暫定的結論……　系 α への測定は系 β を攪乱することはないので、7, 9より、物理量PとQの任意の方につき系を攪乱することなく値を確率1で予言できる。

11 暫定的結論……　4, 10より、各々の測定につき、物理量PとQの任意の一方に実在の要素が対応する。

12 論理法則（全称汎化あるいは分配法則）……　ある時点で、任意のものについて実在すると言えるならば、その時点ですべてについて実在すると言える。

13 暫定的結論……　11, 12より、物理量PとQは同時に実在でありうる。

14 暫定的結論……　6と13は矛盾する。

15 結論……　14により、2以下に問題がないとすれば、1が間違っ

ている。すなわち、量子力学は完全な理論ではない。

　前提４について少し説明が必要だろう。たとえば粒子の位置は、測定されたとたんにある値に収縮するが、その値は、測定がなされなかったとしたときに粒子のあったであろう位置を正しく示しているとは限らない。測定の瞬間、粒子系が攪乱されてしまったからである。これが前提３の述べていることで、前提４は前提３を認める譲歩をした上での実在判定条件になっている。実はアインシュタインは前提３について本当は不同意であり、いかなる系も測定とは独立の実在的な値を持っているはずだと考えていたが、そうした存在論で争うのは賢明ではない。そこでＥＰＲ論文は異論の余地のない理論形式のみに照準を定め、量子力学の存在論的含意をすべて認めた上で論理矛盾を導き出す、という戦術をとったのである。

　さて、量子力学の「コペンハーゲン解釈」を堅持するニールス・ボーアはＥＰＲ論文の挑戦を深刻に受けとめ、上の論証に対する反論を提示して、アインシュタインを除くほぼすべての物理学者を納得させるのに成功した。

　ボーアの立場では、結論「量子力学は完全な理論ではない」が導かれてはならないので、結論中の「２以下に問題がない（とすれば）」が否定されねばならなかった。さて、上の論証のどのステップに欠陥があったというのだろうか。

　これだけの情報ではおそらく答えようがないので、ヒントを提供しよう。
　アインシュタインは、量子力学が「正しい理論」であることは認めていた。つまり、量子力学の法則と結論が人間の経験に一致し、世界で起こる諸現象を予測するのに有効であることは承知していた。なにしろアインシュタイン自身が光量子仮説提唱をはじめ量子力学史に重要な貢献をしているのだ。彼が否定したのは、量子力学が「完全な理論」だということ、つまり実在に忠実に対応した理論であることだった。量子力学は実在を説明できていない、単に便宜的な暫定的理論だ

というのがアインシュタインの立場である。対してボーアは、量子力学が述べること以上に説明を要する何かが世界に実在するわけではない、と主張した。

さて、以上のヒントをふまえて、論証の2〜14のうち、どのステップに難点があったのか、考えてください。

答え◎アインシュタインが量子力学の内容を的確に理解していることから、前提3，5，7，8に問題がないことはわかる。量子力学がどのような内容を持つかについては、アインシュタインとボーアは見解が一致しており、争点はない。

前提2も問題ない。これは「完全性」という言葉をアインシュタインが定義しているだけであり、その定義を認めた上でボーアは、「実在」の捉え方に異論を唱えたのである。これもヒントから読み取れたことだろう。

前提4はどうか。「1つの系を攪乱することなくある物理量の値を確率1で予言できる」というのは、お釣りがくるほど強い要求であり、これを満たしたならばその物理量が指し示す実在があることは当然認めるべきだろう。実際これは、アインシュタインが述べるとおり物理的実在を認定するための必要条件ではないが十分条件とは言えるのであり、私たちが普通に存在を承認するときにとる手続きよりもはるかに厳しい。こうして前提4にも問題はない。

暫定的結論6は、1＆2「いかなる実在も量子力学の中に記述を持つ」と3＆5「物理量PとQは同時には量子力学で記述を持たない」とから「物理量PとQは同時には実在でありえない」が出てくるのでOK。

暫定的結論9は、7のXにP，Qを代入しただけなのでこれもOK。暫定的結論11，13，14も形式的推論だけなので問題なしだ。

論理法則12はEPR論文では無視されているが、量子力学ほどの反直観的なテーマを論ずるときには不可欠のステップである。ある時点でPとQのいずれを選んでも成り立つことは何であれ、その時点でPとQの双方について成り立つ――当たり前のことにみえるが、これを認めない論理体系もある。PかQかいずれであるかにかかわらず性質Kを持つと言える、にもかかわらず双方が同時に性質Kを持つことを却下してよいとする論理学もあるの

だ。まさに量子力学のロジックを捉えるために分配法則を放棄した「量子論理学」はその１つなのである。

さらに言えば、その性質Kにあたるのは、問いの論証では「実在する」だが、実在とか存在は性質の一種とは言えないので、通常の論理法則をあてはめてはならない、といった反論も考えられよう。ただしそれは、ここでの「実在」は物理量の値という**概念**が持ったり持たなかったりする「実在に対応物を持つ」なる性質だと読み替えることができるので、深刻な問題ではない。

付言すると、この論証全体、つまり背理法を認めない論理学もある。たとえば直観主義論理学では二重否定法則が認められないので、この論証の仮定を「量子力学は完全でない」の否定だとは考えない。そうなると、仮定から矛盾が出てきたからといって、「量子力学は完全である」が否定されたのみであって、「量子力学は完全でない」と認める必要はないことになる。

論理規則12や論証全体についてこうした疑義の余地は残るにせよ、この戦術をとるのはいちばん後回しにすべきである。最も形式的で基礎的な標準論理学の適用を拒むのは、経験科学における万策が尽きてからにすべきなのだ。いずれにせよ、ボーアが突っ込んだのは論証の論理的側面ではなかった。ボーアはあくまで「実在」が理論とは独立に決定しているかのように語るアインシュタインの実在観に反対していたからである。

こうしてボーアの批判は、残る１つ、暫定的結論10に向けられることになった。10には、「系αへの測定は系βを攪乱することはないので」という但し書きが付いている。アインシュタインはこれを当然のことと考えているのだが、ボーアによればこの但し書きは認められない。系αについてはPを測定したら系が攪乱されてQは不明となり、Qを測定したら同じくPが不明となる。このことは、系βについても同時に起こるのであり、系βは系αの測定によって攪乱されるのである。つまり、系αとβをいっしょにして１つの系と考えるべきだというわけである。

ＥＰＲの精神を別の言い方で表現すればこうなる。「互いに独立の２つの系のうち一方を測定することで他方の値が実在してくるならば、もともと独立なのだから一方の測定が為されなかったとしても他方にとっては同じことだったはず、つまり系は測定とは無関係に実在的な値を持つ」と。これに対してボーアは「一方の測定によって他方が決まるのであれば、２つの系は独

立でない」と応じたわけだ。「系αへの測定は系βを攪乱することはないので、量子力学の世界像は実在を捉えていない」とするＥＰＲ、「量子力学の世界像は実在を捉えているので、系αへの測定は系βを攪乱すると考えるべき」と応じるボーア。

　ボーアのこの論理にアインシュタインはもちろん不服だった。ＥＰＲ論文の13年後に単独で書いた論文「量子力学と実在」でアインシュタインは、ボーアの返答が正しければ「近接作用の原理」が破られてしまうと論じた。

　アインシュタインが考案した思考実験では、もとは１つの系をなしていた二粒子が分離して十分遠くに離れ、互いに物理的作用は及ぼさない。すると系βの物理量ＰとＱのうち、自由に選ばれて系αで測定された方だけが実在することに決まり、系αへの攪乱によって系βのあり方が決定するという、瞬間的遠隔作用のような不合理がまかり通る。ＰとＱのどちらを測定するかによって、実在の決定される側面が異なってしまい、異なった物理的状態が実現され、世界のあり方が変わる。これは測定で攪乱した系については納得できるとしても、測定していない系でなぜそんなことが起こるのか。互いに物理的に独立のはずの別個の部分どうしが、瞬間的に示し合わせたように状態を決定するというのか。そのようなことは「近接作用の原理」が禁じているはずだ。アインシュタイン自身の特殊相対性理論に照らしても、一方で起きた事柄の情報が光速度を越えて他方に伝わることはありえないのだから。

　常識的には私たちは、アインシュタインに同調したくなるのではなかろうか。しかしアインシュタインとボーアの死後に実現可能となった実験により、ボーアが正しかったことが証明されている。遠隔作用は実際に起きた。量子力学は、ＥＰＲ論文の言う意味で「完全な理論」だったと判明したのだ。ただし、系αから系βへの瞬間的作用は影響関係ではなく単なる連動関係（相関関係）なので、特殊相対性理論には反しておらず、「近接作用の原理」を破ってもいないのである。

　結果的にボーア勝利ということで論争の決着はついているものの、実在を観測に依存させすぎた（あるいは実在は科学の対象ではないとした）ボーア流解釈は、波動関数を文字どおりに捉えていないため、哲学的に不満足なところが多い。そこで、波束の収縮（前提３）を必要としない多世界解釈をは

じめ、実在論的な解釈がさかんに模索されている。

📖 『アインシュタイン選集1　特殊相対性理論・量子論・ブラウン運動』共立出版
📖 『ニールス・ボーア論文集Ⅰ　因果性と相補性』岩波文庫

024
シュレーディンガーの猫
Schrödinger's cat

　「崩壊して粒子を放出する原子α」と、「粒子検出装置につながれた青酸ガス発生装置」そして「1匹の生きた猫」の3者が、密閉された箱に入っている。
　原子の崩壊のようなミクロな出来事は、量子力学（シュレーディンガー方程式）にしたがって統計的に予測できるだけで、個々の場合に正確な予測はできない。完全な偶然に支配される。この原子αの場合、1時間後までに50％の確率で崩壊することしかわからない。
　さて、原子αが崩壊すれば、青酸ガスで猫は死ぬ。1時間後に、箱の中を実験者が見て結果を確かめる直前、猫は生きているだろうか、死んでいるだろうか。
　……ミクロな量子的確率をマクロな現象に直結させたこの思考実験は（むろん実行もたやすいが）、ミクロの非決定性をマクロなレベルでの非決定性に拡大してしまうパラドクスとして知られている。つまり、個別の原子が崩壊するかどうかは本質的に確率的なのだから、その直接の結果として生死が決まるこの猫は、1時間後、「半死半生」の状態にあるのではないか、と。息も絶え絶えという意味ではなく、半分ピンピンしていて半分完全に死んでいるという、不可思議な「重ね合わせ状態」である。

❶　シュレーディンガーはこの思考実験を、量子力学の世界記述が不完全であることの傍証として提示した（前問ＥＰＲと同じく1935年に）。量子力学にそのまま従うと、箱を開けて実験者が猫を見た瞬間まで猫の生死が決まらないという不合理が生じるというのだ。他方、「生

死の重ね合わせ」は不合理ではなく、事実なのだという解説がなされることもある。ただし、その解説が成り立つためには、実験設定がある条件を満たすことが必要だ。どのような条件だろう。

答え◎箱の中と実験者のいる箱外空間とが効果的に遮断されているという条件。

「箱を開けるまでは実験者は猫の生死を知ることができない」というだけでは十分でない。「実験者の感覚内容に、箱を開けるまでは猫の生死に由来するいかなる相違も生じていない」ことが必要なのだ。

1時間後の箱内の様子は、猫の生死によって、つまり猫の身体から出る光、音、衝撃などによって変化しているので、ミクロな量子状態は、猫の身体その他の箱内全体のマクロ状態をすでに決定している。その因果的影響が、実験者の意識と間接的につながる箱外計器、壁の状態、温度、音といった感覚可能な状態に反映されない場合に限り、シュレーディンガーの猫は箱外の視点から「生死両方の状態が重なっている」というパラドクス状態になる。

しかしこれは、量子的現象に特有のパラドクスなのだろうか？　今この瞬間、私がこれを書いている隣の部屋の床に直径3cm以上の埃があるかどうか、私は知らない。直接の情報伝達経路がなく、そのような埃があるかないかによって私の知覚範囲内の環境にまったく違いが生じない。隣の部屋に関するこの「隠された真相」に何ら神秘はないだろう。シュレーディンガーの猫も同じではないだろうか。1時間以内に原子から粒子が飛び出したかどうかによって、粒子と検出器の相互作用の有無が決まるので、それ以降は量子力学に特有の（マクロな古典力学には見られない）問題は存在しない。室内の状態は決定したが、その影響がいっさい外に漏れ出ないという、ただそれだけのありふれた事柄にすぎないのではないか。

2　いかがだろう？　「シュレーディンガーの猫」は、古典的な単なる無知と同じ状況にすぎないのか？

答え◎「EPRパラドクス」で見た「重ね合わせ」が違いを生んでいる。確かに今この瞬間には、隣の部屋に直径3cm以上の埃があるかないか、その有無を逆転させても、私の知覚環境に寸分の違いもないだろう。しかし、この

瞬間だけが独立して成立したわけではない。隣の部屋の埃は、マクロな決定論的推移の結果そこに有るもしくは無いはずなので、必ずやこれまで数ヶ月間の屋内における知覚可能な違いが、直径3cm以上の埃の有無に対応している。私が判断できないだけで、直径3cm以上の埃は隣室の床にあるかないか、どちらか一方なのである。

　ところが「シュレーディンガーの猫」では、実験者にとって実験開始までの知覚可能な違いが、猫の生死に対応していない。原子から粒子が飛び出したかどうかが、実験者の知覚世界と因果的に切断されているのである。よって、箱を開けるまでは、猫が「重ね合わせ状態にいる」というのは正しい。

　もちろん、隣の部屋の埃の状態を決めるマクロな状態の推移にも、量子的な非決定論的効果が働くことはありうるだろう。しかし、それらは統計的に相殺されて、結果としてニュートン力学的な決定論的推移に従うことになる。「シュレーディンガーの猫」のような、単一の非決定論的量子現象がいきなりマクロな二択に直結するような仕組みは、人為的に作らない限りめったに生じそうにないからである。

　ただし「シュレーディンガーの猫」においても、非決定論的な量子的不連続性は、粒子が検出器にぶつかったかどうかという段階で生じ、そこから先の事態はマクロな因果律に沿って進むだけである。したがって、「コペンハーゲン解釈」が前提するように、もし実現する世界がただ1つだけならば、「シュレーディンガーの猫」の無知状態は古典的無知状態と根本的には変わらない。違いは、古典的無知とは違って、実験者が箱内を実際上知りえないだけでなく原理的にも知りえないということだけだ。つまり、古典的無知では原子の初期状態と物理法則をすべて知っていれば箱外からでも箱内を予測できるはずだが、「シュレーディンガーの猫」ではそうした知識をすべて持っていても箱外にいる限り箱内を予測できない。それでも検出器以降のマクロな推移においては結果は1つだけであることに相違なく、コペンハーゲン解釈では「猫の生死の重ね合わせ」は単なる比喩なのである。

　他方、世界は一通りだけでなく、重ね合わせの中に含まれる可能な状態がそれぞれ現実に生じているのだとする「多世界解釈」をとると、箱内の猫は本当に重ね合わせ状態にある。実験者は、箱を開けてみるまでは、猫の生きている世界と死んでいる世界の両方にまたがって存在せざるをえない。箱を

開けて猫の状態を知った瞬間に、観測者はいずれか一方の世界に移行する、もしくはカテゴライズされる。

「シュレーディンガーの猫」が量子の神秘をマクロ世界にそのまま拡大した反直観的なパラドクスになっているのは、多世界解釈をとる場合である。コペンハーゲン解釈等、波束の収縮を前提する一世界説では、量子的重ね合わせは粒子から検出器にいたる中間段階にのみ当てはまり、猫の状態にまでは及ばない。

ただし、波束の収縮をマクロなレベルの特定の段階、たとえば「脳内の意識」という段階に限定するような理論もある。そのような理論では、多世界解釈と同じように、箱を開けて猫の状態が観測者に意識されるまでは、猫は生きた状態と死んだ状態との重ね合わせになっているのだ。そのような意識定位の理論の代表が、次問で見る「ノイマン・ウィグナー理論」である。

　　E.シュレーディンガー「量子力学の現状」『世界の名著 現代の科学Ⅱ』中公バックス 80
　　和田純夫『シュレディンガーの猫がいっぱい』河出書房新社

025 ウィグナーの友人
Wigner's friend

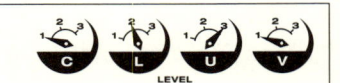

　前問「シュレーディンガーの猫」の状況を拡張して、次のような設定にしてみよう。1時間後までに50％の確率で猫を殺すあの箱内の量子装置の結果を物理学者ユージン・ウィグナーの友人が観察して、実験室から100キロメートル離れた自宅にいるウィグナーにただちに電話で知らせる。

　さて、ウィグナーが電話を受けるまで、ウィグナーの身辺は、そして彼の意識状態も、猫の生死に関していずれの場合とも完全に両立する状況にある。同様に、友人が生きた猫を観察したのか、死んだ猫を観察したのかについて、そのいずれの場合ともウィグナーの意識状態は両立する。すると、ウィグナーの意識からすると、電話で結果を知るまで、猫と友人はいっしょになって重ね合わせ状態にあると言える。

　ところが、ウィグナーより先に猫の生死を観察している友人の観点

からは、ウィグナーに電話する前から世界のあり方は決まっている。猫自身の観点からすればもっと前に世界は決まっていた。

　量子力学の波動関数には、ランダムな古典的事実（個々の粒子の位置から星や銀河の巨視的な構造にいたるまで）の決定のしかたは含まれていない。そうした余剰情報を引き起こす「波束の収縮」が起こる場所を特定せねばならないとすると、**確実**に収縮が起きているのは「観測者の意識」が介入したときだけである。こうして、法則外の余計な収縮を最小限にとどめて波動関数を最大限文字どおりに認めようとすると、「意識が世界の状態を知覚するときにだけ〈波束の収縮〉により世界のあり方が決定してゆく」という見方が生まれる（ノイマン・ウィグナー理論）。世界は波動関数が描くとおりにあらゆる可能性の束なのだが、意識的主体によって観測されるやいなや古典力学的な確定世界が出現するというわけである。

　「ウィグナーの友人」の思考実験は、このように、シュレーディンガーの猫状況を細分化することで、物理法則だけでは起こりえない偶然的情報の決定をもたらす「意識」をクローズアップした。（ただしこの思考実験の原典とされる📖には、シュレーディンガーの猫は言及されていない）。

　〈波束の収縮〉を「意識」による観測時に限定するノイマン・ウィグナー理論には、収縮の時点を明確に制限するという利点がある。その利点は、前問で見たコペンハーゲン解釈および多世界解釈と比べて、より優れていると言えるだろうか。（いささか曖昧な問いで恐縮だが、「収縮の恣意性」という問題点について３つの理論を比較することでお答えください）。

答え◎コペンハーゲン解釈では、猫と最終観測者との間に友人が介在したことには何の意義もない。検出器の段階で波束の収縮が起きているので、より大きな世界では、友人が猫の生死を確認する以前に、真相は決定している。しかしコペンハーゲン解釈では、ミクロの重ね合わせがマクロな収縮に転じる境目が環境ごとに異なり、いくらでも移動しうる。結果的に収縮が起きたところが境目だと認めるしかない。このミクロとマクロの境界の曖昧さが、

コペンハーゲン解釈にアドホックな御都合主義の影を投げかけていた。収縮の時点を意識に限定するノイマン・ウィグナー理論は、脳のような物理系の情報処理機能によって（あるいは「主観的自我」の意識経験によって）収縮の時点を定義できるので、コペンハーゲン解釈の結果論的な線引きの恣意性を免れている。

　しかし、波束の収縮時点の曖昧さを解消するという理念をさらに徹底すれば、多世界解釈に至らざるをえないだろう。多世界解釈では、この世に意識があろうがなかろうが、波束の収縮はそもそも起きていない。実在するのは波動関数が描き出す無数の全体的状態だけであり、意識を生み出すほど複雑なシステム（観測者）の脳もそういった状態１つ１つの中に１つ１つ存在している。意識以前に各々確定した諸世界が並行していて、意識の座である脳も各々の世界の中で確定した外界に対応しており、それを確定した結果として観察してゆくだけだ。見かけの「波束の収縮」は、実在全体をグローバルに記述する量子力学の法則と、個々の脳が観察せざるをえないローカルな状態（対称性の破れた状態）とのギャップにすぎない。ノイマン・ウィグナー理論は、コペンハーゲン解釈よりも波動関数に忠実だという利点があるが、その利点を多世界解釈ほど貫徹できていないのである。

　多世界解釈によると、個々人の意識は物理的運動の結果として推移するが、どの世界へと分岐してゆくかは主観的な観点からまったくの偶然である。「ウィグナーの友人」の思考実験が新たに教えることは、多世界解釈では世界中の個々人の意識が互いにたえず離ればなれになっているということだ。ウィグナーが電話を取るまでは、当の友人の全員がウィグナーの全員と同じ諸世界にいる。ところが猫の生死を聞かされた瞬間、ウィグナーのうち半数が、友人のうち半数だけと同じ経験を共有し、同じ諸世界にカテゴライズされる。可能性が分岐するたびに、たまたま同じ分岐に居合わせた意識どうしだけが同じ外界の経験を共有する、という流れが以後もずっと続いてゆく。

　量子的な効果が意識レベルの違いへと顕在化するような出来事がどのくらいの頻度で起きるかにもよるが、人の一生を通じてとなると、同一の世界に終生住まい続ける同胞の分身はきわめて少数派であることになる。なにせ、量子が３つほど作用すれば人間の視界に有意義な相違をもたらすことができるというのだから。原理的に私たち知的生命は、たえず分身どうしの別れを

繰り返しているのである。他人とも、自分自身とも。

📖 Wigner, Eugene "Remarks on the Mind-Body Question" (1962) *Symmetries and Reflections* MIT Press (1967)

026 量子自殺
quantum suicide

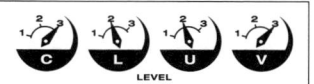

「シュレーディンガーの猫」「ウィグナーの友人」の思考実験を、安全な実験者の視点ではなく、生死を賭けた猫の視点から見てみよう。

引き金を引くたびに確率50％で粒子が放出される非決定論的量子銃を使って、ロシアン・ルーレットをする。粒子が放出されれば、弾丸が発射されてあなたは即死する。放出されなければ、「カチッ」という引き金の音が聞こえるだけである。

あなたは、量子論の実在的基盤を検証するために、この量子ロシアン・ルーレットを使おうと思った。量子の観測がなされるたびに波束の収縮が起きるが、それは1つの世界でそのつど1つの状態だけが選ばれているということなのか（コペンハーゲン解釈）、それともあらゆる状態が選ばれてそれぞれの世界に分かれているということなのか（多世界解釈）。現象的には区別のつかないこの2つの対立仮説に決着をつけるには、量子ロシアン・ルーレット実験に頼るしかない。

理屈は簡単だ。あなたは量子銃を自分の頭に向けて100回続けて引き金を引く。実験終了のとき、あなたが生き延びていたら、つまり100回続けて「カチッ」という引き金の音を聞いたら、（　A　）が正しい。そのような経験ができなければ、つまりあなたが死ねば、（　B　）が正しい。

1 A, Bに、コペンハーゲン解釈、多世界解釈のいずれか正しい方を入れて、この理屈が成り立つ理由を述べてください。

答え◎ 1回ごとに50％の確率で弾丸が発射されずにいるが、100回続けて

それが起きる確率は極小である。弾丸は必ずや発射され、あなたはほぼ確実に死ぬ。しかし、ごく小さな確率ではあるが、100回続けて弾丸が出ずじまいで終わる場合もありうる。もしも世界が1つだけであれば、そのような場合が実現することはほぼ無いだろう。したがって、あなたは死に、実験結果を見届けることはない。

他方、この世界が実は多重世界であって、引き金が1回引かれたときの可能な結果がすべて起きているとするならどうだろう。確率ゼロの出来事でない限り、多重世界のうちどこかで必ずその出来事は起きている。つまり、引き金を引くごとにあなたは全体の$1/2$の世界において生き延び、100回終えた後には全体の〈$1/2$の100乗〉という極小の部分集合においてではあるが、依然としてあなたは生きている。

あなたの主観的本質が意識である以上、生きているあなたと死んでいるあなたに分かれたとき、あなたが存在していると言えるのは生きている分岐だけである。つまり「主観的あなた」は常に弾丸が発射されない方の諸世界へとカテゴライズされてゆく。あなたは、主観的に $(1/2)^{100}$ の難関をクリアして、必ずや実験結果を生きて見届けることになる。

多世界解釈が正しければ、間違いなくあなたは、量子ロシアン・ルーレットで確率的にありえないと思われた生存を達成し、多世界解釈が正しいことを証明することができる。コペンハーゲン解釈に対しては、そのような証明はできない。

2 理論的根拠によって多世界解釈が絶対に正しいという確証を得た場合、実験的に劇的な確認をするには、量子ロシアン・ルーレットは有効な手段だろう。しかし、問題点がいくつかある。量子ロシアン・ルーレットによる多世界解釈の証明を成功させるために最も重要な条件を指摘してください。

答え◎あなた一人のこめかみに銃口を当てて量子ロシアン・ルーレットを実演してみても無意味である。あなたの意識はもちろん100発の試練を生き延びるが、まわりで観ている人にとっては、あなたは3回も生き延びればおなぐさみで、開始早々に頭を吹っ飛ばしスプラッターな光景をさらすことになる。つまり、あなた以外の人を説得するためには、単なる量子ロシアン・

ルーレットは使いものにならないのである。

　もちろん、あなたがクリアするたびにまわりには同じ観衆がいる。100発終えた後、多重世界中の極少数派である観衆はあなたがみごと試練をクリアしたのを見る。しかしそのようなことが起きる確率は、あなたにとっては確率1だったが、彼らにとっては $(1/2)^{100}$ にすぎない。起きたことは単なる奇跡なのである。その奇跡を目撃する確率は、コペンハーゲン解釈が正しかろうと多世界解釈が正しかろうと**彼らにとっては**同じである。よって、あなたと同じ分岐をたどる少数派の観衆にとっても、多世界解釈の実験的証明は成功しないのだ。

　このことから、量子ロシアン・ルーレットで多世界解釈を実証するためには、説得したい人々全員を運命共同体とする「量子心中」を演ずることが必要となる。たとえば会議室にいる物理学者全員の頭に向けて銃口をセットし、1つの引き金に連動してすべての銃が同時に作動するようにしておくのだ。こうすれば、100発をクリアしたあと、全員が「奇跡だ」という仮説よりも「多世界解釈が正しかった」という仮説を信じざるをえなくなるだろう。

　　　Lewis, Peter J. "What is it like to be Schrödinger's cat?" *Analysis,* 60.1 (2000)

027
量子不死
quantum immortality

　前問「量子自殺」のアイディアのポイントは、他の人から見てあなたが死んでいても、あなたの観点からはあなたは生きている、という観測選択効果だった。さてそうすると、私たちは主観的視点からすると「不死」ではなかろうか？　しかも日常生活においてすら？　だって、死に見舞われるたびに、その死を逃れる確率がわずかでもある限り、あなたの意識はその死を逃れる分岐へと移動するはずなのだから。

　多世界解釈が正しければ、私たちは主観的に不死だということになる！

　本当だろうか？

答え◎残念ながら、多世界解釈が正しくとも、個々人の主観的不死は保証されない。理論的理由が2つと、実証的理由が1つある。

第1の理論的理由。量子的な非決定論的効果が有効である分岐においてでないと、多重世界による違いが生じない。量子銃のような、ミクロの非決定性をマクロにただちに拡大するメカニズムは、日常世界にはめったに成立しない。マクロな因果関係は決定論的な経緯で進むので、たとえば乗っている飛行機が空中爆発したり、50階の窓から落下したりした場合、助かる確率はゼロとなる。多世界解釈が正しいとしても、想像可能などんな可能性にも実在の世界が対応しているとは限らないのだ。

第2に、日常で起こる死は、疾病や外傷などによる機能不全を経て、徐々に意識が薄れるのがふつうであり、機能不全の結果、引き返し不可能な地点に至って確率1で死んでゆく。死の切迫に本人が気づかないほどの突然死というのは稀である。しかし量子ロシアン・ルーレットのためには、死は瞬間的に起こらねばならない。もし致命傷を負ったまま意識が残るような可能性があれば、あなたが無傷の分岐でなく致命傷の分岐に行く羽目にならない保証はない。生き続ける分岐へと確率1で移動できるためには、あなたの死が運命づけられる世界では必ず、死は瞬間的に訪れなければならない。現実にあなたの身に起こる死がすべてそのような「超‐即死」であるというのは不可能だろう。必ずやいつかは徐々に起こる機能不全に見舞われてしまう。

あなたが不死ではない実証的理由としては、あなたが「超‐老人」ではなかろう、ということが挙げられる。あなたは何歳だろうか。100万歳とか5億歳とかではないだろう。ところがあなたが不死であるならば、たとえば30歳というような人生の超‐初期にいる確率は小さい。100億歳どころか、ほとんど無限の過去を顧みることができるはずだ（☞心033【文明はなぜ永遠に続かないか】）。少なくとも、あなたが他の誰よりもずば抜けて歳をとっているというのでないならば、それは、あなたの主観的人生が世の平均寿命並みであることの証拠なのである。

📖 Mallah, Jacques, "Many-Worlds Interpretations Can Not Imply 'Quantum Immortality'"
http://arxiv.org/abs/0902.0187 (2009)

第 4 章

数学
論理という暴力を振るうこの学問……

028
アリストテレスのコイン
Aristotle's coin

　アリストテレスが『力学』（アリストテレスではなくアルキタスの作と言われる）で述べたもので、「アリストテレスの輪」とも呼ばれているパラドクス。

　ピンと張ったひもに接したコインを1回転させると、円周の長さだけひも上を進む。さて今、図1のような、大小のコインをくっつけたオモチャを、2本の平行なひもに沿って1回転させてみよう。コインの周の1点に印を付けておくと、印が再びひもの上に接する1回転分のひもの長さは、コインの円周に等しい。

図1

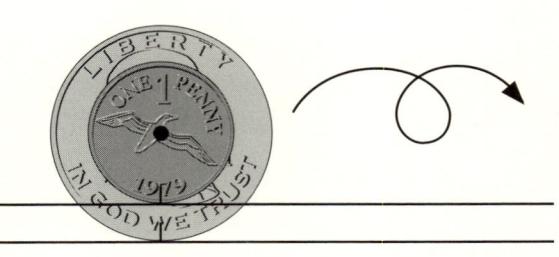

　はて？　大小のコインは貼り合わせてあるので、いっしょに1回転する。つまり、それぞれの周上の印が再びひもに接するのは、同時。しかし、コインの円周の長さは直径×円周率で、直径が異なる以上、円周の長さも異なるはずだ。にもかかわらず、周上の印は2つともひもの同じ長さを移動する。これはどうしたことだろう？
　① 2つのコインの円周の長さが違うこと
　② 2つの印がひもの同じ長さを移動すること
　③ 印の移動距離はコインの円周の長さに一致すること
　この3つとも間違いないように見える。しかし3つとも正しいとすれば矛盾が生じる。どれかが間違っているのだ。どれだろうか。

答え◎実験してみるまでもなく、論理的に答えは1つしかない。①②は観察事実として間違いないので、残る③が疑わしいとわかる。そう、印の移動距離はコインの円周の長さに一致するとはかぎらない。一致するのは、ひもの上に「滑らないように」「完全に密着させながら」コインをまわしていった場合だけである。図のオモチャをいかに慎重にまわそうとも、2つのコインの一方は必ず、空回りしてしまうのである。

　さて、物理的なコインの場合は、「空回りしている」という答えで納得できるだろう。しかし、同じ図を抽象的な図形として考え直すと、謎がまた復活してくる。それぞれの円周上の点と、直線上の点とは一対一対応しているはずであり、抽象図形には「滑り」などないので、2つの円周の長さは等しいことになってしまう。これは、「実数無限はすべて等しい」という数学的事実の反映だ。図2では、長さの違う線分a，bの上にある点が、一対一に

対応することを示している。のみならず図3のように、有限の線cと、無限の直線dとの対応すら可能なのである。

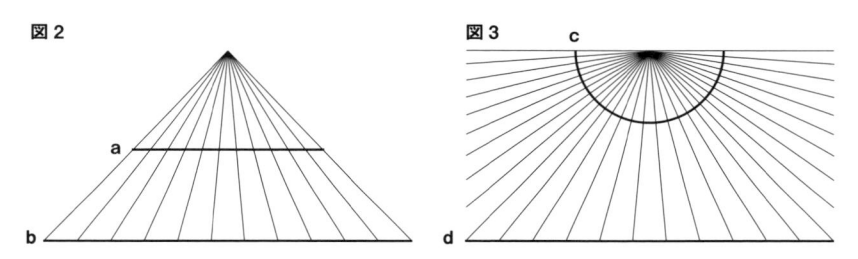

図2

図3

Bunch, Bryan *Mathematical Fallacies and Paradoxes* (Dover,1997)

029 ガリレオのパラドクス
Galileo's paradox

　ガリレオ・ガリレイは、無限集合の要素の数え方が有限集合の場合のようにいかないことに気づいていた。平方数の集合と整数の集合とは一対一対応させられるので、平方数と整数は同じ数だけある、という認識を『新科学対話』で述べている。
　たしかに、正の整数xにxの2乗を対応させると、正の整数と平方数との間にはいとも簡単に一対一の対応付けがなされる。平方数の集合は正の整数の真部分集合であるはずなのに、なんと同じ数だけの要素を持っているのだ。
　2つの集合の要素の数を比べるためには、それぞれの集合の要素どうしを洩れなく重複なくペアにしていって、どちらに余りが出るかを見ればよい。余った方が要素が多い。どちらにも余りが出なければ、一対一対応がついたということであり、要素の数は同じである。私たちが日常的にものを数えるとき、たとえば投票箱の中の投票用紙を数えるときは、必ずこのような対応付けを行なっている。1, 2, 3, 4……と投票用紙がなくなるまで数え上げるが、これは、自然数と投票用紙とをペアにしていって、一対一対応が成り立つ限度の自然数をもって

投票用紙の数と見なす、という操作をしているわけである。

　日常の勘定では、数える順番は個数に影響しない。2つの教室内の人数を比べる場合、それぞれのクラスの生徒を氏名五十音順で並べても、生年月日順で並べても、背の低い順に並ばせて数えても、比較結果は同じである。人の集合と自然数の集合とを対応づけるにせよ、犬の集合と猫の集合を比べるにせよ、ペアにしていくメンバーの順序はどうでもいい。

　さて、「2つの集合の大きさ」を決めるのに、次のような2つの基準を考えたとしよう。どちらの方が適切だろうか。

> 基準1　集合Xと集合Yとの間で、それぞれの要素をいかなる順序でペアにしても一対一対応させられる場合、XとYは同じ数の要素を持つ。
>
> 基準2　集合Xと集合Yとの間で、それぞれの要素をペアにして一対一対応させられるような順序づけが少なくとも1つ存在する場合、XとYは同じ数の要素を持つ。

答え◎誘導尋問のような見え透いた問い方だっただろうか。無限集合の話からいったん日常的な有限の勘定へと話を逸らして、「数える順序は関係ない、だから基準1が正解」と言わせようとしたのだが。

　そう、有限集合なら、基準1も基準2も同じことだ。どちらも個数の勘定を決定するのに十分である。一対一対応させる順序づけが少なくとも1つ存在するならば、いかなる順序でペアにしても一対一対応が成り立つ。

　ところが、ガリレオが悩んだ無限集合の場合はそうはいかない。ガリレオの平方数でもいいのだが、ここでは見やすさのために正の偶数と正の整数の個数を比較する。3つの別の並べ方で一対一対応を試みよう。

並べ方A

偶数	2	4	6	8	10	12	14	16……
整数	2	4	6	8	10	12	14	16……, 1 3 5 7 9……

並べ方B
偶数　　2　4　6　8　10　12　14　16……
整数　　1　2　3　4　5　6　7　8……

並べ方C
偶数　　4　8　12　16　20　24　28……，2　6　10　14　18……
整数　　1　2　3　4　5　6　7……

　Aの並び（同じ数どうしをペアにする）で比較すると、偶数よりも整数の方が、奇数のぶんだけ多い。まあ、常識的な結果だ。
　Bの並び（整数とその2倍の偶数とをペアにする）で比較すると、一対一対応ができるので、偶数と整数は同じ数だけある。
　Cの並び（整数とその4倍の偶数とをペアにする）で比較すると、偶数が余ってしまう。4の倍数でないものが後回しにされたため、整数の集合の中にパートナーがなくなってしまったのだ。
　このように、無限集合の場合には、一対一対応は、それぞれの集合の要素を並べる順序によって可能だったり不可能だったりする。そこで、基準1では偶数と整数の要素数の比較ができなくなってしまうので（のみならず、整数の集合と整数の集合を比較することもできなくなる！）、基準2を採用しなければならない。有限無限を問わず一般的に、集合の要素の数（濃度または基数）は、基準2によって定義されるのである。
　なお、ガリレオにとっては不可解だった「集合とその部分集合との一対一対応」は、250年後にリヒャルト・デデキントとゲオルク・カントールが現代集合論を確立して以来、無限集合の定義的特徴と見なされ、もはやパラドクスではなくなっている。

　　　　　　　　　　　　Clark, Michael. *Paradoxes from a to z* (Routledge, 2002)

030
0乗
zero power

数学を思い出すためのウォーミングアップ。

1 5の2乗は25。5の3乗は125。5の1乗は5。では、5の0乗は？

答え◎1。

しかしなぜ答えは1になるのだろうか。

5だけでなく、いかなる数についても、それの0乗は1である。0乗というのは何も掛け算をしないということだから、つまり1乗ですらないために元手が始めから何もないに等しく、ということは0とか、不定とかであってもよさそうなものだが。なぜ1なのか？

2 その理由を、納得ゆくように説明してください。

答え◎nのX乗というのは、nをX回掛け合わせる操作のことなので、nのX乗と、nのY乗とを掛け合わせたものは、nを（X＋Y）回掛け合わせたことになる。よって、「（nのX乗）×（nのY乗）＝nの（X＋Y）乗」であることは、明らかである。（さしあたりXとYは正の自然数としておく）。

ここでYを0としてみよう。（nのX乗）×（nの0乗）＝nの（X＋0）乗＝（nのX乗）

つまり、（nの0乗）＝（nのX乗）÷（nのX乗）＝1

やはり0乗すると1になるのでした。

ここから、nの－X乗がnのX乗分の1だということもわかる。nの－X乗はnのX乗と掛け合わせるとnの0乗つまり1になる数だからだ。別の言い方をすると、nの－X乗とは、nの2X乗と掛け合わせるとnの（（－X）＋2X）乗＝nのX乗となるような数だから、$\frac{nのX乗}{nの2X乗}$、つまり$\frac{1}{(nのX乗)}$。

nの0乗、nの－X乗とくれば、nの$(\frac{1}{X})$乗も気になるところだ。nの$(\frac{1}{X})$乗はX回掛け合わせると（つまりX乗すると）1乗になる操作なので、X乗根ということになる。

「数学の言葉の約束だから」nの0乗＝1、とただ覚えておくのもいいが、それよりも、理屈で納得できるところは一度は理屈を追ってみた方が気持ちいいですね。

031 0の0乗
zero to the zero power

さて前問で、どんな数も0乗すると1、ということがわかった。しかしそうすると、0の0乗も1なのだろうか？ 0はもとが0なのだから何乗したって0のままという気がするのだが？

ためしに前問の答えをn＝0にあてはめてみると、こうなる。

「(0のX乗) × (0のY乗) ＝ 0の (X＋Y) 乗」であることは、明らかである。

ここでYを0とする。(0のX乗) × (0の0乗) ＝ 0の (X＋0) 乗 ＝ (0のX乗)

つまり、(0の0乗) ＝ (0のX乗) ÷ (0のX乗) ＝ 1

たしかに0の0乗＝1となりました。

1 この証明は正しいだろうか？

答え◎正しくない。

(0のX乗) ÷ (0のX乗) とは、0/0ということだろう。0/0というのは、不定だ。つまり任意の数だ。むろん0/0＝1として矛盾はないが、1に限らず任意の数であるはずだ。1と限定するのは恣意的である。

というわけで……、

0の0乗＝1とは言えないということか。前問では任意のnにつきその0乗は1、と証明できたと思いきや、0は例外だったのか？

Xを正の数として、Xの0乗と0のX乗とを考えてみる。Xを0に近づけてゆくと極限値として0の0乗が得られるはず。しかし……、X→0のときXの0乗は1のままだし、0のX乗は0のまま。一致しない！ どこかに不連続な断層があるのだ。

数学の公式見解ではどうなっているのだろう？

いろいろな本を覗いてみると、4通りの説明に分かれているようだ。曰く、
　A「0の0乗＝1」
　B「0の0乗＝0」
　C「0の0乗は定義されない」（禁じ手である）
　D「0の0乗は不定」（適当にそのつど特定の数をあててよい）

これらの意見にはそれぞれ、グラフを書いたり集合論の計算をしたり何通りもの数学的納得法があるらしいが、互いに結論がバラバラではどうしようもない。というわけで、数学を疑うわけではないが、ひとつここまで見てきた材料だけを使って論理的に、0の0乗の値について私たちなりの立場を決定してみたい。

2　A～Dのうちどれが「論理的に適切な」立場であるか、選んでみよう。

答え◎まず、B「0の0乗＝0」は脱落する。

なぜなら、Xを今度は負の数として、Xの0乗と0のX乗とを考えてみよう。たとえば－5の0乗は依然として1でOK。他方、0の－5乗は、$1/(0の5乗)$で、これは定義できない。「0はもとが0なのだから何乗したって0のまま」という仮定は成り立たなかったのだ。「0の0乗＝0」は却下。

0のX乗はもともとX＞0についてしか定義できなかったので、X＝0のときにX＞0のときの値を流用する必然性に欠けるのである。

さてそれでは、残る「0の0乗＝1」「定義されない」「不定」のうち、どれが合理的か？

C「定義されない」という否定的扱いは、AとDが不都合である場合にのみ採用できる。よって後回し。

A「0の0乗＝1」の根拠は、Xの0乗がX＞0であれX＜0であれ1になる、ということである。nの0乗＝1の統一的な証明がすんなり構成できるので、0を特別扱いする理由がないならば、正と負の両側からn→0の極限をとって挟み撃ちにして、0の0乗も1、と証明できるだろう。0の0乗＝$(0のX乗)/(0のX乗)$＝$0/0$＝1というのは、アドホックな決定ではあるが、論点先取ではない。nの0乗＝1の統一的証明に0も合わせる、という別の理由によって支えられているからである。

D「０の０乗は不定」の根拠は、ｎの０乗＝１の統一的な証明においてｎ＝０とすると他のｎとは違う事情が発生し、$0/0$をそのまま取れば「不定」とせざるをえない、ということだろう。これはこれで筋が通っている。

　いずれにしてもＣ「定義されない」の出番はなさそうだ。Ａ「＝１」とＤ「不定」とで比較してみると、アドホックな決定を含まない「０の０乗は不定」の方が弱い命題なので、真である確率は高いとは言える。そこで論理的な結論として、こうしたい。

　「０の０乗は不定」が正しい。そのつど適切な値を割り当てることができる。ただし実際はほとんどの場合に、「０の０乗＝１」という割り当てが有効となる。ＡとＤはもともと両立する選択肢だったので、この答えは矛盾しているわけではない。

　まとめると、原理的にはＤが正解だが、事実上はＡが正解、ということになるだろう。

❸　Ｘの０乗と０のＸ乗という２つの関数を考えたが、しかしもともと０の０乗を考えていたのだから、本来論ずるべきは、ＸのＸ乗という関数ではなかっただろうか。１００の１００乗、１０の１０乗、２の２乗、１の１乗、……と減らしていって、０の０乗のときにどうなるのかと。

　ＸのＸ乗という関数の増減は、直観的にはＸの増減と運命をともにしそうな感じがする。しかしちょっと考えると、１の１乗＝１、０の０乗＝１（？）なのに、$1/2$の$1/2$乗＝$1/\sqrt{2}$＜１というわけで、０＜Ｘ＜１の区間で下に凸のグラフになりそうだ。

　微分して極小値を探ると、０＜Ｘ＜１でＸのＸ乗はＸ＝$1/e$のとき最小となる。（ｅは自然対数の底で、ネイピア数と呼ばれる無理数。ｅ＝２.７１８２８１８２８４５９０４……）。０＜Ｘ＜$1/e$で単調減少、$1/e$＜Ｘ＜１で単調増加。ＸのＸ乗なんて見かけはシンプルそうで実はとんでもない関数だったのだな。

$y=x^x$ のグラフ

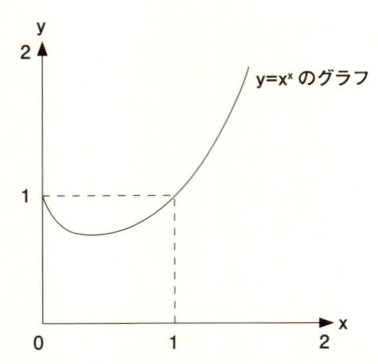

さて、0^0 を X^X の $X=0$ の場合と捉えて考え直してみよう。

X^0 は 0^X とは違って X が負の数のときにも 1 になるという強みがあったので、私たちは **2** では $0^0=1$ に軍配を上げたのだった。では改めて、0^0 の精神をより正確に捉えていると思われる X^X の場合、$X<0$ のときその値はいったいどうなるだろうか。$X=-1, -2, -3, -4$ で計算してみてください。

答え◎-1 の -1 乗 $= 1/_{-1} = -1$
　　　-2 の -2 乗 $= 1/_{(-2 の 2 乗)} = 1/4$
　　　-3 の -3 乗 $= 1/_{(-3 の 3 乗)} = -1/27$
　　　-4 の -4 乗 $= 1/_{(-4 の 4 乗)} = 1/4^4$

どうやら　$-n$ の $-n$ 乗（$n>0$）は、
　　n が偶数のとき　$1/_{(n の n 乗)}$
　　n が奇数のとき　$-1/_{(n の n 乗)}$
正と負を行ったり来たり。

ついでに -1 乗と 0 乗との間はどうなっているかというと（前問030の末尾、$(1/n)$ 乗は n 乗根というのを思い出そう）、
　$-1/2$ の $-1/2$ 乗 $= -1/2$ の -1 乗の $1/2$ 乗だから、-2 の平方根。つまり $\sqrt{2}\,i$。
　$-1/3$ の $-1/3$ 乗 $= -1/3$ の -1 乗の $1/3$ 乗だから、-3 の立方根。つまり $-\sqrt[3]{3}$。
　$-1/4$ の $-1/4$ 乗 $= -1/4$ の -1 乗の $1/4$ 乗だから、-4 の平方根の平方根。つまり $\sqrt{2}\sqrt{i}$。

なんということだ。ネイピア数にとどまらずついに虚数までが出てきてし

まった。どうもＸが負で分母が偶数のときは虚数になるようだ。Ｘが負のときは、Ｙ＝X^xのグラフというのは実数座標に書けないというわけである。
　このあたりで正直、リタイアしたくなりますね。

　気を取り直して哲学的に見ると――、0^0を考える場合、X^xよりもX^yというふうに２変数にしておいた方が一般性がある。ｘのｙ乗という関数は、ｆ（ｘ，ｙ）と書くことができ、変数としてのｘとｙは同格である。ｘとｙが互いにどのような関係を保ちつつそれぞれ０に近づいてゆくのかによって、0^0の値が変わってくる。あまり込み入った関係でなければたいてい極限は１になるが、特殊な関係の場合にはそれ以外の値になりうる。それが０の０乗は不定という意味である。
　ｆ（ｘ，ｙ）の一方の変数に０を代入してｆ（０，ｙ）、ｆ（ｘ，０）という関数を作り、それぞれ一項関数ｇ（ｘ）、ｈ（ｘ）と書き直すと、ｇ（ｘ）もｈ（ｘ）もその意義において哲学的には優劣はない。ところが数学者から見ると、ｇ（ｘ）とｈ（ｘ）は大違いらしい。ｇ（ｘ）つまり「０のＸ乗」はほとんど応用のないつまらない関数であるのに対し、ｈ（ｘ）つまり「Ｘの０乗」はさまざまなところに表われて応用範囲が広く、ｈ（ｘ）＝１と定義しておかないと困るらしいのだ。電卓などのプログラミング言語でも０の０乗＝１と決められていることが多いという。

　📖 Knuth, Donald E. "Two notes on notation", *American Mathematical Monthly* 99 no. 5 (May 1992)

　📖 土基善文『xのx乗のはなし』日本評論社

032
０の０乗：哲学バージョン
zero to the zero power: philosophical explanation

　０の０乗シリーズの駄目押しとして、「０の０乗＝１」として扱うのが客観的に正しいと言えそうな「〜の…乗」の直観的意味を１つ紹介しよう。
　これは、私が最も気に入っている「０の０乗＝１」弁護論でもある。

私好みというのは哲学的弁護論ということなのだが、数学マニアの大半もこの好みには同意してくれるのではないだろうか。「mのn乗」のm, nが自然数である場合にしか適用できない考えだが、自然数がすべての出発点であり他の事例はそこから構成されるので問題ないだろう。
　mのn乗というのは、1以上m以下の計m個の自然数をn回並べる仕方が何通りあるか、という意味だと解釈できる。たとえば4の3乗というのは、1, 2, 3, 4を適当にピックアップして3つ並べる仕方の数。つまり、4通り×4通り×4通り。
　累乗についてのこの見方を前提として、0の0乗＝1を改めて証明しよう。

答え◎証明というよりも直観的な説明という感じだが、だいたい以下のとおりである。
　たとえば5の0乗は？　これは1以上5以下の5個の自然数を0回並べる仕方である。並べる素材となる数は5個あるから準備OKだ。ただし、0回並べろというので、そういう並べ方はただ1つ、何もしないことである。何もしないことただ1通り。よって、5の0乗＝1。
　さて次に、0の5乗とは？　これは1以上0以下の計0個の自然数を5回並べる仕方である。もともと並べる素材となる数がないのだから、準備ができていない。だから5回並べろと言われてもそういう並べ方はできない。つまり0通り。よって、0の5乗＝0。
　並べられない場合（0通り）と、並べないという行為をする（1通り）との違いをくれぐれも区別しよう。
　さあ、いよいよ0の0乗だ。これは、1以上0以下の計0個の自然数を0回並べる仕方である。並べる素材となる数がないのだから、準備ができていない。しかし今回は、0回並べろという。つまりは並べるな、と。……ふう、助かった。手持ちの数が何もなくてドキドキしていたら、何もしなくていいってさ。1つでも並べろと言われていたらお手上げ（0通り）だったところ、自動的に指示に従ったことになっちゃった。そう、0個の素材を0回並べる並べ方はただ1つ、何もしないこと。つまり、0の0乗＝1。

033 ブラリ・フォルティのパラドクス
Burali-Forti paradox

空集合1つを手持ちにした状態で、自然数を次のように次々と（帰納的に）定義しよう。

0 = φ （空集合）
1 = {φ} = {0}
2 = {φ, {φ}} = {0, 1}
3 = {φ, {φ}, {φ, {φ}}} = {0, 1, 2}
⋮
n + 1 = {0, 1, 2, 3, ……n}

さて、順序数というものがこうやって明確に定義できた以上、順序数とそうでないものを区別することができる。たとえば、{0, 1, 2, 3, 4} は順序数であり、{1, 2, 3, 4} や {0, 1, 2, 4, 6} は順序数でない。したがって、順序数だけを洩れなく集めた「すべての順序数の集合」が存在するはずである。ところが、「すべての順序数の集合」には何か変なところがある予感がしないだろうか。矛盾を指摘してみよう。

答え◎「すべての順序数の集合」をAとする。Aは、{0, 1, 2, 3, ……z} と書くことができ、その意味からして、Aは順序数の定義にあてはまる。しかも、すべての順序数を要素としているはずだから、一番大きな順序数をも要素としている。ということは、Aは一番大きな順序数よりも大きな順序数でなければならない。これは不可能である。

このパラドクスは、【カントールのパラドクス】（サ067）の順序数版である（カントールのパラドクスの方は基数（順序のない数）版）。現代集合論では、「すべての順序数の集合」のような大きな集合の生成を制限することで、この種のパラドクスを回避している。

034 選択公理
axiom of choice

1 標準的な集合論の公理系は、ＺＦＣと呼ばれ、以下の公理から成る。厳密には論理式を用いて書かねばならないが、大体の意味は以下のとおりである。さて、これらの中で、最も「自明でない」あるいは「疑わしい」と思われるものを１つ選んでください。

A　２つの集合の要素がすべて等しいならば、そのときに限りその２つの集合は等しい。
B　空集合（要素を持たない集合）が存在する。
C　$α$ と $β$ が集合であるとき、$α$ と $β$ のみを要素とする集合が存在する。
D　いかなる集合についても、その要素の要素すべてだけを要素とする集合が存在する。
E　空集合を要素とし、かつ〈x を要素とするなら x 自身と x の要素のみから成る集合をも要素とする〉ような集合が存在する。
F　いかなる集合についても、その部分集合すべてだけを要素とする集合が存在する。
G　いかなる集合についても、その各要素を任意の関数で変換したものの集まりはやはり集合である。
H　空集合でないいかなる集合も、自らと共通の要素を持たないような要素を持つ。
I　どれも空集合でなく、互いに共通の要素を持たないような集合がいくつかあるとき、それぞれの集合と要素を１つだけ共有するような集合が存在する。

答え◎上のA〜Iから成る公理系をツェルメロ・フレンケル・コーエンの公理系（ＺＦＣ）と呼ぶ。A〜Iにはそれぞれ名前がついている。
　A……外延性の公理、B……空集合の公理、C……対の公理、D……合併の

公理、Ｅ……無限公理、Ｆ……べき集合の公理、Ｇ……置換公理、Ｈ……正則性公理、Ｉ……選択公理。

　どれを「自明でない」と感ずるかは人それぞれ、という考えもあるだろうが、いちおう正解は、「これこれの集合がある」とされた当の集合を「どうやって作るか」が明示されていない公理、つまりＩの選択公理である。

　選択公理は、その意味を考えれば、次の命題と同じことを述べていることがわかる。「どれも空集合でなく、互いに共通の要素を持たないような集合がいくつかあるとき、それぞれの集合から１つずつ要素を選んで集め、新しい集合を作ることができる」。こう表現すると、「選択公理」と呼ばれる理由がはっきりする。（ちなみに、「互いに共通の要素を持たないような」という形容句はわかりやすさのために付けるのが慣例だが、実は削除しても差し支えない）。

　選択公理は、漠然と見ていると他の公理よりも難解という感じはしない。むしろ自明である。Ｅの無限公理やＧの置換公理と比べてわかりやすいくらいだ。ところが数学者にとっては選択公理は「あると言われた集合の作り方が明示されていない」がゆえに自明さにおいて見劣りするのであり、選択公理をなんとか他の公理から導き出そうという努力がなされてきた。選択公理を除いたＡ〜Ｈをツェルメロ・フレンケルの公理系（ＺＦ）と呼ぶ。

　1963年にポール・コーエンが、選択公理は他の公理からは独立である、つまり真でも偽でもいずれであっても数学に矛盾は生じないことを証明した。ユークリッドの幾何学の平行線公理のようなことが集合論でも起きたのだ。

　選択公理の「集合がいくつかあるとき」の「いくつか」が有限個であれば問題ない。それぞれの集合から要素を１つ選ぶことは必ずできて、それらを要素とする集合が構成できるのは当たり前の話だ。しかし「いくつか」が無限個だったらどうだろう。それぞれの集合から要素を１つずつ選べる、と断定できるだろうか。人間が手作業をするわけじゃなく、数学的理想化を働かせれば「できる」のだ、と言うことはできる。しかし、「選択の明確な基準がないときには、無限個の集合から各１個計無限個の要素を抽出することなどできない」という立場もあるのである。ずいぶん不自由な見方だが、数学は自らの自由に制約を課す自由もあるのだ——と思えば、そうした「選択

公理の否定」の立場は、自由を否定する自由も尊重されるべきかどうかという【選択自由のパラドクス】(パ093)の一例にも見えてきて面白い(「選択」という語の一致は偶然です)。

2 次に掲げる文章は、バートランド・ラッセルが『数理哲学序説』で選択公理(彼の用語では「乗法公理」multiplicative axiom)について述べている譬え話の要約である。(　　)の中を推測してください。

　ブーツフェチの大金持ちが、ブーツを1足買うたびにソックスも1足買い入れていき、ついに無限足のブーツと無限足のソックスを買い込んだ。ブーツの場合は(　　a　　)のでそれぞれの対から1足を選んで集めることができるが、ソックスの場合は(　　b　　)のでそれはできない。

答え◎端正な集合論の公理をいちいち読んでいただいたオチが頓智クイズみたいなもので申し訳ありませんでした。ラッセルは、大金持ち、ブーツ、ソックスと、連想を喚起するのに最適なアイテムを用いてくれましたが、残念ながら「フェチ」という言葉は使っておりません。
　さて正解は、a「左右の区別がある」b「左右の区別がない」でした。
　無限対のブーツからは、「右足用」というふうに各対を代表して1つを選び出せる。ソックスではそれができない。左右のような「選択の明確な基準」がある場合は選択公理に問題はないが、基準がない場合の方が圧倒的に多いので、選択公理を真とする理論的根拠はないのである。
　選択公理は、多くの有用な定理を証明するのに必要なので、真であると考える数学者が多い。他方、【バナッハ・タルスキーのパラドクス】(次問)など、直観に反した定理をいくつか導くので、より弱い公理への制限が必要だと考える数学者もいる。

田中尚夫『選択公理と数学——発生と論争、そして確立への道』遊星社

035
バナッハ・タルスキーのパラドクス
Banach-Tarski Paradox

　球をうまい具合に有限個（ただし5個以上）に分割してから、各断片を平行移動と回転によって集めることで、もとの球とまったく同じ大きさの球を2つ作ることができる。もしそれが正しければ、それを何度も繰り返したあげく、もともとパチンコ玉ほどだった球を有限個に分割して適切に組み合わせなおすと、太陽より大きな球だって作れる。

　そして数学的には実際その通りだという。むろん、物理的に作れるという意味ではない。数学的には可能だという意味である。

　この「バナッハ・タルスキーのパラドクス」は、数ある数学的パラドクスの中でも最大級の反直観的驚きをもたらすパラドクスとして有名だ。しかしこれのどこがそんなに驚きなのだろう？　「物理的にできないが数学的にはできる」なんて実例はいくらでもあるではないか。たとえば、違う長さの円周が同じ距離に対応したり、有限の半円周上のすべての点が無限の長さの直線上の点に一対一対応したりする（028【アリストテレスのコイン】）。また、1億の倍数が2の倍数と同数だけ存在するというように真部分が全体と同じサイズを持ったりするし（029【ガリレオのパラドクス】）、線分上の点を平面上の点や立体の中の点と一対一対応させることだって数学には朝飯前なのだ。それらのことはバナッハ・タルスキーのパラドクス（1924年）よりずっと前から知られていた。

１　というわけで、物理的には不可能な体積の拡大くらい、数学では簡単にできるからといって驚くべきなのだろうか。どこが驚くべきなのでしょう？

答え◎たしかに数学には直観に反した驚異が満ちあふれている。反直観的な拡大や縮小の操作も山ほどある。しかし、【アリストテレスのコイン】で見

たような例は、どれも無限個の点の集合の自由な拡大・縮小が許されていた。「バナッハ・タルスキーのパラドクス」がとくに驚くべきなのは、球を**有限個**に分割して**平行移動と回転**だけで組み合わせる、というところである。たとえば5個に分割して、その5個の部分を単位として組み直し、もとの形を複数化したり拡大したりできるというのだ。これは「体積」という概念の本質に反しているように感じられる。体積は、有限回分割してどう組み直しても、値は変化しないはずだからだ。

　バナッハ・タルスキーのこのパラドクシカルな定理の証明は📖でじっくり見ていただくとして、ここでは、このパラドクスを脱不思議化するための戦略を考えていただこう。

2　「バナッハ・タルスキーのパラドクス」を説明するのに、常識の中のどれかを修正する必要がある。論理的に自然な候補が3つ考えられるが、そのうちどの修正が見込みありだろうか。

　①「体積」という概念の修正……　体積というものは、より小さな有限個の体積に分けたとき、その合計がもとの体積と同じに保たれるとは限らないのではないか。
　②「寄せ集め」の概念の修正……　図形は平行移動と回転を経ると、体積が同じに保たれるとは限らないのではないか。だからもとの体積と、各部分にバラして寄せ集めたあとの体積の合計とが一致しなくてよいのではないか。
　③「分割」の概念の修正……　体積を持つ図形を分割したあとの諸部分が、ゼロまたは正の体積を持つとは限らないのではないか。「体積のない部分」へと分割できるがゆえに、それらを再び集めたときに任意の体積になってもかまわないのではないか。

答え◎①……各断片の体積の合計が全体の体積にならないようでは、幾何学の計算ができなくなるだろう。この修正はあまりに犠牲が大きい。
　②……平行移動と回転によって完全に重なり合う図形は「合同」であり、体積は等しいはずである。合同の概念が使えなくなるようでは困る。

③……各々の部分がゼロまたは正の体積を持つからこそ、全体は一定の体積を持つはずだ。だからこれもあまりに常識に反している。
　しかし相対的に見て③だけは、考え直す余地があるだろう。「分割の仕方」が多彩である可能性を考えると、①②に比べて③ははるかに許容できそうだ。図形にはフラクタルだとか整数以外の次元のものだとかいろいろあるし、球のような平凡な図形が突飛な部分を含むことに不思議はない。実際、③が正解である。
　「いかなる有界な空間図形（有限の範囲にある、つまり球体の中に入りうる図形）に対しても、「体積」を定義することができる」
　という定理は成り立たないのである。
　ちなみに、これの平面図形バージョン、
　「いかなる有界な平面図形（有限の範囲にある、つまり円の中に入りうる図形）に対しても、「面積」を定義することができる」
　は成り立つ（バナッハ-フォン・ノイマンの定理）。したがって、平面についてはこのパラドクスは生じない（移動の条件を弛めない限り）。平面図形で起こらないような反直観的結果が立体図形で起こるというのも、バナッハ・タルスキーの定理をパラドクスらしくしている要因である。
　ともあれ、体積を分割するとき、体積を定義できないような部分へと分割することが可能なのである。体積を持つ部分に分割する限りは、体積の本質からして全体の体積は増えも減りもしないが、「体積のない部分」であれば、再び集めたときに任意の体積を形成することができるというわけだ。
　しかし、体積を体積でないものへ分割するなどということができるのか？　それは必ずしもパラドクシカルではない。部分と全体の性質が異なることは珍しくないのだから。素人っぽい譬えで申し訳ないが、自然数5を、5＋$\sqrt{2}$と5－$\sqrt{2}$に分割すれば、それぞれ自然数でない部分が出現する。一定の水温を持つ水だって、温度を持たない個々の分子へと分割できる。少なくとも性質Xを持つものを性質Xを持たぬものへと分けること自体に非論理的な点はないと納得はできる。
　バナッハ・タルスキーの定理で分割される断片は、たしかに存在はするが、「構成可能」ではない。つまり、作り方のプログラムが具体化できず、目に見える形で描き出すことができない。フラクタル図形などに比べてもはるか

に摩訶不思議な図形であろう。ギザギザによじれまくっているといったレベルの話ではなく、全体にホコリが絡まったような綿のような霧のような、フワフワしたユラユラした、これでも図形かというようなどうにも手の施しようのない代物だろう。

　そんな「構成不可能な」図形が、それでも「存在する」と言えるのは、この定理の証明に用いられる「選択公理」（前問）のおかげである。バナッハ・タルスキーの定理は、選択公理を認めないと成立しないのだ。選択公理を前提するかしないかという決定不能の微差が拡大されて「バナッハ・タルスキーのパラドクス」なる目覚ましい帰結の正否に直結するとは、非決定論的な粒子放出が宇宙の決定に繋がる「シュレーディンガーの猫」の数学バージョンみたいではないか？

　　　　　砂田利一『バナッハ・タルスキーのパラドックス』岩波書店
　　　　　レナード・M・ワプナー『バナッハ＝タルスキの逆説　豆と太陽は同じ大きさ？』青土社

第 5 章
論理学・哲学
謎を栽培した者どもの採種責任……

036
含意のパラドクス
implicational paradox

　論理学で定義される「ならば」は、「含意」と呼ばれ、次のような性質を持っている（「ならば」の前を前件、後を後件と呼ぶ）。

「PならばQ」は、Pが偽の場合、常に真である。
「PならばQ」は、Qが真の場合、常に真である。

よって次のような文は、標準論理学では真と判定される。

「第三次世界大戦が起こるならば、ヒラタクワガタは六本脚である」
「ヒラタクワガタが十本脚ならば、第四次世界大戦は起こる」

これは日常言語ではかなり変である。「～ならば～」という言葉遣い

は、ふつう、因果関係や契約関係を表わすときに用いられるが、戦争とヒラタクワガタの間には内容的関連がない。「含意」は、前件と後件の内容にかかわらず、前件と後件の真偽だけによって全体の真偽が決まるのだ。さらに奇妙なことに、こんな文が両方とも真になる。

「ヒラタクワガタがしゃべるならば、第四次世界大戦は起こる」
「ヒラタクワガタがしゃべるならば、第四次世界大戦は起こらない」

前件が偽である場合、互いに矛盾している後件をそれぞれ前件の後につければ、全体がどちらも真になってしまうのだ。

このように日常言語からかけ離れた性質を持つ「含意」なので、日常言語に近づけるべく、C.I.ルイスによって下のような提案がなされた。標準論理学の含意は「実質含意」、ルイスの含意は「厳密含意」と呼んで区別することになっている。ここではそれぞれ「ならば」「ナラバ」と書くことにしよう。

「PナラバQ」は、「PならばQ」が必然的に真である場合、真である。それ以外の場合、偽である。

「必然的に真」とは、偽であることが不可能、ということだ。先ほどの戦争とヒラタクワガタについての文をこの厳密含意「ナラバ」で読むと、4つとも偽になることがわかるだろう。

しかし、この程度の修正ではもちろん日常言語の「ならば」にはほど遠い。厳密含意「ナラバ」でも含意のパラドクスが生じてしまうのである。例を挙げてください。

答え◎たとえば次のような文は日常言語では真とは言えないが、厳密含意では真になってしまう。

1 「第三次世界大戦が起こるナラバ、円周率は無理数である」
2 「円周率が自然数ナラバ、第四次世界大戦は起こる」

3 「円周率が虚数ナラバ、第四次世界大戦は起こる」
4 「円周率が虚数ナラバ、第四次世界大戦は決して起こらない」

なぜ真になるのか？
　1は「円周率は無理数である」が必然的に真であるために、「第三次世界大戦が起こるならば、円周率は無理数である」という実質含意が偽でありえない。よって、実質含意が必然的に真なので、厳密含意は真。
　2，3，4は、「円周率は自然数である」「円周率は虚数である」が必然的に偽であるために、「円周率が自然数ならば、第四次世界大戦は起こる」等の実質含意が偽でありえない。よって、実質含意が必然的に真なので、厳密含意は真。
　このように、厳密含意でも依然として、前件と後件が内容的に無関係であるような条件文が真になってしまうのである。
　論理学では他にもいろいろな「含意」が開発されているが、形式化された言語で日常言語の「ならば」を忠実になぞった含意を表現することは至難である。べつにそれは困ったことではない。論理学の使命は、自然言語を模倣することではなく、認識のための抽象的道具を提供することだからである。

☞パ023【矛盾した命令】

037 ラッセルのパラドクス：命題バージョン
Russell's propositional paradox

　命題の集合Mがある。Mについて、次のような命題mを考えよう。
　「Mに属する命題はすべて真である」。　……m
　命題の集合Nについても、同じような命題nが考えられる。
　「Nに属する命題はすべて真である」。　……n
　M≠Nならばm≠nであることは明らか。つまり、一般に、命題の集合Xと、「Xに属する命題はすべて真である」という命題xとの間には、一対一対応がある。
　各々のXについて、xがXに属するかどうかを問おう。そして、属

さないような x をすべて集め、その集合を W としよう。
　W に対しても命題 w「W に属する命題はすべて真である」が対応する。さて、この w は W に属するだろうか？

答え◎w が W に属すると仮定すると、W の定義により、w は W に属さない。
　また、w が W に属さないと仮定すると、W の定義により、w は W に属する。これは矛盾である。
　このパラドクスは、もとの【ラッセルのパラドクス】（パ014）の「集合」を「命題」に置き換え、「集合の集合」を「命題の集合」に置き換えたもので、同じパラドクスである。ラッセルのパラドクスでは「自分自身を要素としない集合の集合」から矛盾を導いたが、ここでは「自分自身と対応する集合に属さない命題の集合」から矛盾を導いている。

　　　　Russell, Bertrand. *The Principles of Mathematics* (Cambridge U. P., 1903)

---

038 様相論理の公式
formula of modal logic

1 空欄に適切な語を入れて、正しい比例式を完成させてください。

　運命：可能 ＝ 義務：権利
＝ 願い：（　　）＝ 祈り：（　　）＝（　　）：忍耐 ＝ 固執：（　　）
＝（　　）：恋愛

答え◎問題文だけでは意味不明、と言われそうなので、**2** としてヒントを出しましょう。

2 ヒント：否定（「ない」）の位置（かかる範囲）をズラすと同じ意味になります。
　運命と可能の関係は、A は運命でない ≡ A でないことは可能である
　　　　　　　　　　A は可能でない ≡ A でないことは運命である

義務と権利の関係は、Aは義務でない≡Aをしない権利がある
　　　　　　　　　　Aは権利でない≡Aをしない義務がある
願いと（　　）の関係は、Aを願わない≡Aでない（　　）である
　　　　　　　　　　A（　　）ない≡Aでないことを願っている
祈りと（　　）の関係は、Aを祈らない≡Aでない（　　）である
　　　　　　　　　　A（　　）ない≡Aでないことを祈る
（　　）と忍耐の関係は、A（　　）ない≡Aでないことに耐えられる
　　　　　　　　　　Aに耐えられない≡Aでない（　　）である
固執と（　　）の関係は、Aに固執しない≡Aでないこと（　　）
　　　　　　　　　　Aを（　　）ない≡Aでないことに固執する
（　　）と恋愛の関係は、Aに（　　）でない≡A以外を愛しうる
　　　　　　　　　　Aを愛しえない≡A以外に（　　）である

答え◎これは言語感覚の検査である。誰もが知っている日常概念のどれをあてはめるとシックリくるか。**1**の正解を記そう。文形式の**2**については、それぞれ文法的に適当に変化させて確かめてください。

　　願い：(満足) ＝ 祈り：(安心) ＝ (必要)：忍耐 ＝ 固執：(許容)
　　＝ (一途)：恋愛

　厳密に言うと、たとえば「Aを愛しえない≡A以外に一途である」について、主体が誰も愛さない可能性がある場合は、「Aを愛しえない→A以外に一途である」という含意関係が成り立たない。つまり、「主体は必ず誰かを愛する」という前提が必要である。このような隠れた前提は他の比例式にも共通なので、それぞれの間のイコール関係は認められてよい。

039
同一性のパラドクス
paradox of identity

　明けの明星＝明け方に東空に見える輝き

> 宵の明星＝日没後に西空に見える輝き
> 明け方に東空に見える輝き≠日没後に西空に見える輝き
> 明けの明星＝金星　　宵の明星＝金星
>
> はて、明けの明星＝宵の明星なのか、明けの明星≠宵の明星なのか。納得のゆく説明をしてください。

答え◎意味（指示の仕方、記述）においては「明けの明星≠宵の明星」。指示対象（物体）としては「明けの明星＝宵の明星」。こんなふうに説明されるのが普通だ。（☞サ044【明けの明星と宵の明星】）

しかしもっと簡単に、指示対象だけに絞った説明もできる。「大まかに見ると明けの明星＝金星＝宵の明星ではあるが、細かく見れば、明けの明星＝明け方に東空に見えるときの金星≠日没後に西空に見えるときの金星＝宵の明星」。こう考えれば、意味と指示対象という、怪しげな区別を考えなくてもすむ。（☞心071【ヘラクレイトスのパラドクス】）

040 鏡はなぜ左右を反転させるのか
mirror image problem

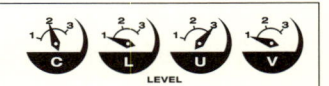

1　「鏡像はなぜ上下、前後でなく左右だけが逆になるのか」という質問がよく提示される。
　最もシンプルな答えを考えてみよう。

答え◎この古典的な問いは、問い自体にいろいろな解釈があって一概に答えようがないのだが、最もシンプルな答えとして、問いの妥当性を疑うことができる。「なぜＰなのか」という問いは、Ｐが真だと前提しているが、その前提が成り立たないのではないかと疑うのである（☞008【禅問答：外道問仏】）。鏡は本当に、左右だけを逆転させるのか？
　鏡に向かって立ったとき、あなたの鏡像は確かに、上下・前後・左右のうち、左右だけが反転している「ように見える」。しかし、そう見えるのはあくまで、

あなたの正面に上下方向の直線を設定し、その直線を回転軸としてぐるっと回って鏡の中へ入ったあなた自身を想像するからだろう。そのような入り方をしたあなたならば、鏡像とは左右が逆の姿をしていなければならない。つまり鏡像は真のあなたとは左右逆であるように見える。

しかし、鏡に入るための回転軸の設定の仕方は他にもある。たとえば、上下方向ではなく胸の前に水平方向の回転軸を設定し、鉄棒の前回りのような感じで鏡の中へ入れば、上下が反対にならねばならない。つまり鏡像は真のあなたに比べ、左右はそのままで上下だけ逆であるように見える。

さらに、あなたの頭上もしくは足の下に水平に回転軸を設定し、鉄棒の大車輪のように鏡の中へ入り込めば、前後が逆向きになるはず。つまり鏡像は真のあなたに比べ、左右も上下もそのままで前後逆であるように見える。

さらに、回転軸を設定するのではなく、あなたと鏡像の関係を鏡面を基準面とした面対称の関係として見ることもできる。すると、鏡に向かい合った場合は鏡像は前後だけが反転している。前後反転というのは、あなたが鏡の中にすっとまっすぐ入っていった場合にどの向きが逆転しているかを考えれば、ごく素直な解釈である。同様に、天井の鏡の真下に立った場合、床の鏡の上に立った場合には、上下だけが反転したものと見なせる。

つまり、どこに回転軸あるいは対称面を設けるかによって、左右、前後、上下のどの方向が反転したように見えるかが変わるのだ。鏡像は、空間三次元の軸（上下・前後・左右）のうち、1つだけを反転させるが、3つのうちどれが反転していると見なすかは自由なのである。

2 しかし上の答えは、鏡像の表面だけを考えた答えにすぎないのではないか？　鏡像は、静止してあなたと相対しているだけでなく、こちら側の実物のコピーであり、それ自体が立体的であり、自ら独立して動きかねない物体であると見なすべきだろう。すると、鏡像（実物のコピー）を鏡の中でありとあらゆる向きに置き直してみた場合（あるいはコピーが鏡の中で自由に動き回っていると考えた場合）、実物と比べてやはり左右だけが反転していると言わざるをえないのだ。

では改めて問う。なぜ鏡像は実物に比べ、左右だけが反転しているのか？

答え◎鏡に向かって立って、ゆっくりと前後左右に一回転してみよう。鏡に正面を向けているときはあなたの身体の左右が逆転しているように見えるが、その「見え」の原理を機械的に固定するならば、90度回って鏡を真横にしたときには、あなたの身体の前後が逆転したように見えなければならない。しかし私たちはそのようには見ない。これはつまり、「鏡が左右だけを逆転させる」というのは純粋に物理学的に見たときの話ではなく、心理学的な話であることがわかる。すなわち、実物の持つ意味によって、上下・前後・左右のうちどれが反転すると見なされるかが決まるのである。

ちなみに、どっちが前でどっちが右でどっちが上かわからない無地の立方体か球体を鏡に映しながら、いろんな方向に回転させてみよう。そのつど、上下・前後・左右のうちどれが反転しているのかさっぱりわからないはずだ。ところが、その立方体に顔を描いて、上下・前後・左右を決めてやると、とたんに左右だけが反転しているように見える。

これで鏡像反転の謎は解ける。骨や内臓や感覚器官の位置や形からして非対称である人体にとって、重力に沿った方向性である上下と、進行方向である前後は、生存上重要な方向である。したがって、まず上下・前後という意味が人体に与えられ、その順序は鏡像コピーも人体と見なす限りにおいて鏡の中でも保存される。残る左右は、最も重要度の低い区別であるため、上下・前後を保存したしわ寄せが左右に及び、左右だけが反転したと解釈されるのである。

人間の身体を意味のないただの物体と見なし、たとえば逆立ちしていても異常だと考えないような無解釈の視点で眺めるならば、鏡が反転させるのは「左右、前後、上下のいずれか」だとしか言いようがなくなるだろう。

吉村浩一『逆さめがねの左右学』ナカニシヤ出版
加地大介『なぜ私たちは過去へ行けないのか──ほんとうの哲学入門』哲学書房

041
過去断罪のパラドクス
paradox of condemnation

広島・長崎への原爆投下の命令を下したハリー・トルーマン米大統

領は、「何事も決して後悔しない」がモットーだったという。後悔は非生産的な感情で、今さら過去を変えられはしないのだから、そんなことに精神的エネルギーを向けるのは無意味かつ有害というわけだ。

そうした実利的な意味と同時に、論理的にも、後悔には奇妙な点がある。後悔という自分自身に関わる感情だけでなく、過去を遺憾に思ったり断罪したりすること一般を考えよう。過去への否定的評価は、そのまま、現在の否定を含む。なぜなら、過去がもし少しでも異なっていれば、現在はあるがままのこの状態とは大幅に異なっているだろうから。

たとえば、日本が1930・40年代にアジア・太平洋を侵略した一連の行為を断罪するとしよう。国を挙げてあんな独善がなされたとは日本人として恥ずかしい、原爆投下まで招いたあんな戦争がなければどんなによかったことか、できれば過去に戻って阻止したい、と。

そう考えるとき、戦後生まれの私は、「自分なんか生まれない方がよかった」と願っていることになる。戦争がなかったら、大幅に人の移動状況が異なり、間違いなく私の父親と母親は出会っておらず、私は生まれていなかったに違いないからである。

しかし私たちは、自分が生まれてきたことを本当に悔やんでいるのだろうか。そうとは思えないだろう。ならば、過去の愚かしい戦争を遺憾に思う気持ちが偽りだろうか。それも違うだろう。するとここに「過去断罪のパラドクス」と言うべき矛盾が生じていることになる。

しかしこれは矛盾とは限らない。「過去断罪のパラドクス」を無矛盾に解釈するにはどうしたらよいだろうか。

答え◎過去断罪と自己の誕生の肯定とは、実は両立しうるというのが正解である。両立させるには2つの考え方がある。

まず、世俗バージョン。「飲み会は楽しみだが電車に乗り継いでいかねばならないのが億劫だ」「レポート作成は目が疲れて肩が凝るので大嫌いだが書き終えたときの達成感はいつも心地よい」というように、同一の事柄がプラスの側面とマイナスの側面を併せ持っていることはごく普通だ。過去断罪の場合も、1つの事柄(戦争がなかった歴史)に、悲劇の防止と自分が生ま

れないことという正と負の側面があり、それぞれを単独で取り出すと正反対の態度がふさわしくなる。しかも、戦争がなければ私は生まれなかった、というのは、確かにそのとおりだろうが、絶対にそうではないかもしれない。戦争がなくても、私の父親と母親は同じように出会い、同じ精子と卵子が合体して、この私と同じ人間が生まれたかもしれない。私の誕生と戦争の有無は、因果的には関連していても、**論理的には**独立である。だから「過去断罪のパラドクス」は論理矛盾ではない。

次に、形而上的バージョン。かりに同じ精子と卵子が合体しなかったとしても、自分は結局は生まれた可能性が高い、と考えるべき根拠がある。無数の歴史の分岐の中の極小の一分岐が実現してきたにもかかわらず、そこへ現に自分が生まれていることを考えると、自分の誕生というのは歴史がどうなろうと実現した、と考えるのが確率的に妥当である。

むろん、太平洋戦争がなかったら、いまここでパソコンに向かっている三浦俊彦という人物は生まれてこなかっただろう。21世紀に生きる人類のメンバーの大多数が異なっていただろう。しかし、いずれにせよ「この私」は存在したのだろう。つまり、偶然に生まれてくる生物学的個体と「私」とは一対一対応していないのだろう。

「他ならぬこの歴史」がたまたま実現しない限り自分は生まれなかった、と考えると、自分の誕生をことさらに奇跡として解釈せざるをえなくなる。そんな世界観よりも、どの歴史が実現しようが、自分というものは生まれてきた、と理解するのが健全だろう。

☞パ029【待ち遠しさのパラドクス】、サ108【輪廻転生を証明する】

042
オムファロス仮説（世界5分前誕生仮説）
omphalos hypothesis

聖書の創世記によると、6000年ほど前に神は6日間で世界を創造したことになっている。ところが地質学や天文学の科学的観測データによると、世界はもっともっと古いように見える。この矛盾を解くために、イギリスの博物学者フィリップ・ヘンリー・ゴスは『オムファロス：

地質学の結ぼれをほどく試み』（1857年）において、「世界は神によって、創造以前の過去の証しらしき痕跡込みで創造された」という仮説を提示した。「オムファロス」とはギリシャ語で「ヘソ」という意味で、「アダムとイブにヘソはあったか」という当時の論争についても、2人はあたかも人間の親から産まれたかのような特徴とともに神に創られた、とゴスは主張した。

　信仰のためのこの「オムファロス仮説」は、バートランド・ラッセルの「世界5分前誕生仮説」により、懐疑論のモデルとして生まれ変わった。「世界はほんの5分前に、永劫の過去から世界が存在したかのような地質学的証拠および記憶とともに突然生じた」というモデルである。現在以外の時点が実在した、あるいは特定の姿をしていたということを、現在の証拠から論理的に導き出すことはできない。われわれは現在のこの瞬間を超えた過去や未来について、**論理的には何も知らない**というわけである。

　さて、懐疑論に陥った私たちは、それでもなお、A「世界は5分前に誕生した」、B「創世記の言うとおり、世界は神によって紀元前4004年頃に創造された」という2つの仮説に比べて、C「世界は少なくとも137億年前のビッグバンのときには存在していた」という仮説の方を圧倒的に信じるべき理由を持つ。その理由とは何だろうか。

答え◎仮説の信憑性は、「特定のデータEが与えられたとき仮説Hがどのくらい真でありそうか」という条件付き確率によって判定する。これは直接には評価できない。そこで、次のように変換して考える。

　データEが与えられたときの仮説Hの条件付き確率
＝（データEが得られる前に仮説Hが正しい確率 × 仮説Hが正しい場合にデータEが得られる確率）／（データEが得られる確率）

　右辺の意味を考えると、「データEが得られた場合だけを母集団として（これが分母）そのとき同時に仮説Hも正しい場合（これが分子）の比率はどのくらいか」となることから、なぜこの等式が成り立つかがわかるだろう。分

子の（データEが得られる前に仮説Hが正しい確率×仮説Hが正しい場合にデータEが得られる確率）とは、Hが正しくてしかもEが成り立つ確率だから、「Eのとき同時に仮説Hも正しい場合」に相当する。

さて、複数の仮説を比較する場合は、右辺の分母「データEが得られる確率」は共通だから、分子だけを比較すればよい。［データEが得られる前に仮説Hが正しい確率×仮説Hが正しい場合にデータEが得られる確率］、すなわち「このような地質学的・歴史的証拠がまだ無いとした場合に仮説Hが正しい確率」×「仮説Hが正しい場合にこのような地質学的・歴史的証拠が得られる確率」を考えるのだ。仮説HにA「世界は5分前に誕生した」、B「創世記の言うとおり、世界は紀元前4004年頃に創造された」、C「世界は少なくとも137億年前のビッグバンのときには存在していた」を入れて、どれが一番大きな確率を得るだろうか？

ここで人はしばしば、「証拠がまだ無いとした場合に仮説が正しい確率」を無視して、「仮説が正しい場合に証拠が得られる確率」だけに注目してしまう傾向があることがわかっている（☞パ040【遺伝子検査】）。後者の値は、A，B，Cどの仮説でも同じである。どれもが地質学的・歴史的証拠に合わせて作られた理論なのだから、当然である。この同等性にだけ注目すると、懐疑論に陥る。科学的なCに比べて、AやBも同じくらい正しそう、ということになってしまうのだ。

これを「事前確率無視の誤謬」という。仮説の事前確率すなわち「このような地質学的・歴史的証拠がまだ無いとした場合に仮説が正しい確率」をちゃんと考慮してみると、仮説A，BとCについて大違いであることがわかる。仮説Cは、地質学的・天文学的証拠がどう判明しようともそのまま解析するだけという方針の具体化で、余計な推測は付け加えていない。それに対して、仮説A，Bは、地質学的・天文学的証拠どおりの内容を持つことではCと同じだが、加えてそれぞれ「5分前」「紀元前4004年頃」という特定の瞬間を境にした大激変を、データの外から付け足している。Cよりも多くのことを述べているぶん、AとBは事前確率が低いのである（☞パ067【グッドマンのグルーのパラドクス】）。

「5分前」というのは「7分前」や「1388秒前」に比べてなんら特権的な根拠のある数値ではないし、「紀元前4004年頃」もユダヤ・キリスト教

以外の諸宗教の創世神話の数値に比べて優先権がない。選択肢の数を考えただけでも、きわめて低確率であることがわかる。地質学的・天文学的証拠が語らない「世界突発の時期」を付記する根拠がないのだ。

「現実の地質学的・天文学的証拠がまだ無いとした場合」には、「量子論＋相対論＋ビッグバン理論が正しくなければならない必然的理由」など無いことを考えると、Cについてすら事前確率はきわめて低いと言える（☞心051【ファイン・チューニング】）。しかし、Cに証拠外の恣意的な数値を付け足したA、Bの事前確率はさらにいっそう低いため、可能な候補の中では、C（量子論＋相対論＋ビッグバン理論）が確率的に最善の仮説なのである。

バートランド・ラッセル『心の分析』勁草書房

043 現象判断のパラドクス
paradox of phenomenal judgement

　「赤いものが見える」「親指が痛い」「大丈夫、私には意識がある」などの、意識や感覚質（クオリア）について述べる言明、思考、行為などを、現象判断という。現象判断は口に出せば「現象報告」とも呼べるが、通常、発言の有無は区別せずに、「現象判断」と呼んでいる（本問と次問で、「意識」と「クオリア」の成立条件は等しいものとする。「意識」は全般的な主観的経験を意味し、「クオリア」は個々の色や音や痛みなどの質を意味するが、一方があって他方がない状態は不可能である）。

　さて、「赤いものが見える」という現象判断を心底から行なうとき、その人は、赤の感覚を具体的に感じてそう判断したはずである。だから、赤に関する現象判断は赤の感覚を原因とし、赤いものを記述している。

　しかし、哲学的ゾンビ（物理的組成・振る舞いは人間にそっくりだが意識的内面をすっぽり欠いた存在）もまた、赤いものを前にして「赤いものが見える」という同じ判断を行なうことができる。その判断も意識現象に言及しているがゆえに現象判断だ。しかしそれは、赤の感覚を原因としてなされた判断ではない。ゾンビは感覚意識を持たないからである（☞パ058【ゾンビ・ワールド】）。

このことから、現象判断には意識現象そのものは必要ないことがわかる。ということは、意識現象は現象判断にとって原因でもなければ記述対象でもないことになる。これは、意識現象は有っても無くても同然ということではないだろうか。
　もともと判断行為は心の機能であり、物理的出来事なので、判断の原因は諸々の物理的出来事で尽きているはずだった。非物理的な出来事である意識現象が、物理的因果連関に関わっているはずがない。とすれば、赤の感覚は「赤いものが見える」という現象判断とはいっさい関わりがないはずだ。「赤いものが見える」という現象判断にとって、意識現象は何の役割も果たさない。なぜ自分に「赤いものが見える」と言えるのかの説明としても使えず、無同然となる。
　非物理的な感覚現象の有無を問えないとすれば、人間と哲学的ゾンビを分ける唯一のものがなくなってしまうではないか。……さて、私たちは自分に「主観的内面」「意識的内面」があると思っているが、それは無同然だというのだ。私たちは実は哲学的ゾンビなのだろうか？

答え◎上に述べられたこのパラドクスの趣旨を別の言い方で整理しよう。
　「現象判断は機能的な出来事、つまり物理的な出来事だが、意識に言及する以上、物理と意識を繋ぐ出来事でなければならない。ところが意識の本質として、意識とは哲学的ゾンビにはないもの、つまり非物理的な何かでなければならない。ということは物理的な現象判断は意識によって引き起こされるはずもなく、意識現象を記述するはずもない」。
　ここには明白な誤りがある。物理的な現象判断は意識によって引き起こされるはずもない、というのは正しいが、現象判断が意識現象を記述するはずもないというのは間違っている。物理的な判断行為が、非物理的なものを記述したり指示したりすることはありふれている。
　「πは無理数である」
　「哲学の才能とは、確率的直観に他ならない」
　「初恋の相手が生涯で最も理想的な相手である確率が高い」
　これらの判断はπや哲学や初恋や確率を指示していると言うべきだが、判断行為として物理現象であり、πや哲学や初恋といった抽象概念を原因

として生じたのではない。もろもろの物理的出来事、とりわけ私の脳内の神経状態の結果として生じたのである。にもかかわらず、抽象概念を指示することができるのだ。意識やクオリアは抽象概念ではなく現に体験される具体物だが、非物理的対象が物理的判断によって指示されうるという実例の存在は、「現象判断のパラドクス」のパラドクス性を大いに減らしてくれる。

　意識現象が現象判断で指示されうる理由として有力なのは、非物理的な意識は物理的出来事の原因となることはできなくとも、結果となることはできるかもしれない、ということである。意識と現象判断は、神経系の状態という共通原因から発生するのかもしれない。ある神経系状態が、赤いものの意識と「赤いものが見える」という現象判断とを生み出すならば、現象判断と意識との間には、間接の因果関係と真正の指示関係が成り立つと言ってよかろう。現象判断が意識を指示できるためには、現象判断の原因が意識である必要などないのだ。意識は物理の原因とはなりえないが、物理の結果となりうることを認め、物理的ネットワークにぶら下がる因果的提灯として意識やクオリアを捉える立場は、随伴現象説と呼ばれる。

　非物理的な意識やクオリアが神経系状態の結果である、という随伴現象説は、私たちの経験に合致している。随伴現象説が真かどうかはともかく、それが真である可能性があるということは、「現象判断のパラドクス」が人間と哲学的ゾンビの同一化をもたらさないことを意味している。意識は物理の結果・指示対象として存在できるので、人間と哲学的ゾンビとは、意識の有無という真正の違いによって区別されうるのだ。

デイヴィッド・J.チャーマーズ『意識する心』白揚社

044
クオリアの点滅
blinking qualia argument

（※ この問題は043の続きですが、かなり専門的な哲学論議を含むので、肌に合わない人は飛ばしてください）

　「物理主義」という立場がある。「物理学が世界を記述するときに必

要とする概念によって指示される実体、つまり三人称的な視点で客観的に存否が確かめられるものだけが、実在する」という世界観である。化学、生物学、心理学、社会学などで初めて登場するようにみえる法則や実体は、実は素粒子の配列の記述で代用できるのであり、結局は物理学に「還元」される。物理的な配列と法則が決まれば、生物の多様な動きも、気象状態の変遷も、地質学的事象も、人間の心の機能さえもすべて決定される。これは単なる偶然の決定ではなく、論理的にそうなるしかないという決定である。

　ところがただ1つだけ、世界についての事実でありながら、物理学からは洩れてしまうものがあるように思われる。「主観的経験（意識現象、クオリア、感覚質）」だ。

　たとえば、「おっと赤信号だ。あぶないあぶない」と急ブレーキをかけたドライバーは、赤の感覚、ひやっとする焦り、安堵と反省の翳るような感覚を意識に抱いただろう。しかし、そのような「内面的経験」は、世界の物理学的事実がすべて決まったとしても、論理的に要請されはしない。ドライバーの身体の原子がすべて物理法則で結合しながら協同的に運動し、自動車の原子配列に特定の運動を引き起こせば足りる。現に、自動車の部品には意識的内面はないだろうし、ドライバーの手や足にすら意識はない。同様に、本来なら脳の中にも、意識的内面の宿るスペースなどない。物理主義の世界観からは、主観的意識、クオリアは余計である。ところが意識・クオリアが現にあることは否定できない。よって、物理主義は間違っている。世界は、物理的外形と、意識的内面という2つの種類のものから出来ているのである（二元論）。

　二元論者が可能だと考える「心の機能を含めた物理的側面は人間にそっくりだが意識的内面をすっぽり欠いた存在」は、前問で見たように「哲学的ゾンビ」と呼ばれる。二元論者に言わせれば、クオリアを持つ特定の人間と素粒子の1つ1つまでそっくりの物理的コピーがあったとしても、内面的クオリアの有無・クオリアの質的内容に至るまでそっくりにならねばならない論理的必然性はない。ところが実際に私たちはクオリアを持つので、物理的機能から意識・クオリアを発生させる独特の**自然法則**があるに違いない。しかし意識・クオリアという、物

理学にとっては不要な、物理的反作用も及ぼさなければ互いに影響し合うこともないまったくのトッピングが、物理系からの一方的な結果として生ずるというのは、たしかに不可解である。

しかし二元論が正しいと仮定した場合、哲学的ゾンビは本当に可能なのだろうか。脳細胞など物質的身体から主観的意識やクオリアが完全に独立していて、互いに相手に依拠せずに変化できるなら（心身並行説）、クオリアは脳細胞に無断で消えることができるので、ゾンビが可能なのは当然だろう。しかし、二元論の中で支持者の多い随伴現象説に限ればどうだろうか。とくに、「物理的状態が決まればクオリアが一義的に定まるという論理法則などないにもかかわらず、物理的状態がクオリアを一義的に決定するような自然法則は成り立っている」とする「自然的スーパービーニエンス（自然的付随性）の原理」に従うタイプの随伴現象説であればどうだろう。

以下、「随伴現象説」という語で、論理的ならぬ自然的なスーパービーニエンス（自然的付随性）を認める二元論を指すことにする。その随伴現象説のもとでも、もしゾンビが論理的に可能だというならば、ひとりの人間があるときからゾンビになることも論理的に可能だろう（自然的には不可能にせよ、明日から重力法則が定期的に成り立たなくなることが可能であるように、論理的には可能だろう）。さらには、5秒ごとにゾンビになる、つまりクオリアを持つ状態と持たない状態が5秒ごとに交代するという「クオリアの点滅」も論理的に可能と言うべきだろう。

さて、あなたはこの点を検証するために、かりに随伴現象説を認めて、つまりクオリアの有無が実在的な違いを生むと仮定して、「クオリアの点滅」が自分に起きたらどうなるかを考えてみた。通常の日常生活を支障なく営んでいるあなたの身に「クオリアの点滅」が起きた場合、あなた自身はそれに気づくだろうか？

ここで注意すべきは、「〇〇に気づく」には、2つの意味があることだ。1つは、心の機能として。つまり、〇〇に適切に反応し、体をそれに合わせて変化させること（機能的気づき）。もう1つは、クオリアが点滅している感じを主観的に抱くこと、つまりクオリア点滅のクオリア

を持つこと（現象的気づき）。

1 機能的気づきと現象的気づき、それぞれについて答えてください。あなたの持つクオリアが5秒ごとに点滅した場合（5秒ごとに哲学的ゾンビ化する場合）、あなたはそのことに気づくだろうか？

答え◎まず注意すべきは、「クオリアの点滅」の想定は、随伴現象説が拠って立つ「自然的付随性の原理」を破っているということだ。しかし想定されるのは法則破れの**論理的**可能性であり、随伴現象説と矛盾するわけではない。つまり、自然的付随性が成り立つ世界が「クオリアの点滅」に必要な最小限の法則破れを被ったような可能世界で何が起こるか、という思考実験である。そのような可能世界で、自然的付随性が成立する各5秒に生じざるをえない出来事を列挙すれば、もしかして随伴現象説の矛盾が露呈するのではないだろうか。

そこで考えてみると、まず、機能的気づきの意味では、あなたはクオリア点滅に気づくはずがない。意識・クオリアの点滅ゆえに生活に支障をきたすようなこともない。物理主義のみならず随伴現象説でもクオリアは物質に影響を及ぼさないので、クオリア点滅ゆえに生活が阻害されることがあったら、物理的閉包性（物理的出来事の原因は必ず物理的出来事であるという原理）が破れ、共通の世界観に反することになる。なにしろあなたは物理的には通常の人間にそっくりなのだから、通常の物理法則に従うはずであり、「クオリアの点滅を感じますか？」と訊ねられたとき「はい」と応じるような異常な脳細胞状態は生起していない。あなたは機能的にはクオリア点滅に反応することはいっさいありえない。

次に、現象的気づきの意味ではどうだろうか。ここでもあなたはクオリア点滅に気づくはずがない。クオリア点滅を経験しているあなたを半ゾンビB、その間完全に正常な意識・クオリアを持ちつづけていたとした場合の（つまりふつうの人間の）あなたをHと呼ぼう。遠く離れた双子宇宙の一方でHが、他方でBが、互いに同じ物理的組成を持ち、同じ生活を営んでいると考えればわかりやすいだろう。

Bは、クオリア消灯パートのときは、完全なゾンビと同じで内面がまったく無いので、何の現象的気づきも起こりえない。では、クオリア点灯パート

のときはどうだろう。対応する時点のHと物理状態が同一なので、物理主義的にも随伴現象説的にも、Hとまったく同じ意識・クオリアが発生する。

したがってBは、実際には生じているクオリア点滅をまったく意識できない（Hにそんな意識がないのだから）。クオリア点滅の思考実験を考案した🐚は、「点滅するクオリアの主体は、少なくとも非ゾンビの時間帯において、彼にクオリアのなかった５秒間の記憶があるのは確かである」と述べる（2010,p.51）。これは誤りである。ゾンビ概念への素朴な誤解か、自然的付随性という前提が忘れられているか、どちらだろう。

Bのクオリア点灯パートには、クオリア消灯パートの記憶などありえない。なぜなら、点灯パートに対応する時間帯においてHにはそんな記憶はないからである。物理的にBとHはまったく同等なので、自然的付随性により、Bのクオリア点灯パートにおいてはHの対応する意識状態とそっくりの意識が現出する。「クオリアのなかった５秒間の記憶」を生み出す物理的基盤はどこにも無い。違いは消灯パートの意識・クオリアの有無だけだ。042【オムファロス仮説】で見た世界５分前誕生モデルの個人版が５秒ごとに生ずるのである。主観的には、消灯パートも意識・クオリアで埋められていたかのように感ずるのだ。

こうして、クオリア点滅の思考実験が随伴現象説の矛盾を暴くようなことはない。随伴現象説ではクオリアは物理的状態の一義的結果なので、クオリアのある５秒間においては、物理的状態の等しいものどうしは、記憶や志向性を含めて完全に同じ機能的・現象的状態を経験せねばならない。物理的には構造も歴史的経緯も互いにまったく同じであるBとHに、なぜか主観的経験（記憶）の相違が生ずるとしたら、物理的にただの水であるものが水とは違う薬理作用を持つというホメオパシー（☞081【水の記憶 part 1】）よりもさらに反自然法則的な奇跡が生じていることになってしまう。論理的な思考実験だからといって、いや思考実験だからこそ、そんな奇跡は決して認められざる非合理なのである。

2 クオリアの点滅が実在しても、その実在の有様には当の主体（半ゾンビ）は気づかない、というのが **1** の答えだった。誰も点滅に気づかなくても、点滅そのものの実在にはまったく支障はないわけだ。

ここで改めて、随伴現象説の論理的不可能性（ゾンビの論理的不可能性）を導こうとした📖の理屈を点検してみよう。📖における「クオリアの点滅」の思考実験を再構成すると、次のような背理法になるだろう。

a　随伴現象説が正しければ、クオリアの有無は実在的な違いであり、ゾンビと非ゾンビの違いは実在的な違いである。
b　クオリアは、ひたすら現象的に感じられることだけによってその存在および性質が認定される。感じられること以外にはクオリアの存在および性質を認定する根拠はない。
c　よって、クオリアの存在が感じられなければクオリアはない。同様に、クオリアの特定の性質が感じられなければそのクオリアにその性質はない。
d　よって、クオリアの点滅が感じられなければ、クオリアは点滅していない。（クオリアが点滅すれば、必ず点滅が感じられる）
e　しかるに、随伴現象説によれば、ゾンビは論理的に可能なのであるから、正常な人間であるあなたがあるときからゾンビと非ゾンビを交互に経験すること、すなわち「クオリアの点滅」も論理的に可能でなければならない。
f　dとeにより、随伴現象説によれば、あなたにとってクオリアの点滅が感じられることは論理的に可能である。
g　他方で、随伴現象説が正しければ、クオリアが身体の物理状態によって一義的に決まる自然的付随の法則が成り立っているから、随伴現象説のもとであなたが「クオリアの点滅」を感じることは論理的に不可能である。（たとえば❶でたどった論証による）
h　fとgにより、随伴現象説が正しければ、あなたがクオリアの点滅を感じることは論理的に可能であり、かつ論理的に不可能である。
i　hは矛盾なので、随伴現象説は誤りであり、ゾンビは論理的に不可能である。

さて、この「点滅論法」は誤りである。どこが誤っているのだろうか。

答え◎結論 i は、「意識・クオリアの有無は、物理状態に論理的に付随する」という意味である。これが証明できたら、つまり単なる自然的付随性ではなく論理的付随性が証明されでもしたら、心の哲学の歴史上、最大の発見と言うべきだろう。しかし残念ながら、この論法の中の f は成り立たない。d と e から f は導けないのである。

　e は、あるときから物理とクオリアを繋ぐ法則（物理がクオリア発生を決定する自然的付随性の法則）が定期的に破れ、法則が 5 秒ごとに存否を繰り返すという思考実験である。世界の中で（あるいはあなたのローカルな近傍で）その法則の on, off が繰り返されるということだ。それは e の述べるとおり、たしかに可能だ。しかし e が認めているのは、「クオリアの成立の点滅」であって、「クオリアの点滅の成立」ではない。「クオリアの成立の点滅」が各時点ごとに起こる場合、■の答えで見たように、クオリアの点滅は感じられない。なぜなら、心身の連関の無法則性を認める心身並行説を仮定してしまうとゾンビを否定することなど不可能に決まっているため、物理主義者は、導入した点滅以外の事柄については最大限、随伴現象説という背理法の仮定を保たねばならないからである。つまり、「クオリアが**あるならば**物理的状態のみで決定される」という前提（「弱い自然的付随性」とでも呼ぶべき前提）を守らねばならない。したがって、物理状態によってクオリアおよび意識は一義的に決定されるか、まったく無いかいずれかだという思考実験となり、「クオリアの成立の点滅」においては、■で見たとおり、クオリア点滅への現象的気づきは論理的に不可能なのである。

　f は、「クオリアの成立の点滅」と「クオリアの点滅の成立」とを取り違えるという、よくある「事象様相と言表様相の混同」の一例なのだった。

❸　「クオリアの成立の点滅」ではなく「クオリアの点滅の成立」を確保するため、ゾンビ状態と非ゾンビ状態がまるごと交代するのではなく、あなたの主観的現象世界の一部、たとえば視野の半分だけのクオリアが失われるとか、特定の色の感覚だけが失われるとか、音の感覚だけが失われるとかいった「部分的ゾンビ」状態が 5 秒ごとに現われるとしてみよう。赤の感覚だけについてゾンビである「赤ゾンビ」と、正常な人間と同様の「非ゾンビ」をあなたが 5 秒ごとに経験するとしたら（「半赤ゾンビ」と呼ぼう）、今度こそ

「クオリアの点滅」が感じられるのではないか。するとdとeからfが帰結し、背理法でゾンビは否定されるだろう。

　さて、これで点滅論法は息を吹き返したのだろうか。随伴現象説のもとで、ゾンビは論理的に不可能だと証明されるのだろうか？

答え◎遠く離れた３つ子宇宙の１つで人間Hが、もう１つで半ゾンビBが、あと１つで半赤ゾンビRが、互いに同じ物理的に組成を持ち、同じ生活を営んでいると考えよう。

　半赤ゾンビRは、先天性色覚異常と違って、赤のクオリアのある状態とない状態を両方経験する。しかも半ゾンビBとは違って、赤のクオリアのない状態を現象的に経験できるので、赤のクオリアの有無を主観的に比較し、その区別に気づかねばならない。赤が別の色に「変化」するのであれば、対称な色彩空間が保たれて現象的気づきが生じないこともありうるが、単に視野の赤い部分が「欠落」するため、半赤ゾンビは自らの半赤ゾンビ性に必然的に気づくのである。

　もちろんその気づきはあくまで「現象的気づき」であり、「機能的気づき」ではない。なぜなら、半赤ゾンビが赤の点滅に機能的に気づいて「赤が点滅している！」と叫んだり、戸惑う仕草をしてしまうと、それは「半赤**ゾンビ**」と呼べるものではなく、単なる色覚異常と呼ばれるべきだからである。外見的に人間Hと異なる振る舞いをするならば、思考実験上のゾンビの定義に反するのだ。したがって半赤ゾンビRは、現象的には５秒ごとの赤の点滅に気づきながらも、機能的には、そんな点滅に気づいたことをおくびにも出さない。Hと同じ物理的状態によってRの振る舞いはガッチリ決定されている。

　半赤ゾンビは、内面的に「うわあ、赤がチカチカしてやがる。なんだよこれ、冗談じゃねえ、落ち着かないぞ、点滅を止めてくれぇ！」と戸惑いまくるだろう。しかしその戸惑いは、振る舞いなどの物理的機能にはまったく影響しない。半赤ゾンビの現象的世界は物理的世界から遊離したまま乱舞しつづける。その間、正常な人間と見分けがつかない生活を送り、分子レベルまで精密検査をしてもその色覚異常は決して発見されないのだ。

　こうして、半ゾンビBも半赤ゾンビもともに可能でありながら、主観的には互いに大違いである。随伴現象説のもとで、誰も自分が半ゾンビであるこ

とに気づくことは論理的にありえないが、半赤ゾンビであると気づくことは可能なのである。（ちなみに、ゾンビや反転クオリアの論理的可能性を認めつつ自然的可能性を否定した前問🐚🐚の議論「ぼやけていくクオリア」「（対称な色彩空間のもとでの）跳ね踊るクオリア」の思考実験は、前者が現象的に気づかれ、後者は気づかれえないという意味で、構造的にそれぞれ「半赤ゾンビ」「半ゾンビ」に対応する）。

半赤ゾンビのような部分的ゾンビを想定した時点で、点滅論者は、随伴現象説を実質的に背理法の仮定から解除し、二元論のうち「自然的付随性の原理」に従わない学説をも迎え入れたことになる。限りなく心身並行説に近い状況を許してしまっているのだ。

半ゾンビだけを想定していた時点では、クオリア点灯の期間における「自然的付随性の原理に従う自然法則」の成立を確保して、「意識があるという条件下での自然的付随性」という「弱い自然的付随性」をまがりなりにも前提しつづけることができた。ところが、半赤ゾンビが考えられた時点では、自然的付随性があまりに弱められ、変質を被っている。半ゾンビにおける自然的付随法則 on-off の規則性が半赤ゾンビには欠けている。特定の脳細胞の状態が赤のクオリアを出現させるかどうかは一つの孤立した関係ではなく、赤と他の色との対照の感覚をはじめ、赤クオリアへの気づきから帰結する膨大かつ不規則な主観的状態の有無をも帰結として伴う。つまり半赤ゾンビの思考実験は、自然的付随性の原理がまったく成り立たない状態が恒常的に続く、という仮定である。

そのような仮定のもとでは、クオリア世界の自走が許される。半赤ゾンビは、脳細胞の物理的状態がどうであるかにかかわらず、独立のクオリア乱舞を経験してよい。こうして、点滅論法のgが無効になっていることがわかる。半赤ゾンビの導入によって、背理法の仮定だったはずの「随伴現象説」は単なる「二元論」に置き換えられてしまった。そう置換した上でgを読むと「二元論が正しければ、クオリアが身体の物理状態によって一義的に決められるため……」となるが、これは明らかに偽である。心身並行説も含む二元論では一般に、身体とは独立に、現象的内面において何が起きてもかまわないのだ。

もちろんふつうは、「心身関係の相互独立」を認める半赤ゾンビのような

思考実験を物理主義者が行なうことはない。あまりに奔放な発言権を二元論に許してしまうことになるからだ。二元論のうち最も物理主義に近い随伴現象説を標的とするのが物理主義者の定石である。つまり、**随伴現象説**を最大限前提しつづけた上での背理法である半ゾンビBの思考実験と、**二元論一般**を前提した上での半赤ゾンビRなど部分ゾンビの思考実験とは、まったく別のレベルにあるというべきである。したがって、📖の次の一節は、自らの論証への無理解を示しているという他はない。

「5秒ごとにすべてのクオリアが点滅する、ということ自体は本質的ではないということは見て取れるはずである。例えば視野の半分のみが3秒ごとに点滅するとしても同様に議論は成立するのである」。(2010,p.47)

「視野の半分のみの点滅」は、残りの視野との非対称的対照ゆえ、当然、現象的に気づかれる。しかし全面的な意識の点滅は、当然、気づかれない。両者は根本的に異なる。そして、「視野の半分のみが3秒ごとに点滅」などという想定が求められるとわかっていれば、二元論者ははじめから「自然的付随性の原理」に忠誠を誓う必要はなかったことになり、現象的には何でもありになって、ゾンビはますます可能性を高めるだけなのである。

📖 水本正晴「ゾンビの可能性」『科学哲学』2006 年 39-1、「点滅論法再訪」『科学哲学』2010 年 43-1

第 6 章

進化論
動物学で解きやすく説きがたい人間……

045
ペイリーの時計
Paley's watchmaker analogy

　荒野で石につまずいても、なぜ石がそこにあるのかと問う者はいない。しかし、時計が落ちているのを見つけたら、誰もが、その時計は自然に発生したものではなく、作り手がいたと思うだろう。時計のように「時間を知らせる」という機能に沿って各部分が緊密に結びついた体系は、意図的に作られないかぎりありえないものだからである。同じことが、蝶の羽やカメレオンの舌、鷹の目や馬の蹄について言えるのではないか。しかも生物の身体は、時計とは比べものにならないほど精巧に、多目的に対応できる作りをしている。これは、自然界に創造主がいたことの証拠である。
　ウィリアム・ペイリーの『自然神学』（1802年）で提示されたこの議論は、神の存在証明の一つである「デザイン論証」の代表として流布した。

> ペイリーの議論には、弱点がある。時計は私たちがすでに知っている人工物であり、それとよく似たものがあれば、当然、人工物だろうと察しがつく。しかし生物その他の自然界の仕組みは、それらを目にする前に私たちが知っていたようなものではない。落ちていた時計が人工物でなく自然に出来たものだとしたら、形態上、既知の人工物とのとてつもない偶然の一致が生じたことになるので、自然物でなく人工物だと判断するのは当然である。他方、蝶の羽や鷹の目については、そのような「偶然の一致」を計るべき基準がない。
>
> ペイリーの議論はこのように妥当ではないが、だからといって、無視するのは間違いである。ペイリーの議論は決して無価値ではないし、正しい一面を備えている。では、どこにその正しさがあるだろうか。

答え◎ペイリーは、少なくとも、生物の身体の精妙さを「驚くべきこと」として捉え、それを説明する必要があると考えたのだった。その感覚は正しい。ペイリーの驚異の念まで否定して、「自然界はただあるがままにある。だから何も説明すべきことはないのだ」と達観してしまうと、科学は進歩しない。ペイリーの驚きを解決すべく、設計者に頼らない説明を試みて大成功したのが、ダーウィンの進化論である。

まったく間違った理論であっても、その理論が提出されたモチーフは正鵠を射ているという場合がある。ペイリーの神の存在証明は、そのような、「発展的なモチーフから発した間違った理論」の典型である。

リチャード・ドーキンス『延長された表現型』紀伊國屋書店

046
初版のパラドクス
paradox of the first edition

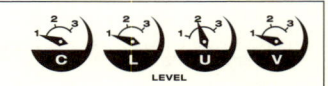

　進化論の原典であるダーウィンの『種の起源』は、1859年の初版から1872年の第6版まで、改訂が重ねられた。推敲や改訂は、ふつう、作品をより良くする。小説などの創作の場合もそうだし、翻訳や研究論文の場合はなおさらである。

> 『種の起源』は新説を提示した学術書なのだから、間違いを訂正する余地があり、それだけ、改訂の意義も大きかったはずである。ところが実際は、『種の起源』は初版が一番優れている、というのが世界的に共通した評価である。出版のさいも、底本として初版が用いられるのが普通だ（日本語訳も、スタンダードな八杉龍一訳、渡辺政隆訳はともに初版を底本としている）。なぜだろうか。

答え◎歴史的意義を重んじるため、という理由も考えられるが、もっと重要な理由がある。『種の起源』のように、当時の学界の常識のみならず、世俗の常識とも衝突するセンセーショナルな書物の場合、初版刊行の後に出てくる批判の多くは、学術的価値の乏しい曲解、些細な誤解、言いがかりが多い。とくに、有神論的な創造説を含みにする方面からの反論は、現在から見るとほとんど重要性がない。新説の主唱者としてはそのような雑多な反論にも対応せざるをえないため、第２版以降はどうしても無駄が多くなってしまうのである。そうした瑣末な懸念に煩わされることなく自然選択説の本質を提示できた初版のほうが、後の版よりも「優れている」わけだ。

　進化は必ずしも進歩ではない、という偶然的自然選択の経緯と同じようなことが、デザインが介在する「書物の改版」という進化過程においても生じているのである。

047 赤の女王仮説
Red Queen's Hypothesis

　『鏡の国のアリス』で、赤の女王は言う。「この国では、同じ場所にいようと思ったら、思いっきり走りつづけなきゃならないのよ！」こうしてアリスの手をつかんで走りつづける。

　とどまるためには走りつづけねばならないとは、まさに逆説的だ。しかし考えてみると、身のまわりにそのような状況が見つかることがある。例を挙げてください。

答え◎見つかることがあるどころか、世のほとんどの現象が赤の女王の言うとおりであることに気づくだろう。同じ職業、同じ地位にとどまるためには働きつづけねばならない。同じ容色を維持するためにはダイエットに化粧に励まねばならない。生きるには（生者の世界にとどまるためには）、食べ、飲み、呼吸し、絶えず変化しつづけねばならない。

　生態系が同じ姿を保っているとしたら、自然淘汰が働きつづけているに違いない。適応できない個体が繁殖できずに終わり、遺伝子プールから特定の不適応な遺伝子が除去されつづける。突然変異体が増えないようにたえず除去するこの「走りつづけ」こそ、生態系を変わらぬ姿で保つメカニズムである。自然淘汰は、進化（変化）の原動力という側面ばかり強調されがちだが、第一義的には無変化の原動力なのだ。自然淘汰という赤の女王効果の走力がなければ、生物界はあっという間に変化してしまうだろう。

　むろん、自然淘汰をつづけていても、長い期間には生態系は変わっていかざるをえない。それでもなお、見かけ上の安定を保つのは、赤の女王効果である。チーターの狩猟技術とガゼルの逃げる技術とは、互いに洗練されていき、一定のバランスを保つ。これは軍拡競争に似ている。２つの超大国が、攻撃ミサイルと迎撃ミサイルの性能を際限なく高めて相手を出し抜こうと務める「走りつづけ」によって、軍事力と国際政治のバランスが保たれるのと同じように、生物は互いに他の生物の作用を出し抜くために性質を変えつづけ、全体として生態系が維持される。個々の種の性質や性能は高まりつづけながら、いや、高まりつづけるからこそ、互いに対する効果・機能は一定に保たれ、生態系全体の見かけの姿がかなり長期間維持されるのである。生物間の軍拡競争が弱ければ、生態系はものすごいスピードで変化（崩壊？）してしまうだろう。

　　　📖 Van Valen Leigh M. "A new evolutionary law" *Evolutionary Theory 1* (1973)

---

048 コンコルドの誤謬
concorde fallacy

　人は行動を選択する場合、これから得をもたらす行動を選ぶよりも、

これまで行なってきた投資を活かすような行動を選ぶという傾向がある。たとえば日中戦争の初期、一刻も早く軍事行動をやめたほうが得だということに日本の首脳部はみな気づいていたが、「ここで停戦したらこれまでの幾万の同胞の死が犬死にになる」として、過去の投資にこだわるあまりずるずると戦線を拡大し、米英相手に開戦までして犠牲を増やしつづけた。

「コンコルドの誤謬」という名は、超音速旅客機コンコルドの開発のさいの判断にもとづいている。完成間近のとき、将来的展望に立った経済効率の観点から、開発を中止するのが得だと言われたとき、「これまでの投資を無駄にするわけにはいかない」という理由で開発計画が続行されたのである。

人間以外の動物や昆虫の行動を見ると、コンコルドの誤謬に囚われている例が多く観察されるという。獲得するのに苦労せねばならなかった食料やメスには、獲得が容易だった場合よりも強く執着し、しかもその執着は対象の内在的価値よりも獲得のコストに強く影響されたりする。執着は不利であることが明白な場合も過去の投資にこだわる、これが動物に共通した傾向なのだ。

これは不思議である。なぜなら、コンコルドの誤謬は、メンツや自尊心に囚われ、自分の誤りを認めたがらない人間のような文化的存在特有の感情のはずであり、ネズミや昆虫などの本能的行動には生じないと思われるからだ。人間のような見栄や意地を持たない下等動物は、勝てぬとわかっている勝負にこだわるような動機を持たないはずである。コンコルドの誤謬を犯す個体は、その場での生存確率や繁殖のチャンスをみすみす減らすので、コンコルドの誤謬を犯さない実利的な個体に駆逐され、自然淘汰によって〈コンコルドの誤謬遺伝子〉は早々に消滅するはずではなかろうか。

では、いったいなぜ、ネズミや昆虫がコンコルドの誤謬を犯すのだろうか。

答え◎これまでの投資が大きかったものを守り通すことは、利益を大きくする確率が高い。なぜなら、価値が高いと認識したものに対して多大な獲得努

力を費やすのが適応的だからだ。獲得に大きなコストをかけたものは、さらにコストをかけて守り通す価値がある場合が多いわけである。

　したがって、動物に見られるコンコルドの誤謬的な行動傾向は、自然選択説に反しているわけではない。動物が実質的な利益を顧みず過去の投資に縛られた行動をしてしまう原因は、状況ごとに利益を合理的に推定し直すだけの修正判断能力がないことである。個別事情に合わせて価値判断を微修正できるほどの認識能力を身につけるとしたら、それだけ神経系の負担となるので、そのぶん内臓や感覚器など重要なパーツに投資しつつ、「将来の実質的な利益は、これまでの投資に従うならば、たいていは最大になる」といったアバウトなルールに従う遺伝的プログラムを備えた方が、結果的に効率がいいのである。

　大脳が発達した人間の場合、他の動物と違って、状況ごとに実質的利益を推定しなおす臨機応変な知能を有している。それでありながら、どうしても本能の大ざっぱなプログラムに囚われて、過去のコストを重視してしまう。コンコルドの誤謬は、意地やプライドといった社会的知性の産物というよりも、動物的本能の名残なのである。

　　Dawkins, R. & Brockmann, H.J. "Do digger wasps commit the Concorde fallacy?"
　　　　　　　　　　　　　　　　　　　　　　　　　　　　　Animal Behaviour 28, 1980

049 逆説的ESS
paradoxical evolutionarily stable strategy

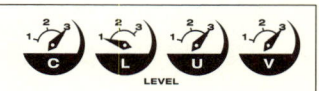

　部屋の一方の隅にレバーがあり、それを押すと反対側の隅の給餌口に食べ物が出てくる。そこにブタを入れると、偶然レバーに触れて食べ物にありつく経験を何度かすることで学習し、意図的に鼻でレバーを押しては給餌口へ駆けていって食べる、という往復運動を繰り返すようになる。

　さて、この部屋にブタを2匹入れたらどうなるだろうか。2匹とも健康で食欲旺盛、走る力も同等だが、面と向かったときに上下関係がある。ケンカすると必ず勝つ〈優位ブタ〉と、必ず負ける〈劣位ブタ〉

なのだ。2匹が部屋の仕組みを学習した頃、この二者の行動がどうなるかについて、可能な結果は4通りある。

① 2匹とも往復運動を続ける。
② 優位ブタだけが往復運動をし（奴隷になり）、劣位ブタは給餌口に貼り付いて食べ続ける（主人になる）。
③ 劣位ブタだけが往復運動をし（奴隷になり）、優位ブタは給餌口に貼り付いて食べ続ける（主人になる）。
④ 2匹とも動かない。

さて、①〜④のどの状態から開始しても、2匹の動きが変化したあげく最終的に落ち着く状態がただ1つある。その「進化的に安定な状態（ESS）」はどれだろうか。

答え◎①と④が安定な状態でないことはすぐわかる。①は労せずして食べられる主人の利得にどちらかが必ず気づいて②か③へ移行するし、④は2匹とも飢えるだけなので、少なくとも一方がレバーを押しに行かざるをえなくなるからである。

こうして、安定な状態は、②か③のどちらかである。

優位ブタは強いから主人となり、劣位ブタは弱いから奴隷となる——と考えるのは、直観もしくは常識に従っただけの応答であり、論理的ではない。ほんとうにそうなるかどうか、慎重にシミュレーションをやってみよう。

状態①から出発し、それが③へ崩壊したとしよう。劣位ブタはせっせとレバーを押しては給餌口に戻るのだが、そこは優位ブタが占領していて、首を突っ込むと追い払われてしまう。エサにはほとんどありつけない。劣位ブタの空腹はいつまでも満たされず、走りつづける疲労だけが蓄積されてゆく。そのうちアホらしくなって、走らなくなってしまう。

すると、エサが出てこなくなるので、優位ブタは仕方なくレバーを押しにゆく。劣位ブタはここぞと給餌口に貼り付いて食べる。戻ってきた優位ブタは劣位ブタを追い払って、残りを食べる。なくなったら、またレバーを押しに走り、劣位ブタは優位ブタが戻ってくるまでたっぷり食べる。この繰り返

しで安定するのである。

　ありうる変化を列挙すると、こうなる。最後の②が安定で、そこからはもう動かない。

　　①→②　　①→③→④→②　　②　　③→④→②

　この環境のもとでは、相対的に「強い遺伝子」を持つブタよりも、「弱い遺伝子」を持つブタの方が、結果として有利に立ち回ることができ、食物に恵まれ、生き延び繁殖しやすくなるだろう。劣位ブタがゆったりと食べられるのに対し、優位ブタは強さが仇となって、常に餓え、あくせく働きまわらねばならない。

　環境次第で、強弱は変わりうる。適者生存と言っても、誰が適者であるのか、結果を見てみないとわからないのである。

　人間ならどうだろう。人間は契約を交わして（☞心024【アイスクリーム売りのパラドクス】）強い者が順当に我が意思を押しつけるだろうか。もしブタが言語を持っていれば、優位ブタは劣位ブタに対して「食い物少し残しておいてやるから、おまえが走れ」と命令＆契約し、主人になることができるだろう。しかしブタは言語を持たないので、相手の意図を信用できず、その結果、強者が奴隷となるという逆説が生まれるのである。

　言語を持つ人間の場合にも、強いやつがあくせく働いて弱いやつを食べさせるという図式はある程度あてはまりそうだ。ロバート・フロストのアフォリズムにこういうのがある。「一日に８時間、懸命に働いて、あげくは社長になって一日12時間働く身分になれるだろう」。

　　　　　　　　　リチャード・ドーキンス『利己的な遺伝子』紀伊國屋書店

第 7 章
セックスとジェンダー
論理思考が不謹慎となる最後の砦は……

050
有性生殖のパラドクス
paradox of sexual reproduction

　♂と♀が、それぞれ半分ずつ遺伝子を提供し、次の世代の子を作ってゆく。これが有性生殖である。平均して親と子は遺伝子の半分を共有するので、類似度は兄妹姉妹どうしと同じ程度でしかない。
　原始的な生物は、もともと、無性生殖で増殖していた。自分自身の遺伝子をすべて子に与え、そっくりのコピーを作ってゆくのである。
　各個体が自分の遺伝子を残してゆくには無性生殖の方が優れている。有性生殖に比べて、自分の遺伝子を２倍多く残せるわけだから。しかも有性生殖では、各個体にとって相性のいい配偶者を捜すのが一苦労であるうえ、全個体の半分（メスだけ）しか子を産めない。きわめて能率の悪い繁殖法だ。
　それなのになぜ、わざわざ有性生殖などというものが進化したのだろう。有性生殖の登場は、より多くの遺伝子を残せる生物こそが繁栄

してゆく「適者生存」の原理に反しているのではないだろうか。
　この「有性生殖のパラドクス」を解く説明として使える概念が、本書の今までのどこかに問題項目のタイトルとして出てきている。第何問の概念だろうか。

答え◎有性生殖をする生物と無性生殖をする生物の大きな違いは何だろうか。そう、体の大きさである。大きな生物は有性生殖、バクテリアやアメーバのような小さな生物は無性生殖というハッキリした傾向がある。体の大きさは、繁殖の速度（世代交代の速さ）を決める。小さな生物は速やかに世代交代するので、環境が変動しても、各世代ごとの突然変異によってうまく環境に適応していける。しかし大きな生物は、世代交代がゆっくりなので、環境の変化に適応するには突然変異では間に合わない。突然変異は大半が有害な表現型を作り出すので、バクテリアのような短期間での増殖ができなければ有利な変異を維持できないからだ。
　こうして大きな生物は、突然変異以外による変異によって表現型のバリエーションを実現する必要に迫られる。有性生殖による遺伝子組み換えは、親と性質の異なる子どもを生み出し、突然変異によらずにさまざまな表現型を作り出せる起死回生の策だったのである。しかも、各遺伝子は組み合わせを変えることにより、他の遺伝子との相互作用によって初めて有利さを獲得したり、不利な性質を他の遺伝子の有利さでカバーしてもらったりできるようになった。今ただちに有利でない遺伝子も長く存続し、将来の適応に役立つというようなことも起こるようになった。
　このように、環境に対応するには生物は変化していかねばならず、多様性を維持して適応個体を増やしたほうが有利なので、遺伝子の観点からすると、大きな生物に乗って世渡りしてゆくには有性生殖の方が安全なのである。
　したがって正解は、047【赤の女王仮説】である。

マット・リドレー『赤の女王──性とヒトの進化』翔泳社

051 ジェンダー・パラドクス
gender paradox

　大学の理科系の諸学部には、文科系に比べて女子学生が少ないというのは、どの国にも共通した傾向だ。日本では、2009年度の文科省の調査によると、女子学生の比率は薬学部が54％、農学部が40％、医学部が32％に対して、工学部11％、理学部21％。細分化してハードな理系を見ると、2002〜06年度の調査で、数学科は1.4％、物理学科は4.7％。数学やコンピュータ・サイエンスなどのハードな理系は、欧米先進国を見ても、女子の比率が5％を超えるところは稀であるという。

　いわゆる「先進国」では、どこの国でも今や男より女の方が大学進学率が高く、成績も良い。にもかかわらず、工学、数学、コンピュータ・サイエンスを専攻する女性、職業とする女性はきわめて少ない。2005年のアメリカ物理学界の調査では、職業として物理を選択する女性の割合は、北米、ドイツ、オランダなどで5％前後。

　ところが同じ調査によると、発展途上国では、大学で物理を専攻する女性、職業とする女性はむしろ多い。フィリピン、ロシア、タイなどでは30〜35％。北米、西欧、北欧、日本などよりも、自由が認められず女性への経済支援も乏しい中国、東欧、スワジランド、スリランカなどの方が、専攻・職業の男女差が小さいのだ。先進民主主義国では、教育・進路・職業選択の自由があり、男女の雇用機会均等も保証されている。それなのに、発展途上国に比べて性別による専攻・職業の偏りが大きい。いったいなぜだろうか？

答え◎「簡単だよ、だって当たり前じゃないか」と思った人も多いかもしれない。しかし、「自由」が「平等」と結びつき、「平等」が「結果の同等」を意味するものとイメージしている人にとっては、この男女差問題はパラドクスに感じられただろう。

　正解は、個人の自由にさせると、男女の生物学的な違い（精神的な選好の

違いも含む）がハッキリ現われる傾向がある、ということだ。大幅な自由の認められる富裕国の方が、個々人が「金のために職業を選ぶ」必要性が少なくなり、「自分のやりたい仕事を選ぶ」傾向が強くなる。工学やコンピュータ・サイエンスを職業とする女性は、他の分野で働く女性よりも平均して30〜50％高い収入を得ているという。経済的動機によって進路を選ぶ度合が大きいほど、男女の生得的な選好による偏りを経済的動機が上回り、職業選択の性差は結果的に小さくなるだろう。発展途上国では、数学のできる女性が家族の圧力によって、あるいは教育機関や国家の指令によって高収入かつ実用的な進路にすすみ、国際的に活躍するエンジニアになる、という例も多いようだ。

　アメリカでは、大学の理科系に女性入学枠を設けたり女性に奨学金を出したりして理系女子の比率を高める努力がなされたが（日本でも国立大学が数学科に女性枠を設けて女子の比率を高めようとしている）、そのようにして激励された才能ある女子学生が理工系を大学院まで修了しても、研究者としては続かず、小学校教員に転じたり専業主婦になったりする例が大変多いという。イスラエルの実験的共同体「キブツ」では、男女の役割分担の束縛をいっさいなくして自由な社会を作ろうと試みたところ、男女が自発的に選んだ仕事が伝統的な社会よりもむしろ偏ってしまった。

　才能と選好は別物であり、男女はもともと遺伝的な素因により、統計的に選好がはっきり異なるのだ。自由度が高くなり、個々人が束縛なく選択肢を選べれば選べるほど、見かけの格差が広がるというのは当然のことである。

スーザン・ピンカー『なぜ女は昇進を拒むのか』早川書房

052
性差のパズル
differences between the sexes

　男と女の性質や能力の違いは、男女の繁殖戦略の相違からきている。♂は、なるべく多くの♀に精子を送り込めば、それだけ自分の遺伝子が残せる。よって、多くの♀と交尾する欲求を持つ遺伝子が残りやすい。他方♀は、多くの♂と交尾しても得るところはない。産める子の

> 数が限られているので、量より質の方針に従い、慎重に選り好みして優秀な♂を選んだ方が得だ。選り好みせずに♂とやたらに交尾する♀は、生き延びやすい子をもうけられるとは限らず、慎重な♀の遺伝子が多く残ってゆく。こうして、♂は積極的攻撃的に、♀は待機的防御的な性格に自然選択されていったのである。
>
> しかし、それだけでは♂と♀の性格が分かれる説明としては不十分だろう。攻撃的な♂、慎み深い♀が子供をもうけた場合、生まれるのが♂にせよ♀にせよ、両親の遺伝子をランダムに2分の1ずつ受け継ぐはずだ。とすれば、子どもが♂であれ♀であれ、攻撃遺伝子や慎重遺伝子を持つ度合は等しい。となると、♂親の攻撃遺伝子は♀子でなく♂子に伝わりやすく、♀親の慎重遺伝子は♂子でなく♀子に伝わりやすいメカニズムがないと、♂♀による攻撃性の差はいつまで経っても開いていかないのではないか。しかしそんなメカニズムはあるのだろうか？

答え◎もちろんそんなメカニズムはない。父親と母親の遺伝子は、子どもの性別にかかわらずランダムに配分される。

♂と♀では性染色体が違うので、性差に関わるすべての遺伝子が性染色体に集中していれば、自然選択で♂♀の性差は保たれるだろう。しかし、性染色体の遺伝子だけですべての性差を発現させることは不可能である。

では、何が性差を決めているのか？ ♂親の攻撃遺伝子は、子の性別にかかわらずランダムに伝えられるが、子が♂である場合のみ、その効果を発揮する。「♂ならば、作動せよ。♀ならば、作動するな」と。♀親の遺伝子も同様だ。つまり同一の遺伝子が「♂ならば攻撃的になれ、♀ならば慎重になれ」という条件的プログラムに従っていればよい。遺伝子は、環境によって働きを変える。最も重要な環境は、細胞内での他の遺伝子の働きである。つまり、性染色体上の遺伝子に由来するホルモン分泌その他の体内環境である。これで、たとえば♀親の体内には、♀親自身の性格としては現れないまま、♂子が生まれたときだけ働く攻撃遺伝子が保たれることになろう。

進化は無目的だから、自然選択で有利になるかどうか不明な性質ですら、副産物的に♂♀で発現の仕方が異なるようになる。ハゲの遺伝子や乳ガンの

遺伝子がその例だ。一方の性の子どもの体内でだけスイッチオンされるようになっているのである。

　実際はそれほど明確に♂の性格、♀の性格が分かれているわけではない。程度問題である。が、おおむね「♂環境では、A性質を作動せよ。♀ならば、B性質を作動せよ」といった条件的命令に遺伝子が従っているということが、♂♀の傾向的性差が混じり合わず差異を保てる秘密なのである。

053 性比のパズル
puzzle of sex ratio

　すべての家庭を、社会的・経済的に「高い階層」と「低い階層」に分けよう。もちろん厳密に2分割はできないので、「かなり高い層」と「かなり低い層」だけを考えるのがよかろう。その上で、次の問いに答えよ。

1　男子の方をより大切にしがちなのは「高い階層」と「低い階層」のどちらか。女子の方を大切にしがちなのはどちらの階層か。その理由（生物進化論的な理由）は？

2　「高い階層」では男子・女子のどちらが産まれやすいか。「低い階層」ではどちらが産まれやすいか。その理由（生物進化論的な理由）は？

3　身体的・経済的に母親の調子がよいときに産まれやすいのは男子・女子のどちらか。母親の調子が悪いときに産まれやすいのはどちらか。その理由（生物進化論的な理由）は？

4　男性的な性格の母親から産まれやすいのは男子・女子のどちらか。女性的な性格の母親から産まれやすいのはどちらか。その理由（生物進化論的な理由）は？

答え◎ **1**～**4**の正解にはすべて進化論的な根拠がある。自然科学の他の分野とは違って、論理で考えるだけで正解がわかるのが進化論の面白いところである。

　1　経済的地位が繁殖戦略上有利不利に直結するのは男子である。金持

ちに生まれれば多くの女をものにできる反面、貧乏な男は女に見向きもされまい。こうして、男の子の方をより大切にしがちなのは「高い階層」である。他方、女の子は、経済力によって繁殖戦略の有利不利が左右されることはない。低い階層でも、娘が美しかったり気立てがよかったりすれば高い階層の男に見そめられ、一気に高い階層へ上がれることは、シンデレラなどのお話でもお馴染みであり、現実にも合致している。こうして、女子の方を大切にしがちなのは「低い階層」である。子育ての上でそのような性向を発現させるのが親にとって適応的なので、統計的にそのような性向が進化してゆくのである。

2 男女産み分けのメカニズムなどはっきりしないのだから、「どちらでも同じ」と思うかもしれない。とりあえず理屈で考えると、**1**と同じ考察があてはまり、「高い階層」では男の子、「低い階層」では女の子を産むのが有利なので、実際その性別が産まれやすくなりそうである。そして実際にそのとおりで、統計的に有意な差があるのだという。

しかし、そのメカニズムは何だろうか。子どもの性別を決めるのは、X精子とY精子のどちらが受精するかである。女児になるX精子は、酸に強い。男児になるY精子は、活発だが酸に弱く、アルカリに強い。それぞれが得意とする環境が異なるのだ。したがって、母胎が外部状況（経済状態、健康状態など）に反応して自らの状態を微妙に変えることにより、X精子かY精子のいずれかが受精しやすくなる。状態がよいときにはY精子を優遇し、状態が悪いときにはX精子を優遇するような体内環境を作れる遺伝子を持つ女性が適応的であるため、産まれる性比が階層によって異なってくるのである。これは**3**の答えにもなっている。

4 男性的な性格ということは、子どもも男性的な性格になりやすいということである。男性的な性格とは、男性にとって適応的な性格ということだ。したがって、産まれるのが男児であった方が有利になる確率が高い。こうして、母親の性格と同じ方の性が産まれやすい。

054
買春のパラドクス
merit of prostitute

　高級売春クラブが摘発されるたびに、その顧客リストに、金も地位も魅力もある有名人が名を連ねていることが発覚する。そういう事例は数多い。その気になればバーで普通の女性を首尾よく誘えるハンサムな男たち、タダでヤレるチャンスに恵まれた男たちが、あえて娼婦との一夜に何万・何十万もの金を喜んで払う。いったいなぜだろうか？

答え◎女性にはない男性の進化論的な本能が答えである。男と女とでは、セックスに伴うリスクが大違いであるため、性交渉全般への適応戦略が違う。多くの女は、恒久的な関係の一部として性を捉える。男は、なるべく低コストな一時的な関係を増やそうとする。よって利害が一致せず、いかに優れた男でも、後腐れのないセックスを多くの女に求めるのは至難である。男女の性関係は、短期的関係に乗り気でない女の本性に迎合しないと成り立ちがたいからだ。

　こうして、買春する男たちは、日常では成り立ちがたい「短期的関係」のために金を払う。つまり、「セックスそのものに対し金を払うのではなく、セックスの後で娼婦がさっさといなくなってくれることに対して金を払う」のである。

　ポルノ雑誌やアダルトビデオも同じである。現実のセックスフレンドに不自由しないからといって、ポルノに無関心という男はいないだろう。売買春やポルノは、現代社会の男女関係では困難になっている「男の生物学的本性に合わせた男女関係」を見かけ上達成する装置に他ならない。

C.サーモン、D.サイモンズ『女だけが楽しむ「ポルノ」の秘密』新潮社

055
セクシュアル・ハラスメントのジレンマ
dilemma of sexual harassment

　セクハラには、大別して2種類あるとされる。
　環境型セクハラは、職場の壁にヌード写真を貼る、卑猥なジョークを言うなどの性的嫌がらせタイプ。対価型セクハラは、上司が部下に、教師が学生・生徒に、昇進や単位と引き換えに性行為や愛人契約を強要するタイプである。
　パワー・ハラスメントと境を接して問題化しやすいのは対価型セクハラで、あからさまな対価の提示がなくとも、権力関係ゆえに下位者に暗黙のプレッシャーを与えることがある。取引先の社員に対し、契約の成就と引き換えに性的関係を迫るなどの行為も対価型セクハラである。

1　セクハラに関する有名なエスニック・ジョークをまず見よう。
（　　　）内に一文を入れて、オチを完成させてください。

　オーストラリアの企業の新進部長K氏がニューヨーク支社に配属になった。海外では親密な人間関係が成功のポイントと学んでいたK氏は、アメリカ人女性秘書の服装や化粧をほめたり夕食に誘ったり、さかんにアプローチした。その結果、K氏は秘書にセクハラで訴えられてしまった。K氏は二度とセクハラ事件を起こさぬよう本社から厳重注意のうえ、ローマ支社に転勤となった。ローマではK氏は、イタリア人女性秘書に対し事務的に真面目に接し、お茶にも誘わなかった。その結果、（　　　　　　　　　　　　　　）。

答え◎このジョークの民族的ポイントは「イタリア人」だけで、他の2人の国籍にはバリエーションがある。正解は——
　　　K氏は秘書にセクハラで訴えられてしまった
　第3文とまったく同じであるところがポイントである。このジョークを聞

いたことがなくても、「イタリアの男にとっては口説きがエチケット」「イタリアではセクハラしないのが最大のセクハラ」といった文句はよく目にするだろう。

さて、しかしこれは単なるジョークだろうか？　次のような事例を考えよう。

> 事例A：男性教授Qが特定の女子学生Lと**きわめて仲良くなった**。別の学生Nが「教授が学生とああいうことになっていいのか」と倫理感に燃えて、セクハラで訴えた。
>
> 事例B：男性教授Qが特定の女子学生Lと**きわめて仲良くなった**。別の学生Nが「どうしてLなんかと。私がいくら誘惑しても無視されたのに」と嫉妬して、セクハラで訴えた。

2　事例A，Bともに、学生Lは現状に満足しており、セクハラだと訴えてなどいないとしよう。第三者である学生Nによるセクハラの訴えは妥当だろうか。事例Aと事例Bとで、どちらの方が大学当局によって深刻に受け止められる可能性が高いだろうか？

答え◎セクハラほど組織によって倫理コードの異なるトピックも珍しいだろう。ある大学では、男性教員が女子学生と２人だけで学外でお茶するのもNGだが、別の大学では、教員と学生との特別な仲が周知となっても、学生側がそれを望んでいる限りお咎めナシだ。一度でも問題を起こせば処分し公表することで危機管理と自己浄化の力をアピールする大学もあれば、常習犯に対し事件のたびに「始末書」で済ませ揉み消しに努める大学もある。セクハラという問題が倫理的なボーダーラインに位置しているというよりも、何をセクハラと見るかについての価値観が曖昧である証拠だろう。

さて、事例A，Bはどうか。まず、Q教授が無罪であるための必要条件として、QとLの関係がLの主導によって始まったのでなければならない。Qからのアプローチで始まった場合は、権力関係の構造上、Lの自由意思が働いているかどうかが論理的に確認不可能なため、QはLに対してもNに対しても有罪である。そこで以下は、QとLの関係はLの自由意思で始まったと

いう前提のもとで考えよう。

　事例Aは、学生Lが妊娠・中絶したというような極端な場合で起こりやすい。事情を知った潔癖な人々が学生Lを「被害者」、Q教授を「加害者」と信じて、L本人の意識とは無関係に騒ぎ立てるという状況は十分考えられる。

　事例Bは、学生Lと学生NとがともにQ教授に接近して、Q教授の対応が平等でなかった、というような場合に生じやすい。あるいは、もともとNと付き合っていたQがLに乗り換えた、というような場合にも生じうる。

　事例A，Bとも、学生Lに対してはセクハラはない。問題はQ教授のNに対するセクハラが認められるかどうかである。事例Aの場合は、当該大学の倫理コードが教員と学生の自由恋愛をOKとしているならば、Nの訴えは無効だろう。当該大学の倫理コードが教員と学生の自由恋愛をNGとしているならば、QとLの関係はそのコードに触れるので、Nの義憤には根拠があり、QのNへのセクハラが認定されるべきだろう。

　事例Bの場合は、当該大学の倫理コードにかかわらず、概してQのNへのセクハラが認定されてよいだろう。

3　「事例Aは倫理コード次第で、事例Bでは『概して』、QはNにセクハラしたことになるだって？　んなバカな。イタリア女のジョークじゃないんだから」。そう言いたい人もいるだろう。QとLの恋愛がNへのセクハラと認められるとき、その根拠は何なのか？

答え◎たしかにQはNに対して、直接の性的要求などを行なってはいない。しかし、セクハラには「対価型」と並んで「環境型」があることを思い出そう。QはNにとって「性的な意味でいやな環境」を作り出しており、「環境型セクハラ」をしていると言える。事例Aでは不適切な関係の横行を示唆することによって。事例Bでは「きみはLよりも魅力がない」と暗に評価することによって。いかなる性質のアプローチであろうと、複数の学生のアプローチを教員が平等に扱いそこねると、教育環境上の欠陥をもたらすことになろう。

　事例BからLを除去し、Nが単に「私がいくら誘惑してもQ教授が無視したのはセクハラ」と言って訴えた、という設定なら、それはさすがにジョークだろう。Q教授による「不公平な扱い」がセクハラ成立のための必要条件

である。
　ともあれ、悪意がなかろうが何だろうが、セクハラは騒がれてしまった時点でほぼ有罪である。すなわち「キャッチ＝22状態」（☞005）。「下心があったなら、もちろん確信犯的ハラスメントだ。下心がなかったなら、騒がれたというのは判断ミス、愚かさによるハラスメントだ」。

056
時間差レイプ
rape after sexual intercourse

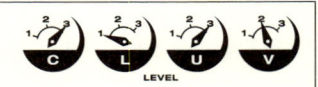

１　同じ言葉でもイケメンが言えばジョークだがキモオヤジが言えばセクハラになりうる。さらにレイプの場合になると、同一人物の行為であってさえ、物理的行動だけではレイプかどうかが決まらないことがある。アメリカでは、告訴されたレイプ事件のうち相当な事例が、「セックスの後に起きたレイプ」だという。まことにパラドクス的だが、どういう意味なのだろうか。

答え◎レイプは必ずしも暴力的になされるとは限らない。和姦か強姦かという「セックスの意味」は、当事者の関係がその後どうなるかという文脈の中で「全体論的に」決まる。合意の上でセックスをしたが、終わったあと男が冷めて、「さっさと帰れば？」という態度をとったら女は傷つき、レイプだと主張するかもしれない。セックスのあとで「お付き合い」が始まらなかった場合、「そういうことならセックスなんかしなかった」と女が訴えるケースも多い。短期的配偶関係を増やそうとする男の繁殖戦略と、長期的配偶戦略を原則とする女の繁殖戦略とが相容れないところから、和姦か強姦かの認識のすれ違いが生じうるのだ。

２　それでは、「セックスの後にレイプが起こる」と表裏をなすレイプ格言を挙げてください。

答え◎「そんなの知らない」と言う人も、だいたい内容は想像がつくだろう。

正解は、「レイプの後に一緒にお食事すれば和姦」「レイプの後で付き合えば和姦」等々。

たとえばある刑事裁判では、性行為の後も女性が男性と飲食していたため、レイプを主張する女性の告訴は虚偽と認定され、不起訴の男性が9日間の身柄拘束の賠償金を国と都に求め、認められた（2009年10月6日の各紙報道）。

この事件にちなんで、ウェブにこんな別の事件が紹介されていた。夜間、ベランダから侵入してきた見ず知らずの男に女性が強姦された。その後、2人は繰り返し会ってセックスもする関係になった。そのうち男が浮気でもしたのか何らかの事情で告訴がなされ、最初の「ベランダから侵入」により男は強姦で有罪となった。（弁護士 落合洋司［東京弁護士会］の「日々是好日」2009-10-07　http://d.hatena.ne.jp/yjochi/20091007）

明らかな和姦も、その後の関係がうまくいかなければレイプとなり、紛れもないレイプも、その後の関係次第で和姦になりうる。そして二転三転してもとの意味に落ち着くこともある。窃盗や傷害であれば、このような文脈依存性はほとんどない。殴って鼻骨を折った相手とそのあと談笑したからといって、傷害の罪が立件できなくなることはない。レイプの場合は、物理的現象に対し当事者の解釈が加わって初めて行為の意味が決まるので、裁きが大変難しくなるのである。名誉毀損などと並び親告罪である理由もそこにあるのだろう。

ティモシー・ベイネケ『レイプ・男からの発言』筑摩書房

---

057 売春のパラドクス
paradox of prostitution

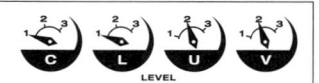

次の推論を考えよう。
- A　成人が自由意思でセックスすることは違法ではない。
- B　違法でないものを売り買いするのは違法ではない。
- 結論　成人が自由意思でセックスを売り買いすることは違法ではない。

AとBから三段論法（定言三段論法）の推論により、結論が導かれる。
　　しかし、現代日本では売買春は売春防止法で違法とされている。ここには、一見して矛盾がある。
1 この「矛盾」を矛盾でなくする説明を、5通り挙げてください。

答え◎正しい前提から正しい推論によって結論が得られたとき、その結論が間違っていたとする。これは矛盾である。これを解決するには、次の可能性が考えられる。

　1　前提のどれかが実は間違っていた。
　2　推論が実は間違っていた。
　3　結論は実は正しかった。

順にあてはめてみよう。
　1 A　成人が自由意思でセックスすることは違法でありうる。
　1 B　違法でないものを売り買いするのは違法でありうる。
　2　「違法」の意味が前提と結論では異なっている。
　3-1　売春防止法が間違っている（売買春は違法であるべきでない）。
　3-2　単なるセックスの売り買いは売買春とは限らない（結論は売春防止法と矛盾しない）。

2 **1**で得られた1 A，1 B，2，3-1，3-2のうち、正しそうなのはどれか。

答え◎1 Aと1 Bの根拠を評価するさいには、売春そのものは除外して考えねばならない。つまり、現に売春防止法によって「売買されたセックスは違法」なのだから1 Aは正しいとか、現に売春防止法によって「違法でないものを売り買いするのは違法」なのだから1 Bは正しいとか言って済ますことはできない。A，Bが原則なのに、どうして売春のときだけその原則を破る1 Aと1 Bが正しいのかがもともとの謎だったからだ。
　したがって、売春以外の例で正当なものを探すのがよいだろう。1 Aについては、公衆の面前でのセックスのような違法行為が挙げられる。しかしそ

れは猥褻物陳列のような他の違法行為を含むため、密室内でなされる自由な
セックスがなぜ違法になるのかは説明できない。
　１Ｂについては、酒の例が挙げられる。飲酒そのものは違法ではないが、
酒税法により、勝手に酒を作ったり売ったりしてはならない。しかしこの場
合も、酒類の製造と販売の免許を持つ者は酒造や販売ができるのであり、全
面的に違法とされている売買春とは事情が異なる。経済的理由を持つ酒税法
は売春防止法と同列には考えられず、説明が必要だ。酒以外では人身売買が
有力な例だろう。もともと売春も人身売買の一種として禁じられたという経
緯がある。ただし、人身売買の禁止には人権侵害の防止という目的があるの
に対し、自由意思による現代の売春は、禁ずることが人権侵害になりうると
いう点で正反対である。
　２は、「違法」という語が曖昧であるために、前提と結論で表面上同じく「違
法」と言われていても、それを媒介した三段論法は成り立たないという考え
である。たとえば、前提で用いられている「違法ではない」は形式的違法性、
結論で用いられている「違法ではない」は実質的違法性の意味を持つのでは
ないだろうか。
　形式的違法性は、「現に施行されている法律に反しているから違法」とい
うトートロジー（同語反復）にもとづく違法性であり、実質的違法性は、社
会に害を与える等の、法で禁ずるための根拠にもとづく違法性である。被害
者のいない犯罪とされる売買春は、実質的違法性にはあてはまらず、単に形
式的に違法なだけかもしれない。それならば、２の方針でパラドクスは解け
たことになる。
　これは、３-１の「結論が正しい」という解法と外見的に一致する。しか
し、実質的違法性の意味で「成人が自由意思でセックスを売り買いすること
は違法ではない」が正しいとしても、形式的違法性の意味では正しくないの
だから、２ではなく３-１が正解であることにはならない。推論が正しい（語
を同じ意味で使っている）場合にのみ、３-１が正解である余地ができるの
である。
　２は実は間違いで、この推論は語を一貫した意味で用いており、前提でも
結論でも「違法性」が形式的違法性の意味で用いられているとしよう。その
場合、結論は間違っていると言えるだろうか。そこで３-２の出番だ。「成人

が自由意思でセックスを売り買いすること」は「売買春」とは限らないのかもしれない。売春防止法が禁じているのは、「対価を受け、又は受ける約束で、**不特定**の相手方と性交すること」に限られている。ソープランドが違法でないとされるのはそのためだ。ソープランドはあくまで入浴の施設であって、ただし客と従業員の間に恋愛感情が芽生えて自由な性行為におよぶこともあるという建前になっているため（当事者以外の誰がそれを否定できようか）、客は「不特定の相手方」とは言えず、売春防止法のもとで違法にはならない。

　この3-2の観点からすると、「成人が売買春ではなく自由意思でセックスを売り買いすることは違法ではない」は正しい。売春防止法に則った形式的違法性の意味で、A，B，結論はどれも正しく、推論も健全なのである。

　ちなみに形式的違法性の意味で違法な売買春とは、本当に「不特定の」相手方と行なう有償のセックスである。しかし「対価を受け、又は受ける約束」が成立した時点で、相手方は契約相手であり、立派に特定された相手ではないだろうか。「知り合いだったら不特定の相手ではない。知り合いでないにもかかわらず性交の契約が成り立つほどの相手なら、やはり不特定とは言えない」——まさに「キャッチ=22状態」（☞005）である。売春防止法は、禁じるべきでない行為を禁じているというより、不可能なことを禁じているという意味で、空虚な法律であると言えそうだ。

☞心008【恐喝のパラドクス】

第 8 章

心理学
心を心で映し出す困難……

058
快楽のパラドクス
paradox of pleasure

　快楽は、直接求めると、その快楽追求の意識が邪魔して快楽がうまく得られない傾向がある。快楽に至上の価値を置く「快楽主義」の矛盾を衝くためにこのパラドクスがよく持ち出される。
　快楽を求めると快楽が得にくくなる理由を、2つ挙げてください。

答え◎ 1つは、快楽享受を意識すると、期待される快楽の程度が高く設定され、実際に得られた快楽が物足りなく感じられがちということだろう。予期せぬときに、あるいは副産物的に得られた快楽は、そのような比較がなされないため、大きな快楽として享受されるだろう。
　もう1つは、主目的として意識的に求めるようでないと獲得しがたい価値というものがあり、それらが真の快楽の源泉になっているのかもしれない。愛、知識、創造、名誉、金、権力などがそれに相当し、それらに専念して獲

得したときにこそ、快楽は質・量ともに高度に得られる傾向があるだろう。むろん、さらなる疑問は生じうる。名誉、金、権力は人生の主目的とするに値するものだろうかとか、愛や知識はそれ自体を求めない方が効率的に得られる点で快楽と同じではないかとか。しかしそれらは、快楽のパラドクスの解決そのものとは関わらない付加的な問題である。

059
禁欲のパラドクス
paradox of asceticism

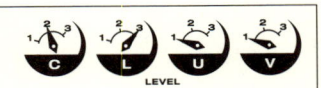

　快楽のパラドクスと同様のことが、快楽の対語である「禁欲」についても言えるだろう。禁欲生活に徹することは、禁欲したいという欲求に溺れることを意味する。禁欲に耽ることは、禁欲の理念に矛盾するのである。
　ただし、快楽のパラドクスと禁欲のパラドクスとでは、その論理構造が大きく異なる。その違いを簡潔に指摘してください。

答え◎禁欲のパラドクスは、自発的に禁欲するということが禁欲したいという欲求に必然的に従っていることになるため、論理的な矛盾を形作る。
　他方、快楽のパラドクスは、快楽を求めるとえてして快楽が得にくくなる**傾向がある**、ということで、経験的・統計的な矛盾であった。
　禁欲のパラドクスが生じない個人、社会というものは考えられない。「禁欲」「欲望」という概念の論理からして、禁欲のパラドクスは必ず成立する。しかし、快楽のパラドクスが生じない個人、社会というものは十分想像できるし、可能だろう。「快楽」という概念には、「直接求めると得にくくなる」という意味は含まれていないからだ。実際、快楽を求めれば求めるほど得にくくなるなどという経験をする動物は、人間だけかもしれないのである。

☞サ057【ニルヴァーナのパラドクス】

060
ピアジェの錯誤
Piaget's fallacy

　ジャン・ピアジェが４歳児に行なった有名な実験がある。コップと瓶をそれぞれ６個、等間隔に各１列に並べ、「どっちの方が多い？」と聞く。子どもは「同じ」と答える。次に、子どもの見ている前でコップどうしの間隔を広げ、列を長くしてから、同じ質問をする。子どもはコップの方が多いと答える。子どもは列の長さに惑わされてしまうらしい。この実験結果からピアジェは、子どもは４,５歳までは「数の保存」が理解できておらず、つまりは数という観念を把握できていないと結論した。

　しかし、２歳児と３歳児に同じ実験を行なうと、正しい答えをするのである。これは何を意味するのだろうか。２歳頃には子どもは数の保存を理解するのだが、４歳頃になると一時的に数の保存の概念を失う、ということだろうか。子どもの精神発達は複雑だろうから、そういうこともありうるかもしれない。しかしそんなパラドクシカルな説を信じる前に、もっと簡単な説明を試みるべきだろう。たとえばどういう説明だろうか。

答え◎発達心理学の基礎を築いたとされるピアジェの説の多くは、現在ではほぼすべて間違っていたことが判明しているという。「数の保存の観念の一時的消失」という不可解な説明を要請するかのようなピアジェの実験結果も、実験者と子どもとの対話に頼ることの微妙な効果を考慮に入れ損ねたための初歩的なミスだったという。

　真相はこうだった。子どもは４歳くらいになると、他人の心を推測する能力が発達しはじめる。おとながコップの間隔を広げてから「どっちの方が多い？」と聞いたとき、４歳児は考える。「さっきと同じ質問だ。数は変わってないじゃないか。なんで当たり前のことをもう一回聞くんだろう。そうか。僕が聞き間違えたんだ。数じゃなくて長さのことを言ってるんだな」。それで子どもは答える。「コップ」と。

２,３歳の子どもは、そこまで相手の思考過程を考えずに、実験者の質問を額面どおりにとって正しい答えをする。４歳児は、実験者の質問の意図を考え、自分に期待されている答えを先読みして応じたのだ。この解釈が正しいことは証明されている。実験者がよそ見をしている間に、近くにいる助手がコップの間隔を広げてしまう。実験者は目を戻して、「あれっ、さっきと違ってるぞ。瓶とコップとどっちが多いか、もう一度教えてくれるかな？」と子どもに聞く。こういう設定だと、２歳から５歳までの子どもはみな、正しく答える。実験者が同じ質問をしても奇妙ではない状況では、４歳児も２歳児と同じく、余計な意図を忖度せずに数を正しく答えるのである。
　「どちらかの列のチョコレートを食べていいよ」という実験でも、４歳児が数の保存の能力を失っていないことは実証されている。列の長さにかかわらず、子どもは常に数の多い方のチョコレート列を選ぶのである。

キース・デブリン『数学する遺伝子』早川書房

061 エディプス・コンプレックス
Oedipus complex

　ここ30年ほどでみるみる信頼を失った思想家・科学者は幾人かいるが、その落差が最も大きい人物はジクムント・フロイトだろう。主として進化心理学の進展により、フロイトの唱える学説のほとんどすべてが根本から間違っていることがわかってきたからだ。
　たとえば、フロイト精神分析の根幹を成すエディプス・コンプレックスなるものは、本当にあるのだろうか。子どもが異性の親に独占的な性的愛着を抱き、嫉妬から同性の親を敵視するが、同時に同性の親に自己を同一化するため、葛藤が生じて自我の成長に重大な作用を及ぼす、といった理論である。エディプス・コンプレックスは抑圧されて無意識にとどまっているため、本人には自覚されない。なので、本人は「いや、私にはそんな欲望など絶対にない」と主張し、そう思い込んでいる。しかし精神分析医は、「そんな欲望はないと思ってるでしょ。だから無意識なんですよ」と診断し、本人にアクセスできないメカニズムを独

裁的に認定する。

　無意識はその定義からして本人には意識されないのだから、反論のしようがない。精神分析医の、場合によっては独断的な診断のなすがままだ。フロイトの精神分析はエディプス・コンプレックスに限らずこの種の「無意識の衝動」に神経症などの原因を求めることが多いため、カール・ポパーによって「反証不能」の烙印を押されていた。つまり、「どのようなデータが得られたら精神分析が間違っていたことになるのか」という基準が存在しないため、いかなる患者に対しても分析医の診断は正しいことになり、フェアな検証実験に服する科学理論の条件を満たしていないと批判されたのだ。精神分析は擬似科学だとポパーは言ったのである。

　そのように、フロイトの精神分析に対する一般的な態度は、「言ってることは正しいかもしれないが、反証も検証もできないから科学ではない」という両義的なものが多かった。しかし最近ではそれがすっかり逆転し、「反証も検証もできるれっきとした科学理論だが、いかんせん言ってることが大間違いだ」という評価に変わっている。

　なぜこの変化が生じたのか？　無意識という、本人すら気づくことのできないメカニズムを想定する精神分析は、なぜ**反証可能**な理論だと見なされるようになったのだろう。ポパーの「擬似科学」という評価はなぜ間違っていたのだろうか。

　もっと具体的に、こういう問にしよう。

1　どのような現象が観察されれば、フロイトの言うエディプス・コンプレックスなど存在しなかったとわかるだろうか？

答え◎これはいろいろな可能性があるだろう。無意識だからといって観察不能と決めつけるのは諦めがよすぎる。「無意識の層にエディプス・コンプレックスがあれば、〇〇という作用が観察される」と予測Kを立ててみよう。その〇〇という作用が観察されればエディプス・コンプレックスが存在する確率が高まるし、観察されなければエディプス・コンプレックスは反証される。それでは予測Kはどういう予測だろうか。〇〇とはどんな作用だろうか。

○○は無意識が及ぼす作用なのだから、個人の心や振る舞いをいくら見ていてもわからないだろう。しかし無意識がはっきり姿を現す場がある。その場とは「統計」である。そう、無意識が観察可能になるのは、個人においてではなく、集団においてなのだ。個人の中では無意識は隠れているかもしれないが、集団に対して統計的なデータをとれば、必ず特定の「傾向」として無意識は振る舞いをみせるはずだ。むろん集団の傾向になど個々人は気づいていない。しかしエディプス・コンプレックスの力学が個々人に対しては無意識であっても、いや、無意識であるからこそ、意識的な逃げ隠れをせず率直に集団の統計に反映されてくるはずだ。

　エディプス・コンプレックスは親への性的な愛情、嫉妬、敵意だから、一般に親子間での性愛の促されやすさと、子の親への態度との間に、相関関係が認められるはずである。性愛が促されやすい状況とは何か？　他の条件が等しければ、年齢が近ければ近いほど、恋愛感情や性欲は生まれやすく、かつ熱烈なものになるはずだ。

　つまり、親子の年齢差が小さいと異性の親の恋愛対象としての価値は高く、同性の親の性的ライバルとしての脅威は大きい。年齢差が大きい場合は、異性の親の恋愛対象としての価値は低く、同性の親の性的ライバルとしての脅威も小さい。したがって、エディプス・コンプレックスが実在するのであれば、次のような法則が成立すると考えられる。

　「親子の年齢差が小さければ小さいほど、子どもが同性の親を傷つけたり、殺したりする事例が多くなる」

　これが予測Kである。多数の親子を年齢差ごとにグループ分けし、それぞれのグループについて、子による親への攻撃・暴行が生ずる率を調べればよい。予測Kのとおりであれば、エディプス・コンプレックスの実在が確証される。他方、予測Kの相関関係が見られなかったら、エディプス・コンプレックス説は反証される。

　さて、現実はどうだろうか。予測Kは当たったのか、外れたのか？

　調査によれば、子どもが同性の親を傷つけたり、殺したりする割合が高いのは、親子の年齢差が大きい場合だということがわかった。エディプス・コンプレックス理論から導かれた予測Kとは正反対である。フロイトの無意識の学説は、核心となる部分が反証されたのである。

フロイト派は、次のように反論するかもしれない。エディプス・コンプレックスというのは、無意識の欲動であるから、意識に感じられる性欲や恋愛感情と同じ働きをするわけではない。年齢差による感応の仕方が通常の性欲や恋愛感情から予想されるパターンと違うからといって、エディプス・コンプレックスが否定されたことにはならない。

　しかしこのような反論は、エディプス・コンプレックスが異性愛として特徴づけられるべき理由を無にしてしまう。予想Kのような自然なテストに失敗した場合に、あとから「いや実はエディプス・コンプレックスというものは……」と自由に性格付けを変更してよいというならば、まさしくポパーの批判があてはまることになる。エディプス・コンプレックス説は反証不能となり、科学ではなかったことになるのだ。こうしてフロイト学説は、科学でないか、あるいは間違っているか、いずれかだということになる。

　もちろん、第3の可能性はある。普通の異性愛的なエディプス・コンプレックスは実在するのだが、予測Kとは逆の効果を及ぼすような別の要因が働いている、という可能性だ。たとえば、親子の年齢差が大きいとコミュニケーションギャップが深まって仲が悪くなるというような。しかしそのようにしてエディプス・コンプレックス説を救うには、それなりの理屈の裏付けが必要だろう。つまり、エディプス・コンプレックスが実在するはずだという自然な理屈があるからこそ、観察データ（予想Kがはずれたという現象）を理屈に合わせて相殺する動機が生ずるのだ。

2　さてそれでは、エディプス・コンプレックスが実在するという理屈は成り立つのだろうか。

　実は、正反対の理屈が成り立つのだ。生物進化の仕組みを考えると、理論的にいって、エディプス・コンプレックスのようなものはたちどころに淘汰されて消えてしまうはずなのである。それはどんな理屈だろうか。

答え◎無意識とは本能のことだとすれば、本能を司る遺伝子に注目すればいい。遺伝子にもし残らなければ、本能にも残らず、無意識にも残らないということだ。

　エディプス・コンプレックスをもたらす遺伝子eを持つ人々と、遺伝子e

を持たない人々とを考えよう。eを持つ人々は、持たない人々に比べて、近親相姦をする確率が高いはずである。無意識であれ欲望があるならば、欲望がない場合に比べて、統計的に見て結局はその欲望に従って行動する傾向が強いはずだからだ。近親相姦は遺伝子の似たものどうしの生殖をもたらすため、劣性遺伝子による障害を発現しやすく、子孫の生存にとって不利をもたらす。近親相姦の頻度の差がたとえわずかであっても、適応度の低さが子孫の数に影響し、eを持つ人々は圧倒的少数派になってしまうはずだ。こうして、エディプス・コンプレックスは、いかなる環境でもおよそ進化しそうにない性質なのである。

　実際、人間が登場するはるか昔に、近親相姦を促す遺伝子は早々に消え去ったらしい。動物のほとんどが、近親どうしの生殖を避ける本能を持っているからである。よく知られた行動特性は、同じ巣で育った身近な異性とは交尾しようとしないという「ウェスターマーク効果」である。幼いときからいっしょに育った者や馴染んだ者には性欲が湧かなくなる、というように遺伝的にプログラムされているわけだ。そのような遺伝子を持つ個体の方が、そうでない個体よりも、近親相姦にいたる確率が小さいので、適応度が高かったのである。

　このようなウェスターマーク効果は、言語のように、幼いときの条件付けで決まるので、馴染みになる前に引き離されると働かなくなる。生まれてすぐに地理的に散らばる性質を持つ種においてもウェスターマーク効果は見られない。拡散することが、同胞との交尾を確率的に下げる効果を持ち、ウェスターマーク効果の代わりになっているのだ。エディプス・コンプレックスの名のもとになったギリシャ神話のエディプス（父を殺して母を娶った）のエピソードでは、エディプスは生まれてすぐ母親と引き離されていた。よって、ウェスターマーク効果が働かなかったのも当然であり、あのエピソードの展開を通常の母子関係にあてはめることはできない。親に育てられることで親と馴染みになる通常の母子関係においては、ウェスターマーク効果により、エディプスのような母親への異性愛は生じにくいと考えるべきだろう。フロイトは人間の普遍的本能へ敷衍するには適さない神話を自説の土台に据えてしまったのである。

　このように、進化論の自然選択説の理屈により、エディプス・コンプレッ

クスが人間の普遍的本性として実在する可能性は積極的に否定される。エディプス・コンプレックスを発現する遺伝子が残らないということは、本能的無意識に残らないということだからである。

このことから、**1**の答えで見た社会学的なデータは、やはりエディプス・コンプレックスが存在しないことの証拠として受けとめてよいと言えるだろう。

　　　　　マーティン・デイリー、マーゴ・ウィルソン『人が人を殺すとき』新思索社

062 シンデレラ民話のパラドクス
paradox of Cinderella

　シンデレラ、白雪姫をはじめ、昔話には、子どもが継母にいじめられるお話が多い。現実には、両親が別れた場合、子どもは母親が引き取る場合が多く、つまりは継母より継父のほうが数が多い。のみならず、子どもの虐待そのものが男親のほうが多い。哺乳類の雄には、交尾相手の子どもを殺す習性があるが、人間の場合も血縁の無いことが子殺しの危険性を100倍も上げるという調査報告がある。

　昔は、出産時の事故で母親が亡くなる場合が多いぶん継母の存在も多かっただろうが、総じて現在と同じく継父による虐待例のほうが一貫して多かっただろうことは推測できる。ではなぜ、「意地悪なのは継父より継母」という「シンデレラ神話」が生まれたのだろうか。実例が多くそれだけ噂にもなりやすい継父の子どもいじめではなく、実例が少ないはずの継母のいじめのほうが昔話に多いのはなぜだろうか。

答え◎民話に自然淘汰をあてはめると謎が解ける。民話の内容は、①現実に起こりやすいこと、②伝えられやすいこと、という2つの要因によって決まる。①の要因からすれば、民話には、意地悪な継父の話が多くなるはずだ。しかし②の要因は圧倒的に、意地悪な継父の話をふるい落とし、意地悪な継母の話を生き残らせる傾向を持つ。なぜだろう？

　民話は主に、ベッドサイドストーリーとして伝えられてゆく。子どもに語

り聞かせるのは誰なのか。ほとんどが実の母親である。実母の立場からすると、「もしもお父さんが死んで新しいお父さんが来たら、あなたはひどい目に遭うかもしれないよ」という話よりも、「もしも私が死んで新しいお母さんが来たら、あなたはひどい目に遭うかもしれないよ」という話をする動機の方が強いだろう。前者の話は、万が一のとき、子どもの手前再婚がしにくくなるので自分が不利になるが、後者の話は、「だからこのお母さんを大切にしなければいけないよ」という教訓を子どもに与えることができるから。

こうして民話は、語り手の利害を反映して、必ずしも事実どおりではない「意地悪なのは継母」というメッセージを伝えてきたというわけである。

マーティン・デイリー、マーゴ・ウィルソン『シンデレラがいじめられるほんとうの理由』新潮社

063 精神鑑定のジレンマ
dilemma of psychiatric test

凶悪犯罪の容疑者に精神鑑定がなされるとき、「佯狂（ようきょう）」が問題となることがある。わざと精神異常らしき言動を装って、心神喪失や心神耗弱を認めさせ、刑罰を減免されようという策略である。佯狂は、専門家にかかれば見破るのは難しくないのだろうが、中には、真正の狂気なのか佯狂なのか判別しがたい例もあるという。

判別しがたいとき、次のような診断が下されることがある。「これが佯狂だとすれば、これほどまで長期にわたって佯狂をやり遂げおおせること自体が、本当に狂っている証拠である」。こうして、徹底した佯狂は、それがウソの狂気だという理由で、本物の狂気だと認められてしまうのだ。

たしかに、徹底した狂気のふりは、本当の狂人でなければできないかもしれない。「ミイラ取りがミイラになる」というより、卓越したミイラ取りはミイラ体質でないと無理、というわけだ。

佯狂は徹底的になされればもはや佯狂ではなく真の狂気。さて、この「精神鑑定のジレンマ」は、本書のここまでで見てきたある問題の典型的な実例となっている。どの問題だろうか。

LEVEL…… C [必然度] L [基本度] U [繊細度] V [頭脳度]

答え◎佯狂の有無をめぐるこの状態は典型的な「ジレンマ」である。どっちに転んでも結論は同じこと。この一般型を探すには、「〜のジレンマ」というタイトルのものを調べればよいだろう。

そう、005【キャッチ＝22のジレンマ】がそれである。そこでは狂気を申告することが正気の証明とされる、という〈逆・佯狂〉状況が展開していたが、理屈は同じである。

この精神鑑定のジレンマは、論理的にはキャッチ＝22状況ではあるが、実際には、徹底した佯狂というのはまれで、ほとんどの佯狂は本物の狂気と見分けがつく。それでもなお、「見るからに佯狂なのだが、これほどまで下手な演技を臆面もなくやらかすとは、もはや本当の狂気だ」と認められることもあるかもしれない。そのような狂気認定がなされるとすれば、精神鑑定は論理的にのみならず実際的にも【キャッチ＝22のジレンマ】に陥ることになるだろう。

　　　　　　　　🕮 福島章、中田修、小木貞孝編『日本の精神鑑定』みすず書房

064　女か、虎か
The Lady, or the Tiger?

　謎を提示したまま答えずに終わることを本質とする「リドル・ストーリー」の典型例に、フランク・ストックトンの短編小説「女か、虎か」（1884年）がある。あらすじは次のようなものだ。

　王の一人娘が、ある若者と恋仲になる。これを知った王は、若者を捕らえ、王女に身分不相応な思いを寄せた罪で裁判にかける。この裁判は、闘技場で観客が見守る中、被疑者自らが２つの扉から１つを選ぶものである。一方の扉からは虎が現われ、被疑者をズタズタに引き裂く。もう一方の扉からは被疑者にふさわしい女が現われ、その場で結婚式が行なわれる。

　王女は、獰猛な虎の牙に恋人が引き裂かれる光景に慄然とし、扉の秘

密を探って、虎と女がそれぞれどちらの扉にいるかを探り当てていた。しかし同時に、用意された女が王宮の中で最も愛らしい美女であることを知った。その女もまた若者に思いを寄せ、しばしば親密に語りあっている気配を王女は感じていた。王女はこの女を憎んでいた。王女の心に父親譲りの野蛮な情念が煮えたぎった。

観客席で王のかたわらに座る王女は、裁かれようとする恋人に向かって、彼にだけわかるように合図をして右を指し示した。若者は王女の合図を悟り、右の扉を開けた。

現われたのは、女だったか、虎だったか？

いずれにしても恋人を失う王女は、彼に来世で自分を待たせる道を選んだのか、それとも、憎むべき女との幸せを与える道を選んだのか。これがこのストーリーのポイントである。

しかし私には、ここでのジレンマ状況がやや浅いのではないかと思えてならない。なぜなら、ジレンマが生じているのは王女個人の心の中だけだからである。そこで――、

1 このストーリーのジレンマをもっと重層的なものへと、つまり恋人の側にもジレンマが生ずるように、最低限の変更を施してください。

答え◎若者は扉の向こうの女の正体を知らされており、かつ、王女が彼女を憎み、自分との仲を疑い嫉妬していることも知っている。そのような趣旨を付け加えれば、若者には、王女の合図がはたして自分の命を助けるための合図なのかどうか疑う動機が生ずることになる。つまり、王女が恋人の命を助けようとしたのかどうかというもともとのジレンマに加えて、若者のほうが王女のジレンマをどう解釈するかという新たなジレンマが加わる。

王女のジレンマを若者が知っているということを王女が知っているなら、事態はさらに重層的になる。王女は自分の合図に対し恋人が疑念を覚えることを予想するので、恋人に開けさせたい扉とは逆の合図をすることもありうる。若者のほうもそれを予想し……という具合に、相手の意図を読みあって堂々巡りになる無限ジレンマ状況が出現する。恋人のためを思った王女が女の扉を指し示したのに、疑心暗鬼の若者が虎の扉を開けてしまったり、相手

の疑心暗鬼を利用しようと女の扉を指した王女の心の裏の裏を読んだつもりの若者が虎の扉を開けてしまったり、という具合に、結果だけ見たのでは双方の意図がどうだったかわからないという錯綜状況になるだろう。

2 王女が恋人の命を助ける扉を指し示す確率は五分五分だというのが、もとのストーリーの核心をなしている。さて、王女が恋人の命を助ける扉を指し示す確率を上げる条件と、逆に下げる条件とを付け加えてみてください。

答え◎王女の合図に気づいているのが若者だけというのが原ストーリーだが、観衆みなが王女の合図に注目しているという状況ならどうだろう。王女は、さすがに虎の扉を指し示すことはできないだろう。ただし、さすがはこのような裁判をする王の娘だ、という「非情な王女」の評判が大切である場合は、虎の扉を指し示す確率が高くなる。

　もう一つ重要な要素は、虎の扉が開けられたとき、虎がどのくらい素早く若者を殺すと王女が信じているか、ということである。虎がぐずぐずしていて、「王女は自分の死を望んだ」と若者がしっかり悟り、王女に恨みのこもった視線を向けるだけの時間がある、ということが起こりそうであれば、王女は虎の扉を指し示すことがためらわれるだろう。逆に、虎が瞬時にして若者を殺すという保証が強ければ強いほど、王女は虎の扉を指し示しやすくなるはずである。

　　Stockton, F. R. "The Lady, or the Tiger?". *The Century* 25 (1):(November 1882)

065 レム睡眠
R E M (rapid eye movement) sleep

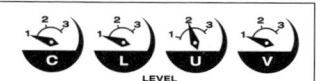

　パラドクス睡眠（逆説睡眠）とも呼ばれるレム睡眠。眠りは浅くないのに、覚醒時に似た脳波パターンを示す状態。筋肉の緊張はないのに速い眼球運動が起きており、その最中に起こすと「夢をみていた」と報告することが多い。一晩の睡眠のうち、約2時間おきに20〜30分続く。

なぜパラドクス睡眠と呼ばれるのか。眠りというのは〈身体全体が休止して意識がない状態〉であるにもかかわらず、眼球や脳が活発に動いているというのが矛盾だ、と感じられるからだろう。むろん、夢はありふれた現象だし、眠りと眼球運動そのものはまったく矛盾しない。眠りを〈身体全体が休止して意識がない状態〉と定義するのは自由だが、もしそう定義するならば眼球や脳が活動している最中は「眠っていない」ことになり、レムに逆説的なところはない。反対に、レム睡眠も眠りに含めるならば、〈身体全体が休止して意識がない状態〉という眠りの定義は正しくないことになり、眠りとレム睡眠の間にはまたしても矛盾はない。
　「パラドクス」と呼ばれるものの多くは、この「パラドクス睡眠」と同じように、特定の概念の定義を固定化したうえで、その定義に反した性質を見出して不思議がる、というパターンを踏襲している。定義の固定化をやめれば（あるいは定義に反した対象を除外しつづけておけば）不可解な感じは消失するのだが、なかなかそれができないところに、パラドクス感が残るのである。
　さて、そもそもレム睡眠を「逆説睡眠」などと呼ぶ以前に、睡眠それ自体を不可思議な逆説だと見なすべきだとも思われる。睡眠のどこが逆説なのだろうか。

答え◎すべての脊椎動物に睡眠が見られ、その他のほとんどすべての動物も同様である。しかし考えてみると、睡眠中はもっとも無防備であり、外敵に襲われて命を落としやすい。イルカのように眠りながら泳げる動物もいるが、陸棲の脊椎動物は睡眠中みなきわめて無防備である。睡眠を必要としない個体がいたら、その有利さははかり知れず、睡眠不要の遺伝子はあっというまに広まったはずである。ほとんどの動物種が無防備きわまりない睡眠を必要とするように進化したのは、適者生存の法則からして大いなるパラドクスだと言うべきだろう。レム睡眠なんぞをパラドクスと呼ぶより先に、睡眠そのものを不思議がるべきである。
　レム睡眠と睡眠の関係は、無意識と意識の関係に似ている。精神分析がはやった頃、「無意識」「潜在意識」の作用が不思議がられ、パラドクシカルな

人間観のアイディア源となった。しかし考えてみると、そもそも意識などというものがなぜあるのかということのほうがはるかに不思議である（☞043【現象判断のパラドクス】）。本来最も不可解な「意識」を当然視するという無理な前提のもとでのみ「無意識」がかろうじて不思議になれる。同様に、進化論的にきわめて不思議である「睡眠」を当然視するという不自然な前提のもとでのみ、覚醒的なレム睡眠が生理的な不思議になりうるのである。

📖 チャールズ・マックフィー『みたい夢をみる方法——明晰無の技術』講談社

第 9 章

利己性と合理性
合理人に合理性は不要だが……

066 選択のパラドクス
paradox of choice

　現在は、過去のいかなる時代に比べても、人々の娯楽や自己実現の選択肢が増えている。自分に最適の選択肢を見つける確率は高まり続けている。したがって、自由が増せば増すほど、人々は幸福になるはずだ。これは、🐟 が「西欧の産業社会の公式教義」と呼ぶもので、西欧に限らず全人類がこれを信じていると言える。

　そうすると現在、少なくとも戦争や貧困から免れている産業社会においては、平均して人々は史上最も幸福な状態にあるはずだ。

　ところが現実には、幸福度調査の結果などを見ても、ここ100年の間、人間の幸福感は低下し続けているという。選択肢が増え、ますます自由を享受できるようになっているのに、私たちは過去の人々に比べて幸福になっていないらしい。

　なぜだろうか？　3つ理由を考えてください。

第9章◎利己性と合理性

> **ヒント**：それぞれの理由のキーワードは——
> 　　　　　相対性、可能性、機会コスト

答え◎第1の理由は、現代だけでなくどの時代にも通ずる幸福観の本質による。人はみな、他者との比較で自分の幸福度を評価するということである。しかも評価対象となる母集団は、自分と同じ階層だ。江戸時代に、殿様と比較してわが身を思う市民などほとんどいなかっただろう。誰もが、同レベルの生活をしている他者との比較でわが身を評価する。

　選択肢が広いということは、同レベルの他者の中に、自分の知らない選択肢により高度な快楽を得ている人々の存在をたえず気にしなければならないことを意味する。誰もが似たような娯楽、似たような知識しか持たなかった昔に比べ、現在は娯楽や好奇心を満たすコンテンツが多彩であり、自分の快楽の絶対値の大きさは、他者の快楽レベルの高さの証拠になる。よって、相対的に見たとき、昔よりもむしろ自分の相対値が低く評価されかねないのである。

　第2に、選択肢が増えることによって、選択の誤りや後悔の可能性が増えることになる。選択肢が2つだけだったら間違えることはなさそうだが、10個となると自分に最適なものを選ぶのは難しい。癌の治療のような命に関わることですら、「インフォームド・コンセント」の原則によって、患者の自由な判断が尊重される。尊重されるとは重荷がかかってくるということだ。賢明な判断をし損なってあとで後悔することを予想するあまり、選択そのものができない状態にしばしば陥ってしまう。

　第3に、機会コストについての錯覚が挙げられる。一定の時間や金額を使って何かをするということは、同じ時間や金額によって出来たはずの他のことを諦めたことを意味する。その諦めざるをえなかったことを一種の損失（コスト）と考えて、経済学では「機会コスト」と呼ぶ。選択肢が2つのときは、A，Bのうち良いほうのAを選べば、機会コストはBだけであり、A＞Bにより、機会コストは問題にならない。ところが、選択肢が10個の場合、諦めざるをえなかった9個をいっしょにまとめた形で機会コストが感じられがちなのである。最善のAを選んだはずなのに、A＜（B＋C＋……＋J）。つまり、選択肢が増えれば増えるほど、機会コストは大きくなってしまうのだ。

むろんこれは錯覚である。選択した最善の選択肢Aと比べるべきなのは、次善の選択肢Bひとつだけだ。決してB＋C＋……＋Jと比べてはならない。そんなまとまりは選択することができなかったからだ。この錯覚は、Aが最善の選択肢に間違いないと確信している場合ですら生じうるので、第2の理由よりも厄介かもしれない。

　📖 バリー・シュワルツ『なぜ選ぶたびに後悔するのか』ランダムハウス講談社

067
選好の推移律
transitivity of preference

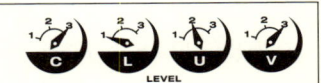

　品質の異なるチョコレートA，B，Cのうち、どれか1つだけを無料でもらうことができる。
　エヌ氏はAよりもBがはっきり好きで、BよりもCがはっきり好きである。つまり、AとBに選択を絞れば迷わずBを選ぶし、BとCに選択を絞れば迷わずCを選ぶ。
　さてここでエヌ氏は、AとCのどちらかだけを得られるということになった。エヌ氏は、迷わずAを選んだ。
　え？
　A＜B、B＜C、なのにA＞C？
　普通なら、数の大小と同じく好みについても、A＜B，B＜Cならば、当然、A＜Cという好みになるはずだろう。この法則「選好の推移律」は、合理的な人間（経済人）の心が満たすべき基本的条件とされる（☞サ080【アロウの定理】）。
　しかしエヌ氏は今、AとCとの比較で、Aのほうを好み、選んだ。しかも改めて問うたところ、エヌ氏は依然としてAよりB、BよりCという好みに変わりないという。
　これはどうしたことだろう。エヌ氏は非合理的なのだろうか？
　しかしエヌ氏の説明を聞いたところ、なるほどA＜B，B＜C，なのにA＞Cという選好判断は妥当だ、と納得せざるをえなかった。エヌ氏は理屈に合った合理的人間だったのである。さて、このようなこ

とが起こるのはどういう場合だろう。

答え◎味に反映するカカオ含有率についていえば、チョコレートA，B，Cは、それぞれ90％，75％，60％だとしよう。

量についていえば、チョコレートA，B，Cは、それぞれ60グラム，75グラム，90グラムだとしよう。

エヌ氏の選好は次のようなものだとする。基本的にチョコレートの量で好ましい製品が決まる。ただし、カカオ含有率で20％以上の差がつくと味がかなり変わるので、その場合に限り、カカオの比率を優先する。

このような原則に不合理な点はない。そしてこの原則に従ってエヌ氏が選ぶと、AよりB、BよりCが選ばれるが、CとAとではカカオ含有率が20パーセント差の許容範囲を超えているので、CよりAが選ばれることになる。結果として、A＜B＜C＜A＜B……という循環した選好順序が成立する。

選好対象がただ1つの性質についてでなく、複数の性質について評価される場合は、対象について選好の推移律が成り立たず、しかも不合理でないということがよくあるのだ。経済学における「合理性」は、対象の選択についてそのままあてはめると誤解を招くのである。

むろん、状況を細かく見て、対象の持つ個々の性質ごとに選好を考えるならば（たとえばカカオ含有率という性質だけについて考えれば）、選好の推移律は成り立っていると言える。しかし日常的な対象は多くの性質から成るので、現実の選択が一性質へのピュアな選好をそのまま反映することは稀であろう。

友野典男『行動経済学』光文社新書

068
罰金のパラドクス
paradox of penalty

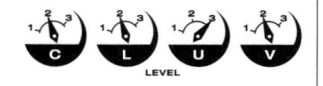

イスラエルの託児所で、規範の変化が及ぼす影響について実際に行なわれた実験の話である。やり方は簡単。親が子どもを迎えに来るのが遅れた場合に罰金を課す、というシステムを導入したのである。

> **1** 罰金制度導入のあと、親たちの遅刻は増えただろうか、減っただろうか、変わらなかっただろうか。その理由は。
> **2** 数週間後に、託児所は罰金を廃止した。つまり、もとに戻した。親たちの遅刻は罰金があった期間に比べて増えただろうか、減っただろうか、変わらなかっただろうか。その理由は。
>
> **ヒント**：実験の目的は「社会規範から市場規範への切り替えが及ぼす長期的影響」の研究だった。社会規範とは、家族、親戚、友人、恋人、隣人などの間で適用される規範で、好意、善意、人情などによる自発性にもとづく。市場規範とは、企業と顧客などの市場取引の関係に当てはまる規範で、金銭、契約などをめぐる義務・権利の意識にもとづく。

答え◎ 1 罰金がない場合とある場合では、罰金を避けようとして遅刻が減る、というのが常識的な予想ではないだろうか。しかし実際は、罰金が導入されてから、親たちの遅刻が増えたのである。

罰金がないときは、親たちと託児所との間には「社会規範」が当てはめられており、親が遅刻したときは託児所の善意に甘えることになったので、親たちは後ろめたい気持になった。ところが、罰金制度によって「市場規範」に切り替わったため、罰金を払えば遅刻してよいという契約意識を親たちが持つことになった。それで罪の意識が消え、遅刻しやすくなったのである。

2 罰金廃止でふたたび「社会規範」に戻ったため、親たちの遅刻は罰金導入以前のレベルに戻っただろうか。いや、実は、もとに戻るどころか、むしろわずかながら遅刻が増えてしまった。親たちは社会規範に戻ることはなく、むしろ市場規範のままの状態で「罰金が０円になった」と感じたため、遅刻がさらに増える結果になったのだ。

いったん社会規範が市場規範に取って代わられると、社会規範の回復がいかに難しいかをこのエピソードは物語っている。恋人が早起きして作ってくれたお弁当が美味しかったからといって翌日代金を支払ったりしたら、恋愛関係の崩壊が間近いことは目に見えている。社会規範における感謝のしるしは即座の義務履行のような形ではなく、不定期の自発的なプレゼントのよう

なものになるはずだろう。

📖 ダン・アリエリー『予想どおりに不合理』早川書房

069 最後通牒ゲーム
ultimatum game

　AはCの見ている前でBに1万円を与える。そしてBに言う。
「あなたはその1万円のうち適当な額をCさんに分け与え、残りを自分のものとしてください。ただし、CさんはBさんの分け方を見て拒否したいと思ったら『ドボン』と宣言してください。その場合、1万円はそっくり私に返してもらいます。Cさんが了承した場合に限り、2人はそれぞれの額を受け取ることができます」
　1万円の分け方はBの一存で決まり、その分け前を2人がゲットできるかどうかはCの一存で決まる。Bが適切な分配をすればその金額だけ2人は得するが、Cにドボンされてしまうと2人の利得はゼロというわけだ。
　BとCはもともと面識がなく、このゲームが終わったら別々に退室して、二度と出会わない。したがって、あとで改めて話しあって再分配しよう、ということは不可能である。BもCも自分の利得だけを重んじて行動する合理的な「経済人（ホモ・エコノミクス）」であり、互いに相手が経済人であることを知っているものとしよう。先に主導権を握るのはBだが、Bとしては、Cがドボンしないように心がけつつ、自分の利得を最大にしようと考える。
　あなたがBの立場だとして、どのような分け方をCに提示するべきだろうか。

答え◎ Bは、Cが自分の利益だけを考えていることを知っている。つまり、ドボンするよりもしないほうが得であれば、Cは決してドボンしないだろう。Bとの比較は関係ない。したがってBとしては、自分は9999円、Cに1円、という分け方が正解である。

標準的な経済学での正解は以上の通りだが、これは人間の実際の振る舞いとは食い違っていると感じられるだろう。実際、私が学生にこのゲームを行なわせてみたところでは、BのCへの提示額は2500円から5500円までのばらつきがあり、1円という合理的な額を提示した例はなかった。5500円という額は「超寛大な」額であり、例外である（これを提示した学生の理由は「絶対にドボンされないように」ということだったが——これは彼女の性格が良いことを示すのだろうか？　それとも猜疑心が強いことを示している？）。世界中で実験されているこのゲームでは、Bの提案はだいたい5対5の分配の提案が多く、Cの取り分が2割より少なくなるとCはほとんどの場合ドボンするという。

　つまり現実には、人は自分が得られる結果的利得だけを考えているわけではない。あまりに不公平な分け方をされると怒って、自分の利益を犠牲にしてまでも相手の利得をつぶす挙に出るのだ。このように人間は合理的ではなく、「経済人」ではない。このことが標準的経済学の限界を示すと考えられ、心理学的視点を導入した行動経済学の研究が求められてきている。

　ただ疑問なのは、私がこのゲームについて読んだ文献にはほとんど、実際に金を与えて実験したのかどうかが書かれていないことだ。私が学生に行なったのは、単に「1万円を分配するとせよ」という、仮定の話としてだった。多くの実験も、被験者に単なる仮定を求めたのではないだろうか。少数の文献には、実際に金を与えて行なう実験の経緯が紹介されているが、賭けられる金額はいずれも少額である。

　たとえばBに本当に100万円を与え、「1万円単位で配分できる」として実際にこのゲームをやらせたらどうだろう。Bの取り分99万円、Cに1万円、というきわめて不公平な分配をBが提案しても、Cはドボンしない確率が高いのではなかろうか。1万円あればうまいものが食えるのだから、ブツブツ言いながらも分け前をもらっていくだろう。のみならずBの勇気に感服しながら。

　つまり、単なる仮定ではなく実際の金や景品を投資してこのゲームを実験したならば、高額がかかってくるほど人間は経済人に近い振る舞いをみせると思われる。潤沢な研究費を使える機関が実行してくれることを望む。

　　　　Skyrms, B., *Evolution of the Social Contract.* (Cambridge U. P., 1996)

070 最後通牒ゲーム：N回バージョン
ultimatum game: repeated version

前問【最後通牒ゲーム】には、いくつかのバリエーションがある。

- ▲ 5対5と8対2だけ、4対6と6対4だけ、などとあらかじめ決められた少数の選択肢の中からBが選ぶという「**選択的最後通牒ゲーム**」
- ▲ Bに相当する者が複数いて、Cは一番気に入った分配だけを了承し他をドボンできるという「**競争的最後通牒ゲーム**」
- ▲ Cが事前に、確実に2割受け取れるといったような小さな利得を放棄することでBに分配役を任せ、信頼を示すことができるという「**信頼的最後通牒ゲーム**」
- ▲ Cは結論を出す前に、Bの分配提示に対して自由にコメントを述べることができるという「**感情発散型最後通牒ゲーム**」

等々。

1 上の4つのゲームそれぞれについて、原型ゲームに比べて妥結額がどのようになるかは容易に推測できるだろう。それぞれCの態度は原型からどう変わるだろうか。

答え◎「選択的最後通牒ゲーム」では、Bが自分の利得の減少を承知で選択した分配に対しては、Cは寛大に受け入れる傾向が強まる。原型ゲームでは8対2では迷わずドボンしていたCであっても、8対2と9対1の2つだけからBが選べることを知らされた場合は、8対2を提示されて受け入れる確率が高まる。結果が同じでも、Bの意図の理解が異なってくるからだ。

同様に、Bが自分の損失を回避しようとして選択した分配も、Cは寛大に受け入れる傾向が強まる。8対2と2対8の2つだけからBが選べることを知らされた場合は、8対2を提示されてCが受け入れる確率が高まる。8対2と5対5からの選択であれば、そのような効果は生じない。

「競争的最後通牒ゲーム」では、Bはドボンされまいとして Cに有利な提

示をするようになる。Cとしては選り好みができるので、ドボンの基準は高くなり、原型ゲームに比べて高い利得を得られるようになる。この効果は、B役の人数が増えるほど大きくなる。

「信頼的最後通牒ゲーム」では、Bは、Cが放棄した利得よりも大きな、公平に近い提示をする傾向が見られる。人間は信頼されると、信頼に応えようとするのだ。Cも、Bが不公平な分配をした場合には原型ゲームより厳しい態度を取る傾向を強める。

「感情発散型最後通牒ゲーム」では、Cはかなり不公平な分配に対してもドボンせず受け入れる傾向を強める。文句を言う機会が与えられているため、苦情の発散によってある程度満足できるからである。ここから、Cのドボンという行為は、Bに対する報復というよりも、不満の感情表明であったということが確認できる。

2 私が母校の都立高校に招かれて「倫理」の授業を参観したとき、この最後通牒ゲームが演じられたことがあった。そこで教師が生徒に行なわせたのは「最後通牒ゲーム：3回バージョン」だった。BはCにドボンされても、3回までは分配額を提示できる。

さて、このバージョンだと、Cはどのような態度を取るようになるだろうか。**1**の答えを参考にして、類推してみよう。

答え◎3回までという限定は特に重要ではない。ドボンされた場合でもBが続けて分配を提示できるところが本質的である。この「最後通牒ゲーム：N回バージョン」では、原型ゲームよりも少ない額でCは妥協すると予想される。理由は2つある。

第1に、Bは最初はドボンを怖れる必要がないため、かなり自己本位の分配、たとえば9対1のようなものを提示すると予想される。Cはドボンするだろうが、Bが初期に提示する自己本位の分配が、「選択的最後通牒ゲーム」における選択肢の役割を果たすことになる。したがってN回目には、それまでに提示された分配よりもマシである限り、Cは寛大に分配を受け入れやすくなっているだろう。

第2の理由はもっと重要である。Bが初期に提示する自己本位の分配に対

してCはドボンするが、これが「感情発散型最後通牒ゲーム」の苦情に相当する作用を果たす。その後も、ドボンのたびにCは感情を発散できる。最後のN回目にBがいかなる額を提示しようとも、Cはそれまでのドボンで苦情を述べ尽くしたので、応じる可能性が原型ゲームよりも高くなっているはずである。

ところで、私が参観した「倫理」の授業では、3年生男子2人がこのゲームを演じた（これも仮定のゲーム。現実の金銭授受はナシ）。

Bはまず、9000円と1000円という分配を提示。Cはドボン。問題は次だが、5000円と5000円を提示。Cはこれもドボン。教師は「え、なんで?」と驚いて、「これは失敗だな」と打ち切った。5対5の公正な分配をドボンされたのでは、生徒がゲームの趣旨を理解していない、あるいは真剣にやっていないと判断したのだろう。

しかし、ここからが見たかったところだ。5対5をドボンされて、Bはラスト3回目をどうしただろうか？　4対6というように、さらに譲歩するだろうか。それとも、もうあとがないのだからCも悔い改めるだろうと、8対2のような強硬策へ戻すだろうか。Cが5対5をドボンしたのは、さらに自分に有利な分配を期待してのことだが、ラストとなって「しまった」と気づくかもしれない。あるいは、このゲームはもともと見知らぬ他人同士で行なう設定だが、この生徒2人は親しいために、「もっとよこせや、あとでおごってやるからよ」といった馴れ合いの心理が働いていたのかもしれない。つまり合理的な経済人どうしの「市場規範」ではなく「社会規範」（☞ **068**【罰金のパラドクス】）が成立していたのかもしれない。実際、人類学者らの調査では、パプア・ニューギニアのいくつかの部族では、5割を超える超寛大な提示ですらドボンされることがしばしばだという。地域的な結合、贈り物の慣習など、背景となる社会規範が影響していると考えられる。

いずれにせよ、通常ではドボンが考えられない5対5の公平な分配ですらドボンされることがありうるのは、実際の金銭を賭けずに、仮定のゲームとしてやっているからだろう。前問で述べたように、現実的な利得、とくに高額の利得が関わってくることになれば、このゲームのプレイヤーはずっと経済人らしい行動をとるようになるのではなかろうか。

　Ruffle, B.J. "More is Better, but Fair is Fair: Tipping in Dictator and Ultimatum

Games". *Games and Economic Behavior 23 (2)*, (1998)

Henrich, J. P. et. al., *Foundations of Human Sociality: Economic Experiments and Ethnographic Evidence from Fifteen Small-Scale Societies,* Oxford U. P., (2004)

071 毒物パラドクス
toxin paradox

　明日の朝に毒物Tが届けられる。今日あなたが、「翌朝届いたらその毒物Tをただちに飲む」というつもりになったら（Tを明日の朝に飲む意図を抱くことができたら）、その場合に限り、1億円もらえることになった。その毒物Tは、きわめて不快な吐き気、寒気、めまいをひきおこすが、生命や健康にまったく危険はない。

　Tを飲む意図を今日中に抱くことができたら日付が変わるとともに1億円を与えられ、そのあとは自由にしていいという。つまり、翌朝に届けられるTを飲む必要はないのだという。1億円もらえるかもらえないかは今日中に決定し、明日以降に変更されることは決してない。

　さあ、あなたは当然考えるのではないか。「そういうことなら、1億円をもらったらTの到着なんか待ってないですぐ立ち去ってもいいな。そんな不愉快な毒など飲むことはない」

　しかし、その当然の考えを思いついた瞬間、あなたはすでに、「Tを明日の朝に飲む意図を抱く」ことができなくなっているのではないか。なぜなら、あなたは自分がTを飲まないだろうとわかっているからだ。「私はTを飲むつもりだ。そして私はTを飲まないだろう」という信念は、矛盾しているように思われる。飲まないとわかっているなら、飲むつもりにはなれないだろう。だが飲むつもりがないならば1億円はゲットできなくなる。

　1億円のためには、あなたは「明日の朝にTを飲むぞ」と意図せねばならない。が、「1億円もらってずらかるほうが、もらったあと馬鹿正直に毒を飲むより得に決まっている」とわかっているので、あなたは本気でTを飲む意図など抱けるはずがない。

1 上のような理屈によって、当局から夜12時に「1億円はお支払いできません」と告げられたとする。あなたは反論したいと思うだろう。さて、Tを本当に飲む意図がある（だから1億円もらえるはず）ということを、どうやって証明したらよいだろうか？

答え◎「1億円もらえたあとも、ちゃんとTを飲むつもりだ」と固く決意することによって、「明日の朝にTを飲む」という本物の意図を決意できるのだ。そしていま、私はそのように決意しているのだ。——こう主張することで、1億円ゲットできないだろうか。

この問題のポイントは、次のような原理に反した状況が生み出されていることである。

　　原理P……人が「Aをする」という意図を持つ理由は、Aをする理由と
　　　　　　同じである。

原理Pはごく自然な原理だ。行為が意図的な行動である限り、「なぜ行為するつもりか」は「なぜ行為するか」に他ならないからである。

しかし、毒Tの状況では原理Pが破られているようにみえる。「毒Tを飲む」という意図を持つ理由と、毒Tを飲む理由とは違う。あなたが「毒Tを飲む」という意図を持つ理由は、そうすれば1億円もらえるからである。それに対し、あなたが毒Tを飲む理由は何だろうか。そんな理由はないように思われる。午前零時に1億円もらえたにせよもらえなかったにせよ、翌朝になって今さらTを飲んでも飲まなくても、もらった1億円が失われるわけでもなければ、もらえなかった1億円が与えられるわけでもないからだ。

原理Pにあくまで従うとしたら、次の2つの可能性がある。

　1．あなたにとってTを飲む理由がないのだから、同様に、Tを飲む意図
　　　を持つ理由もない。よって、Tを飲む意図を持つこともできない。
　2．あなたにとってTを飲む意図を持つ理由はあるのだから、その理由こ
　　　そ、Tを飲む理由でもある。よって、Tを飲む理由はあり、Tを飲

む意図を持つことができる。

　１億円支払いを拒む当局の言い分は１であり、１億円支払いを求めるあなたの言い分は２ということになる。だから、原理Ｐを認めても、あなたにはまだ勝ち目が残ってはいる。
　とはいえ、１と２とで論争をしていたのでは、永久に決着がつかない。「意図の形成」がなされているかどうかの判定基準として、原理Ｐとは独立のテストをもってくるしかない。たとえば、ｆＭＲＩであなたの脳血流や神経の興奮を測定し、あなたの脳内に「毒Ｔを飲む意図」が検出できるかどうかで決着をつけるというふうに。
　「意図」を神経化学的・物理的にでなく、あくまで概念的・論理的に定義するならば、永久に１と２の水掛け論が続くだろう。したがって唯一の判定法は、「意図」を物理的に定義しておき（多くの人のｆＭＲＩ画像サンプルなどによって）、「１億円もらえたあとも、ちゃんとＴを飲むぞ」と固く決意したあなたの脳の画像が、その定義的特徴を示すかどうかを見る。これしかないだろう。

2　あなたは「１億円もらえたあとも、ちゃんとＴを飲むつもりだ」と本気で決意するイメージトレーニングを積んで、脳画像のテストに合格した。「Ｔを明日の朝に飲む意図」を抱いていると認定され、１億円ゲットした。さてどうだろうか、朝、Ｔが届けられたとき、あなたは本当にＴを飲みますか？飲むとしたら、その理由は？

答え◎あなたが率直で、かつ魔術的な世界観を抱いていないのであれば、「飲みません」と答えるはずである。なにしろ１億円を手中にしたからには、Ｔを飲んでわざわざ不快な苦しみを味わうことに何の利点もない。飲まないほうがいいに決まっている。
　そう考え直してあなたが実際にＴを飲むのを控えれば、原理Ｐは反証されたと言えるだろう。あなたがＴを飲まないことは論理的に始めからわかりきっていたので、Ｔを飲む理由がないことは当初からわかっていた。にもかかわらず、Ｔを飲む意図を持つ理由があるゆえにその意図を持てたことが脳

第9章◎利己性と合理性

科学的に証明されたのだからである。

　しかし、脳科学よりも原理Pの方が優先されるように決め直されて、再度このゲームが行なわれるかもしれない。そこにあなたが参加してまた1億円をゲットしたいと思うならば、今のうちに、原理Pに従っていることをアピールしておいた方がよい。原理Pに反したという前歴があると、次回は門前払いを食うかもしれない。

　よって、あなたがTを飲むべき理由は、ただ1つである。

　「これからこのようなゲームが何度も繰り返される可能性がなくはない。次回に文句をつけられないよう、ここはきっちりTを飲んで我が意図の本物たることをアピールしておこう」

　ここであなたの「Tを飲む意図を持つ理由」と「Tを飲む理由」をみると、それぞれ「今回の1億円」と「次回以降の賞金」という違いがあるが、「金のため」という趣旨で一致しているので、かろうじて原理Pに従っていると言えるだろう。

　　　　　　　Gregory Kavka, "The Toxin Paradox", *Analysis 43*, (1983)
☞パ081【ニューカム問題】、パ083【核戦略のパラドクス】、サ048【ムーアのパラドクス】

072
毒物パラドクス：N回バージョン
toxin paradox: repeated version

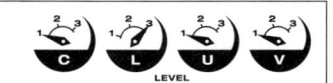

　「これからこのようなゲームが何度も繰り返される可能性に備えて、毒Tを飲む」というのが、前問の1つの解答だった。そこで、前問と同じルールで、原理Pに従うゲームがなされるが、それは始めから繰り返しバージョンでなされると予告されている場合を考えよう。

　あなたは月曜から金曜まで、1度ずつ「毒Tを飲む意図」を抱くチャンスが与えられる。翌朝（火曜から土曜まで）に毒Tを飲むという意図を首尾よく形成するたびに、1億円をもらえるのだ。そして、当局の通告がなされる。当局主催のこのゲームへの参加が許されるのは、あなたの生涯でこの月曜から金曜までの5回だけであると。

　当局は秘密主義なので、あなたのデータについては絶対に洩らさな

い。別の組織による同様のゲーム開催があったとしても、あなたのプレイヤーとしての振る舞いが知られることはない。したがってあなたは、以後のことは考えず、この５日間のことだけを考えればよい。

❶ さてこのような、際限なく繰り返されるわけではなく、５回と区切られている毒飲みゲームにおいて、あなたはどのような選択をするのが合理的だろうか。

答え◎これは【抜き打ち試験のパラドクス】（パ069）に似ている。５日間のうち一度「予測できない日」に試験を行なう、と予告した場合、予測を的中させないためには候補日を複数残していなければならない。したがって最終日までの持ち越しはできない。するとその前日が最後の候補日となり、同様の理屈でその日も試験ができず……と消してゆくと、どの日も試験ができなくなってしまう、というパラドクス。その「抜き打ち試験のパラドクス」では「合理的な予測」が求められたが、ここでは、「合理的な意図形成」が求められるのである。

　最後の金曜日の意図から考えよう。あなたは翌朝、つまり土曜日の朝に毒Ｔを飲む必要はない。飲まない方が得である。よって、金曜日に毒飲みの意図を持つことはできない。あなたが毒Ｔを飲む意図を持つ合理的な理由のある最後の日は、木曜日だ。しかし、金曜の朝にはあなたは毒Ｔを飲まない方がよい。なぜなら、翌日はすでに意図を形成できない日として除外されており、当局もどうせ１億円をくれない日なのだから、金曜日に毒Ｔを飲んでも何のアピールにもならないからだ。よって、あなたが合理的なら金曜に毒Ｔを飲まないことがわかっており、したがって木曜日に毒飲みの意図を持つことはできない。

　……というふうに、最後の日から逆向きに推論してゆくと、あなたは月曜日から毎日、毒Ｔを飲む意図を持つことができず、一銭ももらえないことになる。

❷ しかし常識的に言って、月、火、水、あたりまでは問題なくあなたは毒飲みの意図を形成し、実際に毒Ｔを飲み続け、その分の各１億円はゲットできるのではないか？

答え◎最後の朝には毒Ｔを飲むはずがないから……、と順々に除外していってすべてを除外してしまう逆向き推論は、確かに「合理的」な答えを与える。しかしその合理的推論に従うと一番損になるわけだから、あなたは合理性よりも非合理な功利性（？）を優先して、火、水、木、金には毒Ｔを飲めばよいのではなかろうか。最後の土曜日にはもはや飲まないにしても。

しかし問題なのは、当局が次のように応じた場合だ。

「うむ、確かにあなたは火曜の朝に毒Ｔを飲んだ。しかしそれは、月曜に実は「翌朝毒Ｔを飲むぞ」と意図したのだとアピールし、われわれの推測に反省を迫るためにすぎなかった。そんな事後的なアピールは、事前の「意図」として認められない。たしかに火曜朝にはあなたは毒飲みの意図を持っただろう。しかし１億円ゲットする条件は、月曜日にその意図を持つことなのだから」

このようにして、あなたがいくら毒Ｔを飲もうが毎回支払いを拒まれるのでは、飲んで体調を崩すだけ損である。「意図」は、実際に当人が何を行為したかによっては決められず、行為に先立つ決められた時点での心的状態なのだから、毒Ｔを飲んでアピールしても無駄、というわけだ。

しかし当局がそのような態度をとるならば、あなたも言い返すことができる。「意図の有無は、実際に何を行為したかによっては決まらないというんだな。それなら、結果として毒Ｔを飲まなくても、意図の存在を認めてもいいはずだ」

こうなると、ゲームの信頼性を確保するために、原理Ｐではなく脳画像診断によって意図の有無を判定すべし、という方向へずれ込むことになる。さもなくば、あなたが結果的に毒Ｔを飲むかどうかで意図の有無が規定できるようになる。後者の場合、たとえ単なるアピールだとしても、あなたの毒飲み行為が前日の当局の措置の正しさを遡及的に判定できるようになる。当局は、ゲームの公正な成立のためには、火、水、木、金に関する意図、つまり月、火、水、木の４日間は、１億円を支払わねばならないだろう。そして最後の金曜については、支払われなくてもあなたは文句を言えないだろう。かりに支払われたとしても、あなたは土曜朝に毒Ｔを飲むのは合理的ではない。支払われなかったとして、事後アピールで毒Ｔを飲んでみせたとしても、もうゲームは終わっているので、無意味である。

この「毒物パラドクス」が難問にみえるのは、どのような場合に「意図」が形成されたと言えるのかについて明確な定義がなされていないからである。ざっとまとめるとこうなるだろうか。

意図の定義	あなたの獲得可能金額
論理的定義 （合理的な行為の予測可能性を必要条件とする）	0円
物理的定義 （特定の脳状態を十分条件とする）	5億円
社会的定義 （実際に行為をしたかどうかにより認定。 　事後アピールによる遡及的決定も可）	4億円

　「意図」が常に「合理性」にもとづいておらねばならぬという前提に立つと、あなたはたしかに毒Tを飲むことはできず、金をもらえない（☞サ042【ビュリダンのロバ】）。その前提を取っ払って、脳画像診断で意図の有無を判定したり、事後アピールで遡及的に認定したりが許されるならば、あなたは自分がやるまいと予測している行為をする意図をいくらでも形成できる。その場合、当局が誠実ならば、あなたはこのゲームで4ないし5億円を確保できるはずなのである。

　　　　　　　　　　Sorensen, Roy. *Blindspots,* (Clarendon Press, 1988)

第 10 章
オカルト、マジック、サブカルチャー
錯覚の効用・転用・誤用悪用……

073
良心的な商売
fake insurance

　霊感や超能力を自称する詐欺の、典型的パターン。たとえば、妊娠した女性を顧客としたこんな商売。
　「男女、欲しいほうを授けてあげましょう。私の念力によって、必ずやあなたの希望どおりにしてみせます。料金を１万円支払っていただきますが、私は自信があるので、保険制度を設けております。万が一希望どおりにならなかった場合は、料金をお返しし、かつ、保険金として5000円をお支払いするのです」
　この商売は、確実に儲かる。念力などなくてもだ。顧客の希望どおりの性が生まれるか否かは確率２分の１で、それぞれ＋１万円、－5000円の儲けだから、期待値計算すると、顧客１人あたり平均して2500円の儲けが期待できる。超能力者でなくても、あなたでも私でも、今日からすぐ始められる商売なのだ。超能力者だと自称しさえすれば。

> ところが、一見したところこの商売は、たいへん良心的な商売のように感じられないだろうか。だからこそ巧妙な詐欺と言えるのだが、この種の詐欺に人間が引っかかりやすいのはなぜだろう。3つの理由を考えてください。

答え◎1つの理由は単純で、「この超能力者のおかげで男の子が生まれた」などと素朴に考える人が多いこと。念をかける動作と赤ちゃんの性別との間に、因果関係があるように思ってしまうのだ。ただでさえ、時間的に繋がった出来事に因果関係を見て取るクセが人間にはあって、それは「ポストホックの誤謬」と呼ばれる。超能力者の言葉で2つの出来事が意味的に関連づけられればなおさらポストホックの誤謬にはまりやすくなるだろう。

2つめは、確率について人間は乏しい直観しか備えていないこと。石器時代までの原始生活に適応した人間の脳は、小さな社会集団、最高でも百数十人程度の共同体での共通経験に反応するようにできている。性別決定の超能力詐欺は、5人や10人の妊婦を相手にする商売としては成り立たない。たまたまハズレが重なって損する可能性も無視できないからである。ところが、現代は何億人という範囲での経験が公に流通する情報化時代だ。評判を聞きつけて千人、万人の顧客が来てくれれば、「大数の法則」により確率計算どおりの結果へ落ち着き、確実に儲かる。こうして、小規模共同体生活では成り立たないはずの商売が、情報化時代の確率計算では成り立ってしまう。大規模社会での確率判断の直観を持たない脳は、小規模社会の基準を当てはめて、性別決定の超能力が商売として成り立つことに容易に驚き、信頼してしまうのである。そこがオカルト商法の付け目なのだ。

3つ目の要因は、苦情を言う動機の欠如。これは詐欺だと見破り、怒っている親戚がいたとしても、顧客自身が超能力者へのクレームを阻止するだろう。望みどおりの性別が授かったなら嬉しくてクレームなんぞで慶事にケチを付たくないし、望みの性別が得られなかったとしても祝儀5000円を得たことであるし、いずれにしてもさほどの立腹の動機はない。もともとおみくじを買うような気軽さで念力を受けた顧客が大半だったはずだから、なおさら苦情など出る確率は低い。赤ちゃんの性別決定という深刻さの薄い希望につけ込んで、どちらに転んでも顧客にお得感を植えつける、実害なき詐欺に

すぎないのだから。

🕮 リチャード・ドーキンス『虹の解体』早川書房

074 マジシャンズ・チョイス
magician's choice

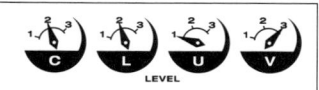

　あなたがマジシャンで、予知能力の手品を行なうとしよう。あなたはまず紙に何か書きつけ、折り畳んで客に渡し、中を見ないままポケットに入れるよう指示する。そして4個のアイテム（たとえばハンカチ、紙コップ、サングラス、ボールペン）から客に1つ選ばせる。客がたとえばサングラスを選んだとする。そこでポケットの中を見るように指示する。ポケットから出てきた紙には、「あなたはサングラスを選ぶでしょう」と書いてある。
　このようなマジックを行なうもっとも簡便なやり方はどういうものだろうか。

答え◎予知、透視、読心などの超能力を演出する心理トリックの手品を「メンタルマジック」と総称する。その代表的な技法が「マジシャンズ・チョイス」だ。エキボックによるフォースの一種である（エキボックとは曖昧な言葉による誘導、フォースとは客の自由な選択を強制的に特定の結果へと導くこと）。

　客に渡した紙に書いてある品物（たとえばサングラス）を客が選ぶように仕向ければよいのだ。その選ばせ方の原理は次のようにする。まず、テーブルの上の4つを指差して「その中から2つを取ってこっちに投げてください」と言う。投げられた2つの中にサングラスがあれば、残った2つは片づけてしまい、「選ばれた」2つをテーブルに置く。投げられた2つの中にサングラスがなければ、投げられた2つは「捨てられた」ことにして、残った2つをテーブル上に残す。

　次に、「テーブル上の2つを手に持って、1つをこちらに手渡してください」と言う。手渡されたのがサングラスなら、それを高々と上げて「サング

ラスが選ばれましたが……」と言い、ポケットの中の紙を見るよう指示。手渡されたのがサングラスでなければ、さりげなく捨てて、客が持っているものを客の手ごと高々と上げてみせ「サングラスが選ばれましたが……」と言い、ポケットの中の紙を見るよう指示。

　こうして、いずれにしても目的のものが「選ばれる」ことになる。

　このように書くと見え透いているように思われるかもしれないが、各ステップで客に「選べ」とはっきり指示せずに、ただ「投げて」「手渡して」などと言うのがコツである。何が起こるのか途中段階ではわからないままにしておき、ラストで「的中！」とやると、ポケットの中の紙をすり替えたはずはないし、不思議……！　ということになる。4つに限らず、10個でもトランプカード53枚でも、よどみなく演じればかなりの奇跡を実現できる。大局的な筋書きの知識なしで部分部分だけを体験させられる客は、まんまと乗せられてしまう。マジックで引っかかるのは楽しいが、霊能者や占い師にこうやって騙されるのは遠慮したいものだ。

三田皓司『メンタルマジック』東京堂出版

075 マルチプル・アウト
multiple out

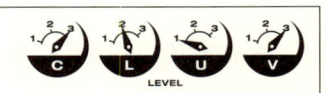

　「マジシャンズ・チョイス」の演技で、「選び方」があらかじめ定められていなかったことに疑問を持つ客がいそうだったら、「マルチプル・アウト」（「複数の〈出〉」というワザを併用すればよいだろう。マルチプル・アウトでは、たとえば「あなたが口に出した数が選ばれた数です」などと、客の選択結果の決め方は最初に明言しておく。したがって、今度は「フォース」はない。にもかかわらず、やはりエキボックによって予言どおりのものが選ばれてしまうのだ。

　演じられる現象からマルチプル・アウトのタネを推測する問題はパ064【予知能力】で出題したので、ここではタネをまず見ていただいて、これを使ってどのような現象を演じるのか、を推理していただこう。

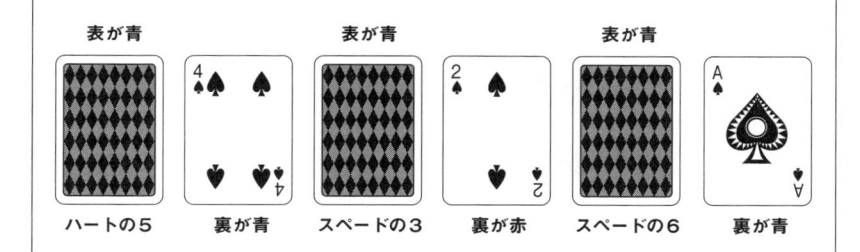

第 10 章 ◎ オカルト、マジック、サブカルチャー

表が青		表が青		表が青	
ハートの5	裏が青	スペードの3	裏が赤	スペードの6	裏が青

（カード配置：左から）ハートの5（裏が青、表は青模様）／4♠（表は4のスペード、裏が青）／スペードの3（裏が赤、表は青模様）／2♠（表は2のスペード、裏が赤）／スペードの6（裏が青、表は青模様）／A♠（表はAのスペード、裏が青）

　図のようなセットをテーブルに置く。見えるのはカードの表だけで、図の下の説明書きは客の目からは隠されている裏面である。
　さて、マジシャンであるあなたは、テーブルを挟んで客と向かい合い、前問と同じく始めに客に紙片を渡して畳んだままポケットに入れさせてから、「1〜6までの数を選んで言ってください」と客に言う。客が言った数に従って、テーブル上の6枚のカードから1枚が選ばれる。それから、ポケットから紙片を出して読んでもらう。紙片の文句は、選ばれたカードを見事予言しているのだ。さて、紙片にはどのような予言を書いておけばよいだろうか？

答え◎ これも文章で説明すると見え透いているように感じられるだろうが、実際に考え込む暇のないテンポで演じられると納得しかつ驚かされてしまうだろう。
　紙に書いておくのは「あなたは赤のカードを選ぶでしょう」。
　客が言った数それぞれについて、次のような演技をすればよい。

1……　あなたの左から1番目のカードをとる。ひっくり返すと、赤（ハート）のカード。裏になっている2枚もひっくり返して、他のカードはすべて黒（スペード）であることを見せる。
2……　スペードの2をひっくり返すと、裏は赤。表になっている2枚もひっくり返して、他のカードはすべて青であることを見せる。
3……　相手に左から3番目のカードをとってもらう。あとは2と同じ。
4……　あなたの左から4番目のカードをとる。あとは2と同じ。

5……　裏になっているカードを3枚ともひっくり返して、5のカードだけが赤であることを見せる。
6……　相手に左から6番目のカードをとってもらう。あとは1と同じ。

　これは同じ客の前で複数回やっては当然タネがバレるが、1回だけやる限りはなかなか見破られないだろう。選ばれ方を操作するマジシャンズ・チョイスと選ばれる結果を操作するマルチプル・アウト、場に応じた使い分けと併用によって、説得術や詐欺に広く応用できそうだ。

マーチン・ガードナー『超能力と確率』丸善

076
うさぎ-あひる図形
rabbit-duck illusion

　次頁の図は、何を描いた絵だろうか。「うさぎだ」と感じるときには「あひるだ」とは感じられず、「あひるだ」と感じられるときは「うさぎだ」とは感じられない。「うさぎ」と「あひる」は両立しない。
　しかし、「うさぎだ」と感じつつ「白い」と感じたり、「あひるだ」と感じつつ「平たい」と感じることはできる。「うさぎ」と「白」は両立し、「あひる」と「平ら」も両立するのだ。
　両立するペアと、両立しないペアは、どこが違うのだろう。「うさぎである」は「あひるでない」を意味として含んでおり、「うさぎである」は「白くない」を含んでいない、ということだろうか。しかし、「あひるである」は「平らでない」を含んでいるのではないか（なぜなら動物は立体的な存在だから）。ではなぜ「あひる」と「平ら」は感覚的に両立するのか。
　他方、「うさぎである」は「オレンジ色でない」を含んでいる（なぜなら、オレンジ色のうさぎなどいるわけないから）。しかし、この図をオレンジ色に塗ったとしても、「うさぎだ」と「オレンジ色だ」を同時に感じることができる。両立するのだ。
　「オレンジ色のうさぎは可能だから」という答えはどうか。だから両

立するのだと。だったら、「あひるであるうさぎ」も可能だろう。「あひるうさぎ」としてこの図を見つめてみよう。もっぱらうさぎ、もっぱらあひるとして見るのではなく、「あひるうさぎ」として感じてみよう。「うさぎでもなければあひるでもない、あひるうさぎという新種」を感じるのではない。「うさぎでもありあひるでもある動物」を感じるのだ。

　……無理？

　うさぎとあひるは両立する性質であるにもかかわらず、私たちはひとつの図に対して両方を一度に知覚できない。これは不思議といえば不思議である。

　さてしかし、そこに共存している複数のイメージを同時に知覚することは可能なのである。どのようにすればよいだろうか。

答え◎これはひっかけ問題のようで気が引けるが、次のように考えればよいだろう。うさぎ‐あひる図形を見て、これが「うさぎでありあひるでもある」と**認知**することはできる。たとえば、うさぎとして見ながら「あひるなんだ」と意識することによって。

　認知のためには知覚が必要である。認知とは、「知覚による認識」のことだからだ。つまり、対象を認知することは、対象を知覚することを含意する。したがって、「うさぎでありあひるでもある」と認知しているとき、私たちはうさぎとあひるの両方を知覚していると言える。つまり、「知覚」を、現に生じつつある具体的感覚としてでなく、「認知」の抽象的構成成分として定義し直せば、うさぎの知覚とあひるの知覚は同時に生じうるのである。

「認知」のこのような抽象的再定義に不満である場合は、認知を具体的感覚に限定したまま、「同時に」を再定義すればよい。同時刻での具体的生起ではなく、論理的な並存可能性として「同時に」を解釈するわけである。私たちは任意のときに、うさぎを感覚することもできればあひるを感覚することもできる。この図を「あひるうさぎ」と認定できた時点で、あひるとうさぎのイメージを同時に知覚できているのである。

☞パ056【幸福と快楽】

077
ルビンの杯
Rubin vase

　うさぎ‐あひる図形と同系統の「多義図形」にはいろいろなものがあるが、「ルビンの杯」が有名だろう。図を見ていただきたい。これは杯なのか、向き合った顔なのか。ここにも２つのイメージが共存しており、２つを一度に知覚することはできない。しかしうさぎ‐あひる図形とルビンの杯とでは、その多義性の仕組みに大きな違いがある。一言で説明してください。

答え◎うさぎ‐あひる図形は、１つの「図」が多義的である。ルビンの杯は、「地」と「図」の反転による多義性に関わっている。つまり、ルビンの杯は画像全体が多義的であり、「図」と「地」の両者が多義的である。どちらを「図」と見るか、「地」と見るかによって見えるものが変わるのである。

換言すると、うさぎ-あひる図形は「多義的な対象が描かれた一義的な画像」であるのに対し、ルビンの杯は、「一義的な対象が描かれた多義的な画像」である。

なお、この図-地反転図形はデンマークの心理学者エドガー・ルビンが1915年に考案したとされるが、柱などを挟んで空間が向き合った顔に見えるだまし絵は、ルビン以前のはるか昔から繰り返し描かれていたという。

📖 "Rubin n'a pas découvert Vase de Rubin"
http://figuresambigues.free.fr/ArticlesImage/rubin1.html

---

078 多義図形と多義文
ambiguous picture and ambiguous sentence

掛詞を含んだ次の4つの和歌を比較し、構造上、「うさぎ-あひる図形」「ルビンの杯」のどちらに相当するかを判定してください。

A. 花の色はうつりにけりないたづらにわが身世にふるながめせしまに
B. わが庵は都のたつみしかぞすむ世をうち山と人はいふなり
C. 難波潟みじかき芦のふしの間も逢はでこの世を過ぐしてよとや
D. おほけなくうき世の民におほふかなわがたつ杣にすみそめの袖

答え◎『小倉百人一首』より、それぞれ小野小町、喜撰法師、伊勢、前大僧正慈円による歌。

Aは、「ふる」が「経る」と「降る」、「ながめ」が「眺め」と「長雨」の両義を持つ。

Bは、「世をうち山」が「世を憂」「宇治山」の両義を持つ。

Cは、「ふしの間」が「節の間」と「ほんの少しの間」の両義を持つ。

Dは、「すみそめ」が「墨染」と「住み初め」の両義を持つ。

掛詞をどちらの意味にとるかによって文全体の構造そのものが変化する歌はルビンの杯に似ているし、文法構造は同一のまま単語だけが変化する歌は

うさぎ‐あひる図形に似ていると言える。

　うさぎ‐あひる図形的→ルビンの杯的の順に並べると、C，D，A，Bとなる。文法構造ではなく意味の変化に主眼を据えれば別の順序になるかもしれないが、文法的な区切りの度合による判定のほうが客観性が高いだろう。

079　ミューラー・リヤ錯視
Mueller-Lyer illusion

　図の2本の平行な線分AとBでは、AのほうがBより長く見える。本当は同じ長さなのに。なぜ錯覚が起こるのだろうか。

　錯視には、必ず理由がある。AとBを同じ長さだと正しく見て取る脳を持つよりも、AがBより長いと見間違える脳を持つほうが、人間にとって（そして動物にとっても）生存上有利だったに違いない。錯覚する脳が自然選択で生き残り、正しい認識をする脳は子孫を残せなかったのだ。

　では、なぜ錯覚する脳は、錯覚しない脳よりも有利なのだろう。一般には、間違った判断は正しい判断より不利になるはずなのに。図の錯視について、自然選択の根拠を考えてください。

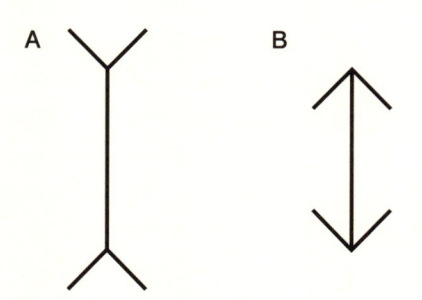

答え◎Aを、こう見てほしい。矢羽の内側を天井・床として、線分の両側を壁として。

　Bは、こう見てほしい。線分の両側を塀として、矢尻の上下を空・地面と

第10章◎オカルト、マジック、サブカルチャー

して。

　そう見ると、Aでは線分は遠近法で壁が彼方で交わる線に見え、Bでは線分は遠近法で塀が直近で出会う線に見える。つまり、視界にAのような形が映ったら、線分は遠くにある確率が高い。同様に、Bのような形が映ったら、線分は近くにある確率が高い。遠くのものと近くのものが見かけ上同じ長さであれば、遠くのものの方がずっと長いはずだ。

　このパターンは、部屋の中や町角に限らず、切り株の先端の形や、岩が出っ張っているか引っ込んでいるかを識別するときにも繰り返し出てくるだろう。

　見かけの長さを補正して真の長さを知るのは、元来、「推理」によって得られる認識である。しかし、A的な光景、B的な光景に出会うたびに抽象的な「推理」に頼って線分の長さを判断するよりも、直観的に長さの違いを実感できる力があればそのほうが迅速に反応でき、生存上有利に違いない。

　こうして、A的な光景、B的な形態を見たらただちに、たとえそれが奥行きのない２次元図像であったとしても、反射的にAの線分のほうがBの線分より「長い」ように実感を補正してしまう脳が出来上がった。その作用は、３次元に対しては有利だが２次元図像を見たときは錯覚を誘発するので、現代社会では必ずしも有利でない。現代は石器時代に比べて２次元世界の比重が大きいからだ。しかし、人間の脳が進化した先史時代には、２次元図面が生存上重要な意味を持つような機会はなかった。よって、錯覚する脳のほうが、騙されない脳よりも有利であり、私たちは未だにその脳を受け継いでいるのである。

080 祈りの実験
The Step Project

　科学は自然主義的・物理主義的で、精神エネルギーとか超常現象とか魔術的な作用とかを研究テーマからいっさい締め出している、と思っている人は多いだろう。しかしそれは間違いだ。ＵＦＯや臨死体験はもちろんのこと、テレパシー、念力、霊媒といったスピリチュアルな

超常現象に対しても、科学者は実証的な対照実験を繰り返し行なってきている。いまのところ、それら超常現象のうち、実験をパスしたものがない、つまり錯覚や詐欺、精神病理現象など既知のメカニズムによって説明できないものが発見されていないため、科学は超常現象を認めていないというだけのことである。
　物理法則に反する現象が実証的に確認されれば、科学者はむしろ喜ぶだろう。保守的な定説を守り抜こうとし、新しい考えを排斥するという科学者像がときに語られることがあるが、実際は逆で、少なくとも一流の科学者は、現状の理論的パラダイムを壊したくて壊したくてうずうずしている人ばかりなのだ。科学が霊や超能力を肯定しないのは、それらが既存の科学を脅かすからという権威主義的な理由ゆえではなく、単に信ずるに値するだけの証拠がないからなのである。
　科学がスピリチュアルを対象にしている代表例として、「祈り」の研究がある。世界の大宗教の祈りが実際に人を救うかどうかについて、対照実験がいくつか行なわれているのだ。もし祈りに効果があるとわかれば、祈りとは定義からして神が聞き届けるものであるから、神が存在することの証拠となるだろう。
　祈りの効果の実験として最も有名なのが「ＳＴＥＰプロジェクト」(Study of the Therapeutic Effects of Intercessory Prayer) と呼ばれる実験で、2006年には、科学と宗教の統合を推進するジョン・テンプルトン財団の支援のもとに大規模な実験が行なわれた。冠動脈バイパス手術を受ける1802人の患者たちが対象となり、カトリックのグループ2つ、プロテスタントのグループ1つに遠くから癒しを求める祈りを捧げられる人々と、捧げられない人々とにランダムに分けられた。1802人中604人（A群）は、祈りを受けるか受けないかどちらかわからないと告げられた上で、実際には祈りを捧げられた。597人（B群）は、祈りを受けるか受けないかどちらかわからないと告げられた上で、実際には祈りを捧げられなかった。601人（C群）は、祈りを受けると告げられた上で、実際に祈りを捧げられた。そうして、群による治癒の程度に有意な差があるかどうかが調べられたのである。治癒の程度は、合併症をどの程度起こさずにすむかで計られた。合併症

第10章◎オカルト、マジック、サブカルチャー

を起こす度合が高ければ、うまく治癒していないことになる。
■1 A, B, Cのうち、治癒の程度がよかった順はどうだっただろうか。そしてその理由は？

答え◎実験に携わった人々の中心は、代替治療の意義におおむね肯定的な医師たちで、信仰を持っている人も多かったので、大多数が次のように予想もしくは期待した。祈られていないB群に比べて祈られているA群とC群が治癒の程度がよい（合併症が少ない）だろうと。

　神を信じない私は、この実験のことを聞いたとき次のように予想した。A群とB群に比べてC群が治癒の程度がよかっただろう。祈られていることを本人が知っているので、勇気づけられてプラシーボ効果が働き、精神的にも治癒効果が働くだろうからである。たぶん、手かざしや気功、ホメオパシーやマイナスイオン空気清浄機と同程度の効果はあるのではなかろうか。A群とB群には差はないだろう。ともに、祈られているかどうかわからないという主観的状態にあることでは同等であり、主観的状態に反映されない客観的な作用を祈りが発揮するということはありえないだろうから。こうして私の予想は、合併症の少ない順（治癒の程度がよい順）に、C＜A＝Bであった。

　実際の結果はどうだったかというと、合併症が発生したのは、A群は604人中315人（52パーセント）、B群は597人中304人（51パーセント）、C群は601人中352人（59パーセント）。A群とB群がほぼ同じであることは予想通りで、本人が知らないところで祈られても治療効果はないことが確証されたと言ってよい。しかし予想外だったのはC群が一番高い（治癒の程度が悪い）ということだ。これはいったいどうしたことだろう。

■2 C群の治癒の程度が一番悪かった理由を考えてください。

答え◎次のように考えた人はいるだろうか。一番治癒率が良さそうに思えたC群が一番悪い結果だったのはなぜかというと、「祈りの効果を試すなどと不信心な実験をしたことに神が苛立って、警告のため、解釈困難な結果をもたらして実験者を混乱させたのだ」。これを神の警告説と呼ぼう。

　神の警告説を妥当と考える人はあまりいないだろう。もともと「ＳＴＥＰ

プロジェクト」の目的は「キリスト教の慈悲深い神の善なる性質を確証すること」すなわち「祈りは聞き届けられるものだという信仰が正しいかどうかを確かめること」だったからである。ここで確かめたいことの第一は、そもそも神が存在するのかどうかということである。祈りに効果があれば神の存在の間接的証拠と認められる。しかし実際は祈りに効果がないとわかった。それでもなおかつ神の警告説を持ち出して「この結果もそれなりに神の存在の証拠だ」としてよいのだとすれば、こんな実験を行なう必要はなかったことになる。どんな結果が出ようが神の存在という結論は決まっているということなのだから。神の警告説は、その場しのぎの「アドホックな仮説」であり、却下されるべきである。

　実験を意味あらしめるためには、これこれの結果が出たら仮説Aが確証され、別の結果が出たら仮説Bが確証される、という論理を決めておいて、それに従わねばならない。神の実在という仮説からB群の合併症発症率が一番高い、という予測が導かれるのであれば、対偶の論理により、B群の合併症発症率が一番高くなかった（一番高いのはC群だった）という結果によって神の実在という仮説が反証された、と認めねばならないのである。

　こうして、神の存在を前提した理由づけは成立しないことがわかる。となると、人間の心理に原因を求める説明しかない。おそらくこういうことだろう。祈りを捧げられると知らされたC群の人々は、実験の趣旨（3つの群はランダムに振り分けられた等）を説明されてはいただろうが、それでもなお「祈られるグループに入れられたということは、私は祈りが必要だと判断されたに違いない。つまり病状が重いに違いない」と思い込みがちだったのではなかろうか。それでA群・B群の人々に比べて悲観的になり、ストレスが高じて合併症発生率が上がってしまったのではないか。これをストレス説と呼ぼう。

　A群とC群の違いは、祈られていることを知っているかどうかの違いだけだから、C群が他の群に比べて1割以上も合併症発生率が高かったのは、ストレス説以外の理由では説明がつかない。

　もちろん、どんな治療であれそれが特別なものであれば、患者に「病状が重いに違いない」という悲観を生じさせるだろうが、実際上の治癒効果があれば悲観の悪影響を相殺して余りある効果を生み出す。祈りにはその実際上

の効果がないために、悲観による悪影響だけが残ったというわけだ。

　他方、手かざしや気功であれば、気軽に治療効果が期待される傾向があるため、病状を悲観させる影響は小さく、プラシーボ効果が優越する。祈りとなると、その大仰な宗教的背景ゆえに（信仰の深い人であればあるほど）深刻な悲観を生じさせ、プラシーボ効果を上回る悪影響をもたらしたのだろう。祈りは代替療法として無価値であるどころか、逆効果であることが判明したと言える。

　Victor J. Stenger *God: The Failed Hypothesis: How Science Shows That God Does Not Exist* (Prometheus Books, 2007)

081 水の記憶 part 1――ホメオパシー
homeopathy

　助産師が新生児にビタミンＫ２投与を怠ってホメオパシーに頼り、それが原因で新生児が死亡した事故が発覚したことをきっかけに、2010年８月24日、日本学術会議がホメオパシーの科学性を否定し、医療から排除するよう求める会長談話を発表した。

　約200年前にドイツの医師ザムエル・ハーネマンが創始したホメオパシーは、「毒をもって毒を制す」的な、あるいは「猛犬に噛まれたら傷口にその犬の毛を貼り付けよ」的な「同種療法」である。治したい症状と同種の症状を引き起こす（とされる）物質を水に溶かしたもの（母液）を100倍に薄めて激しく振る作業を通常30回繰り返し、そうして作られた希釈液で砂糖玉を湿らせたり、軟膏に混ぜたりしてレメディを作り、患者に投与する。

　レメディは、母液から希釈した回数にＣを付けて呼ばれるが、「薄めれば薄めるほど効果が増す」とされているため、200Ｃとか、中には10万Ｃなどという超貴重品も売られているという。

　しかし、標準的な30Ｃのレメディですら、まず間違いなく、母液の分子を１つも含んでいない。なぜなら、母液の１グラムが含む分子の数は10の24乗個未満だが、30回の希釈により10の60乗分の１に薄

まっているから、レメディ1グラムが母液の分子を1個でも含んでいる確率は10の36乗分の1以下という超天文学的な小ささなのだ。

ハーネマンの時代には分子や原子の存在はわかっていなかったから、いくら希釈を続けても元の成分が微量は残り続けて作用を及ぼすと考えられたのだろう。しかし、分子の存在が明らかになった現在では、レメディに用いられる「ただの水」がプラシーボ効果以上の効能を持つはずがないことは自明である。

しかし一応あらゆる可能性を尊重するのが科学なので、ホメオパシーの効能についてさまざまな実験がなされ、ときに「ホメオパシーは有効」という驚くべき報告が『ネイチャー』その他の学術雑誌に掲載されたりもした。しかし詳しい吟味の結果、どれもが実験に不備のあることが確認され、現在までに、ホメオパシーが有効であることを示す確かな研究結果は1つもない。

さてしかし、ホメオパシーのような科学的根拠のない擬似医療が、これほどまでに広まり、いまだに世界中で多くの人を惹きつけているのはなぜだろうか。

答え◎まず、どうしてホメオパシーが200年前に速やかに普及したのかということ、次に、なぜ医療が格段に進歩した現在でさえ廃れないのかということ、この2つを説明しなければならない。

考案された当時、ホメオパシーが人気を博した最大の理由は、「実際に効果があったから」らしい。イギリスで1850年代にコレラなどの伝染病が流行したとき、ホメオパシーを用いた病院と通常医療を用いた病院とを比べると、前者のほうが圧倒的に患者の生存率が高かったという調査もある。

しかし、当時の通常医療は、瀉血、下剤、嘔吐などの危険な「治療」がさかんに施されており、治療を受けるくらいなら放っておいたほうがまし、という状態だった。とくに危険な伝染病で体の弱った病人にとっては、通常医療は危険だった。ところがホメオパシーは、ただの水を処方するわけだから、少なくとも患者に物理的な害をなすことはない。それで相対的にホメオパシーを用いる病院は高い治癒率を記録し、ホメオパシーは有効な治療であるように見えて人気を得たのである。

しかしその後、病原菌が発見され、殺菌消毒も普及し、抗生物質も使われるようになった。ホメオパシーはたちまち通常医学に後れをとるようになった。ホメオパシー人気は凋落したが、それでも廃れず、一部に根強い支持者を集めている。なぜだろうか。

これには、他の擬似科学と同じメカニズムが働いている。つまり、ホメオパシーの効果を明確に否定した科学的実験がいくつも発表されていることを、ほとんどの人が知らないということだ。稀にホメオパシーの効果を肯定的に論じたレポートが出ると、その驚くべき結論ゆえに話題になりやすい。ホメオパシー支持者も大いに宣伝する。他方、大多数の研究結果、つまりホメオパシーの効果を否定するレポート群は、あまりに当たり前の結論ゆえ、学界やマスコミの注意を惹かない。こうして、ホメオパシーは科学的に否定されていない、という誤解が流布し続けているのだろう。情報に選択効果が働いているわけである。

📖 サイモン・シン、エツァート・エルンスト『代替医療のトリック』新潮社

082
水の記憶 part 2──ムペンバ効果
Mpemba effect

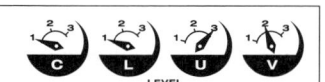

水などの溶剤も溶質もともに分子からできているという事実が明らかになり、ふつうの水とレメディの水とが化学的に同一であることがわかって以降、ホメオパシー支持者は、レメディの作用の源は溶質の化学的作用ではなく、「水の記憶」なのだ、と言うようになった。特有成分が分子ひとつたりと含まれていなくても、水が溶質の記憶を保持しており、それが患者の自然治癒力や波動、生命力に働きかけるのだ、と。

もちろんそれは荒唐無稽な魔術的世界観にもとづいているが、「水の記憶」に関連した擬似科学トピックとしてもう一つ、「ムペンバ効果」というのが話題になったことがある。ムペンバ効果とは、同じ状況下で高温の水と低温の水を冷やした場合、高温の水のほうが早く凍る、というものだ。1963年頃にタンザニアの高校生エラスト・B．ムペン

バが発見したとされるが、常にそのようになるための十分条件が知られているわけではないため、「ムペンバ現象」とでも呼ぶのが適切であるとも言われる。

　ムペンバ効果について、2008年7月9日にNHKの情報番組『ためしてガッテン』が取り上げたが、その放送分のウェブページには次のようにある (http://cgi2.nhk.or.jp/gatten/archive/program.cgi?p_id=P20080709)。

　「驚きの氷早作り技」
　急に氷が必要になったとき、氷をもっと早く作る方法はないものでしょうか？
　常識逆転！　お湯は水より早く凍る
　氷を作るとき、普通は、水とお湯では水のほうが早く凍ると思うことでしょう。しかし！約20℃以上の水ならば、なんと温度が高いほど早く凍るのです。
　たとえば、マイナス20℃の環境で水をまくと、水のまま地表に水がまかれます。しかし沸騰したお湯をまくと、瞬間的に氷になってしまうため、地表はぬれません。
　また、ある研究論文によると、70グラムの水で実験したところ、20℃の場合は凍り始めるまでに100分かかるのに対し、100℃の場合は30分で凍り始めたとされています（凍りきるまでには、もう少し時間がかかります）。

　これについて、大槻義彦がブログで次のように述べている（2008年7月22日, http://ohtsuki-yoshihiko.cocolog-nifty.com/blog/2008/07/72_2893.html)。

　確かに実に馬鹿馬鹿ものです。／水Aと、それと同じ水を温めたお湯Bがあるとしましょう。もちろんBは冷やされやがて、Aと同じ温度になります。それから両者が凍るのには、まったく同じ時間がかかります。／つまり、AとBが凍るまでにはBのお湯が冷やされ、Aの温度になる時間だけ余分にかかります。（中略）単に誤放送では済まさ

第10章◎オカルト、マジック、サブカルチャー

れない。／お湯を作るエネルギー、お湯を凍らせるための余分なエネルギーの無駄づかいを煽っているからです。／実験もしないで実験したかに放送したのならば、ヤラセです。オカルトほどでなくともこれはれっきとした『ブードウ科学』です。

1 さて、どうだろうか。『ためしてガッテン』と大槻それぞれの言説の問題点を指摘してください。

答え◎『ためしてガッテン』の問題点は明らかだろう。特定の状況下では高温のほうが早く凍ることもある、という例外事象を、あたかも法則であるかのように「温度が高いほど早く凍るのです」と断定しているのは完全なトンデモである。弁解の余地はない。

　他方、大槻の言説にも問題がある。「BがAと同じ温度になり、それから両者が凍るまでにまったく同じ時間がかかる」というのは、はたして自明だろうか。湯Bと水Aとでは、分子構造に違いはないにせよ、Bが開始時のAの温度まで下がったときに、開始時のAと同じ状態であるはずはない。平均温度は開始時のAと同じであっても、対流などの影響で温度分布にムラがあるだろう。したがって、その後の冷却の度合がAと同じ経過をたどるとは断定できないはずだ。

　ブログの読者の要求に応えて、大槻は7月31日の記事で、自ら実験をした結果を報告している。70℃のお湯、17℃の水（ともに水道水）を使って、製氷皿、ペットボトル、まな板という3種の条件で比較し、結果、製氷皿6区画中1区画とまな板上においては、湯のほうが早く氷結したという。

　大槻はこれを「偶然上の要因があったと考えられます」として、依然としてNHKが間違っていることに変わりないと述べ、ムペンバ効果は新しい発見でも新しい法則でもない、と締めくくっている。むろんそのとおりだろうが、実験結果がどう出てもいっこうに動じようとしない大槻の姿勢は懐疑論者としていささか心許ない。現に、彼が最初に断じた「BがAと同じ温度になり、それから両者が凍るまでにまったく同じ時間がかかる」という単純な図式は成り立たないことは確認されたのだから。（ついでに指摘すると、『ためしてガッテン』が「20℃以上の水ならば」と言っているのに17℃の水で

実験したのでは無意味だろう）。

2　「熱ければ熱いほど早く凍る」というムペンバ効果は、「薄めれば薄めるほど効果が増す」と謳うホメオパシーとよく似たパラドクシカルなトピックである。では、どちらのほうがトンデモ度が高いだろうか。

答え◎決して効果があるはずのないホメオパシーと、ときに起こることがあるがそのメカニズムがわかっていないムペンバ効果とでは、トンデモ度の差ははっきりしている。ホメオパシーは100％インチキだが、ムペンバ効果は十分検討に値するトピックだ。
　トンデモ度に関わる要因として、両者の相違点は主に2つである。

- ① 水が記憶を持つかどうか……　ホメオパシーの希釈液は、ただの水とは違う経緯をたどったにせよ、レメディとなった時点ではもはや動的な現象ではなく静的な物体なので、ただの水と物理的に識別できない。ムペンバ効果の湯は、もとから冷たかった水とは違う冷却経緯をたどりつつある最中の動的現象であり、同じ温度の水と物理的に識別できる。
- ② 水が記憶を持つと仮定しても……　ホメオパシーで問われているのは、細胞などに対する作用であり、水の履歴（記憶）が論理的に関与しない。ムペンバ効果で問われているのは、水自身の温度と相転移であるから、水の履歴（記憶）が論理的に関与する。

　①②だけを考えても、ムペンバ効果は頭ごなしに「あるはずがない」と決めつけられる代物ではない。どのような条件下で「ムペンバ現象」が起こるのかを調べるところから、意外な新発見がもたらされる可能性がある。
　一見擬似科学に見えるものの間でのランク付けをするうえで、荒唐無稽なホメオパシーとムペンバ効果の比較は、重要なサンプルかもしれない。

　　　Mpemba, Erasto B., Osborne, Denis G., "Cool?" *Physics Education 4* (1969)

083 心霊ドキュメンタリーの信憑性
credibility of psychic documentary

　映画『ブレア・ウィッチ・プロジェクト』（1999年）以来、ホラー・心霊系のフィクションの多くが、ドキュメンタリースタイルをとるようになっている。21世紀に日本で発売されたホラー系オリジナルビデオのほとんどがドキュメンタリー形式であると言ってよい。いまや心霊ホラーの世界は、プロレス、盗撮アダルトビデオと並んで、虚と実の曖昧化を観賞者が楽しむ〈3大フェイクドキュメンタリー業界〉をなすと言えるかもしれない。

　フェイクドキュメンタリーは、大別して2種類ある。1つは『ほんとにあった！呪いのビデオ』シリーズに代表される投稿系で、一般の人々が撮ったホームビデオなどに〈不可解なもの〉〈映ってはならないもの〉が映っていたというタイプ。公募に応じて投稿された心霊映像の背景を調べるために制作スタッフが関係者にインタビューしてまわり、その様子を問題の心霊映像と組み合わせて編集したものが多い。

　もう1つは、『放送禁止』『裏ホラー』などの流出・発掘系。テレビ番組の撮影中に〈ありえないこと〉が映ってしまい、お蔵入りになったが、それを今こそ公開しよう、というタイプだ。心霊スポット探訪の撮影中にレポーターやカメラマンの身に異常が起きたため、放送中止になった、という設定が多い。

　いずれのタイプでも、霊やハプニングの映像は作り物ではなく、撮影者やスタッフが予期していなかった事柄なのだ、と強調される。『放送禁止』や『実録心霊シリーズ 撮影現場 心霊ファイル〜劇映画「隙魔」の撮影現場より〜』のように、ラストで「これはフィクションです」の但し書きが表示されるものもあるが、ほとんどの心霊系フェイクドキュメンタリー作品でフィクション性は明かされず、「この少女の霊が撮影者をここへ呼び寄せたとでもいうのだろうか」といった「真摯な問いかけ」で締めくくるのがパターンである。

　さて、心霊ドキュメンタリー映像を根拠に霊を信じている人はかな

> り多いと思われるが、あの種のフェイクドキュメンタリーが観賞者に「本物の心霊の映像」と信じさせるうえで最も効果をあげている手法がある。どのような手法だろうか。

答え◎ウェブのレビューを見ると一目瞭然である。たとえばアマゾンのレビューから引用しよう。「廃墟の首吊り死体の後ろの窓に人影が映っていましたが、本編では触れずじまいでしたね」(『封印映像2 呪殺の記録』)「制作者の皆さんは気づいてないのかなぁ！ 54分35秒のところで北野さんと女性タレントの間に人の顔がハッキリと映ってます！」(『北野誠のおまえら行くな。飛翔編』)等々、「スルーされてしまった怪奇映像」の存在が、「やっぱり本物！」という信憑性を感じさせる最右翼的要因だ。

　もともとこのジャンルの作品は、霊と解釈できる映像が映り込んだシーンを「Replay」でしつこくこれでもかと繰り返すのが定石である。なけなしの心霊シーンを鬼の首を取ったように見せまくるのが心霊ドキュメンタリー独特の演出なのだ。その貧乏臭い使い回しぶりが、心霊映像の貴重さ・珍しさを自ずと強調し、そういったシーンがヤラセやＣＧ合成で大量生産可能な代物とは由来が異なることをアピールしているわけである。

　ところがときおり、異様な人影などが映り込んでいるにもかかわらず「Replay」がかからず、出演者もコメンテーターもいっさい言及せずにそのまま過ぎてしまう1コマがあったりする。観賞者は訝しく思う。制作サイドがこの人影を承知していたら、Replayしないはずがない。なのにスルー。つまり制作スタッフはあれに気づいてないのか？　俺が発見したのか？　すげー。やっぱりヤラセはないのだ。このビデオ本物だ。ヤバい。

　『ほんとにあった！呪いのビデオ』シリーズでは、何巻のあの映像を観て以来体調がよくない、事故に遭った、といった手紙の差出人を取材したり、映像を観た彼氏が精神病になってしまったという苦情電話を受け付けたり、という形でエピソード続編をしばしば作っているが、「見落とされていた謎の顔、謎の声、謎の影……の検証」もその重要な一部である。観賞者からの指摘を受けて、初リリース時にはReplayの対象とならなかった不可解映像の検証が新エピソードでじっくり行なわれるわけだ。

　「投稿者や制作者自身も気づかなかった不可解な映像」を随所に散りばめ

ておく。これが心霊業界の密かなる常套手段のようだ。これは実は、なかなか洗練された手法である。なにせReplayを3，4回以上、ときにはスロー再生や拡大映像をまじえないと気づかれないほど微妙なのが心霊映像だ。『ほんとにあった！ 呪いのビデオ』のように後続作品でフォローできるならまだしも、単品企画の場合は、せっかく作った「いい映像」をノーコメントで流しっぱなしにしたりすれば、視聴者の誰一人気づいてくれないというもったいない事態になる怖れがある。そんな可能性を堪え忍ぶには、徹底してアンチハリウッド的なアーチスト魂を必要とするだろう。

　しかしウェブのレビューから察するに、何度も自発的にReplayしてすみずみまで徹底調査する熱心な心霊マニアがごまんといるようなので、アーチストの生きる余地も甲斐も十分あるだろう。芸術界広しといえども、いま、意外と心霊ビデオ業界こそ、観賞者のレベルを最も高く設定し、最も前衛的なミニマル表現を発信し続けている分野なのかもしれない。

　　　　『ほんとにあった！ 呪いのビデオ パーフェクト DVD-BOX 1〜4』ブロードウェイ

084 真剣勝負のパラドクス
paradox of serious fight

　野心的なアートが観賞者に媚びないのと同じように、真剣勝負は、観客のことなど考えない。1993年に始まった「アルティメット大会」は、いきなり連覇したグレイシー柔術を一躍有名にした「何でもあり」の異種格闘技トーナメントだが、その大半の試合は、60秒以内に勝負がついてしまうあっけないものだった。

　現在、総合格闘技は「ＵＦＣ」や「ＤＲＥＡＭ」の土俵で行なわれているが、パンチンググローブを着け、頭突きや脊椎攻撃は禁止など、細かい反則が定められて、試合に駆け引きの余地が生まれ、試合時間も自然と延びることになった。アントニオ猪木が吉田秀彦に「簡単に勝っちゃいかん、プロとして〈見せる試合〉をしろ」（対佐竹雅昭戦）などと指示したことからわかるように、プロレス化への道を進み始めたのである。

しかし、そのような「真剣さを欠いた」試合を、観客は本当に見たいと思っているのだろうか。選手同士が互いを怖れ、尊敬しあっていれば、観客サービスに気を配る余裕などないはずだ。「見せる試合」は見ても面白くない、「観客の方を向く余地なしの真剣勝負」こそが、観客の心に訴えかけるのではないか。
　「見せる試合」は、かえって「見せられるに値しなくなる」というパラドクスがここにある。この逆説的構造は、ここまで本書に出てきたパラドクスのうち、何と同型だろうか。

答え◎「○○を直接求めると○○が得られなくなる」という経験的な構造は、058【快楽のパラドクス】を思い出させる。しかしそれよりも、論理的な姉妹版である059【禁欲のパラドクス】のほうに近い。「見せる試合」つまり観客に迎合した試合が「真剣な客」にアピールしがたいというのは、経験的統計的な事実というよりも、論理的な真理だからである。

　ただ、初期アルティメット大会のノールール方式が総合格闘技形式に変わってから、キー局のテレビ放送も可能になり、ファンが増えたということも事実である。「真剣勝負のパラドクス」は理屈としては成り立ちつつも、実際問題としては、真剣勝負を見たい観客よりもキャラクター指向やデザイン指向の観客のほうが数多いため、真剣勝負のパラドクスはさほど問題にならない、ということだろう。しかし、総合格闘技がルール過剰整備とキャラクター定位によってすっかり非真剣勝負化されたがゆえに格闘技ファンをやめてしまった私のような人間も数多くいることを考えれば、長期的には格闘技界が自らの首を絞めつつある、という可能性も高いのではなかろうか。

085 打ち歩詰め
immediate checkmate by dropping pawn

　将棋のルールを知らない人には申し訳ありませんが、「打ち歩詰め」が成立する条件についての問題です。
　「打ち歩詰め」とは将棋の反則の一つで、最終手に歩を打つことで敵

玉が詰んだ状態にすることである。歩を打った側の反則負けになる。
　さて、問題。

1　いま、玉頭に歩が打たれ、玉方はその歩を玉以外の駒で取ることができる。にもかかわらず、その歩は打ち歩詰めとなり、即、玉方の勝ちとなった……ということがありうるだろうか。そのような打ち歩詰めがありうるならば、その実例を示してほしい。ただし、歩を取ると玉が素抜かれるという場合は除くこととする。

答え◎具体例を示すのはかなり難しいが、「このような種類の局面だろう」と思いつくのはさほど難しくない。「歩を取ると玉が素抜かれる場合は除く」という但し書きがヒントになっている。つまり、打たれた歩を取る手で玉が素抜かれる場合は、打ち歩詰めが成立する。その理由は何だろうか？
　そう、玉が素抜かれる状況を作る手、つまり玉を敵駒の利きにさらす手は**反則**だ、というのがその理由である。反則である以上、玉方はその手は選択できない。つまりその手はないも同然である。ということは、玉以外の駒で打ち歩を取ったとき必ず**反則となる**場合で、玉を素抜かせる手以外の例を探せばよい。
　そういう例として思いつくのは、連続王手の千日手だ。単なる千日手は先後入れ換えて指し直しとなるが、王手を含む千日手の場合は、3サイクル続いたら王手をかけた側が手を変えなければ負けとなる、というルールがある。したがって正解はこういうものになるだろう。打ち歩を取ると、その手が敵玉に王手をかけることになり、それが同一パターン4回目にあたる、という……。

2　しかしそんな局面はありうるのだろうか。

答え◎私が友人にこの問題を出されたとき、「連続王手の千日手で歩を取れる場合だろう」とまでは推測できたのだが、具体的な局面を挙げることはできなかった。
　この問題の元ネタは、『詰将棋パラダイス』1997年1月号の縫田光司の

作品である。

　図1から始まって、▲5六角△4四玉▲3三銀引不成△5三玉▲4二銀引不成△5二玉▲7四角△6三角▲同角成△同玉▲8五角△6二玉△5一銀不成△5三玉▲4二銀上不成△4四玉▲4五歩△同玉▲6七角△5六歩▲同角△4四玉▲3三銀引不成△5三玉▲4二銀引不成△5二玉▲7四角△6三角▲同角成△同玉▲8五角△6二玉△5一銀不成△5三玉▲4二銀上不成△4四玉▲4五歩△同玉▲6七角△5六歩▲同角△4四玉▲3三銀引不成△5三玉▲4二銀引不成△5二玉▲7四角△6三角▲同角成△同玉▲8五角△6二玉△5一銀不成△5三玉▲4二銀上不成△4四玉▲4五歩△同玉▲6七角（図2）△4四玉▲3三銀上不成△3五玉▲2七桂△2六玉▲1六金△2七玉▲4九角△同と▲2八金までの69手詰め。

図1

図2

　注目すべきは図2の局面。ここで△5六歩と打てば▲同角の一手だが、これが王手になり、同一局面4度目になってしまう。つまり▲同角は反則であり、攻方はこの手ができない。ということは、△5六歩で詰みとなり、これが「玉以外の駒（角）で取れる歩であるにもかかわらず打ち歩詰めになる」具体例ということになるのだ。

　この詰将棋は、△5六歩が打ち歩詰めの反則であるために△4四玉▲3三銀上不成以下進展するというのが作意となるのである。異色の詰め手順と言えよう。

3　**2**の答えは、テクニカルな正解である。ところで、あのような正攻法

第10章◎オカルト、マジック、サブカルチャー

的な正解ではなく、もっとシンプルな正解があるのではなかろうか？
　つまり、王手の打ち歩を玉以外の駒で取ることができ、それによって玉が素抜かれることもなければ、連続王手の千日手にもならない、しかし打ち歩詰めが成立している——。そのような例を挙げてください。

答え◎ **1**の答えで採用した方針を拡大すればよいだろう。「玉以外の駒で打ち歩を取ったとき必ず反則となる場合で、玉を素抜かせる手、連続王手の千日手以外の例」を探せばよい。
　考えてみれば簡単だ！　そんな例はありふれている。実は、ほとんどすべての打ち歩詰めがその例となるのだ。
　唯一必要な条件は、盤上に玉以外の玉方の駒があるという条件だけである。ふつうの意味で打ち歩詰めが成立したとしよう。そのとき、玉方は任意の駒で打ち歩を取ることができる。図3において、▲２三歩を玉方はたとえば桂馬で取ることができる。ただしもちろん反則である。桂馬で歩を取る手が反則だからこそ、その直前の打ち歩が詰みを成立させ、「玉以外の駒で取れる歩であるにもかかわらず打ち歩詰め」となるのだ。

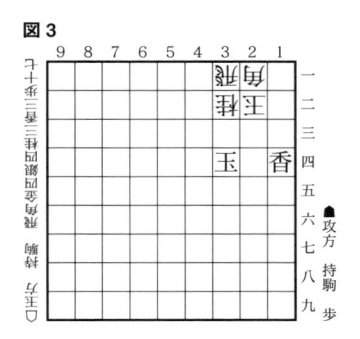

図3

（図：２一に後手桂、３一に後手桂、２二に後手王、３三に後手玉、２三に後手香。攻方持駒：歩。後手持駒：飛車二、角二、金四、銀四、桂二、香三、歩十七）

　これは屁理屈ではない。もう一度、「玉以外の駒で打ち歩を取れるのだが、打ち歩詰めが成立する」という条件の意味を考えてみよう。この条件にあてはまるものとして、移動すると玉が素抜かれる位置にある駒で打ち歩を取る場合と、連続王手の千日手になる場合とが認められた。しかし、この2種類の指し手はともに反則であり、正確に言うと成立しない。つまり「無い手」

である。それでもなお、「打ち歩を取れる」という条件にはあてはまる。チェスと違って将棋の場合は、反則も手としては成立するからである（チェスでは反則手は手として成立せず、別の手に指し直さねばならない）。

　したがって、最も初歩的な反則である「ルール上認められていない場所に駒を動かす」というのが当然指し手としては認められる。現に、角の筋を間違えて置いて反則負けという、駒の動かし間違いの反則負けがプロ棋戦でも起こっている。よって、玉が素抜かれる場合と、連続王手の千日手の場合を「打ち歩を取れる」と認めるのであれば、反則としてまったく同等の意味を持つ「駒の動かし間違い」も「打ち歩を取れる」と認めねばならない。

　さきほど、唯一必要な条件として「玉方に玉以外の駒が盤上にある」と述べておいたが、実は、この条件すら不要かもしれない。敵の駒、あるいは駒台の上の駒をつかんで打ち歩を取ればよいからだ。もちろんそんな手をやった瞬間に反則負けである。

　こうして、「いかなる打ち歩詰めであれ**❶**の正解」というのが**❸**の正解となる。

「詰将棋 最後の審判」『将棋世界』2010年3月号

第 11 章

倫理・社会・政治
倫理とは擬態した論理か感情か……

086
議席のパラドクス
casting vote

　A党の人気が低迷し、選挙で大幅に議席を減らしてしまった。しかし、それでかえってA党の国会での発言力が増し、A党の意見が前よりもよく通るようになったのである。どうしてそういうことが起こったのだろうか。

答え◎政治に興味のある人なら誰でも知っているであろう「キャスティング・ボートを握った」という現象である。国会において二大政党の議席が拮抗しているとき、少数政党がどちらの陣営につくかによって勢力図が決定してしまうことがある。このような「キャスティング・ボートを握った」少数政党は、しばしば二大政党から取引を持ちかけられるので、条件を出して自分の意見を通しやすいのである。

　もちろん政党だけでなく、派閥、集団など、拮抗した勢力の合間で少数勢

力が不相応な影響力を持つことはよく起こり、その種の現象が「キャスティング・ボートを握る」と総称される。もともとは、英米の議会で議決が賛否同数で暗礁に乗り上げたとき、解決するために議長（英国下院議長や米国上院議長兼務の副大統領）が投ずる票が「キャスティング・ボート」と呼ばれた。

087
アラバマ・パラドクス
Alabama paradox

　アメリカの下院議員の議席は、10年に一度の国勢調査にもとづき、各州の人口に比例した議席数が各州に配分される。1880年の国勢調査の後、国勢調査局が各州への議席割り当てを総議席数275から350までの間で試算したところ（1911年に総議席数435に固定されているが、それ以前は人口増加と州の増加に応じて総議席数がたびたび改訂されていた）、アラバマ州は総議席数299の場合に8議席であるのに総議席数300の場合には7議席に減ることが発見された。

　これは奇妙である。試算の前提として各州の人口比は一定なのだから、総議席数が増えればどこかの州が議席を増やすことはあっても減らすことはないのが当然と考えられるからだ。しかし、数字の偶然の浮動によってそのようなことがかなりしばしば起こることがわかったのである。

　最大剰余方式（ハミルトン方式）という割り当て計算法にその原因があった。最大剰余方式は、次のような方法によって配分を決める。総議席数を人口比に従って配分すると、ふつう、小数点以下の余りが出る。そこでまず整数部分を各州に割り当てた後、小数部分の大きな州から順に議席を割り当ててゆく。

　簡略のため、総議席数10を3つの区で分け合う村議会を考えよう。

	人口比	人口に応じた仮の議席	整数部分	小数部分による獲得議席	獲得議席
A区	3	4.286	4	0	4
B区	3	4.286	4	0	4
C区	1	1.429	1	1	2

総議席数が11になったらどうなるか。

	人口比	人口に応じた仮の議席	整数部分	小数部分による獲得議席	獲得議席
A区	3	4.714	4	1	5
B区	3	4.714	4	1	5
C区	1	1.571	1	0	1

「議席を1つ増やそう」という提案に対して、C区は「まあいいだろう」などと呑気に構えていてはいけないのだ。自分の議席が相対的に減るくらいならまだしも、絶対数が減ってしまうというのだから。逆に見ると、総議席数を11から10に減らすとC区の獲得議席の絶対数が増えることになり、これも逆の意味でパラドクス臭芬々だ。

州であれ区であれ政党であれ、同じことが生ずる。政党の場合は、人口ではなく得票数に応じた議席を与えられる、という設定になるだろう。

さてしかし、このような「パラドクス」が生ずるのは、最大剰余方式という配分算出法に問題があったからではないか。ただそれだけの話だろう。なぜこれが取り立てて「アラバマ・パラドクス」などと呼ばれなければならないのだろう？

答え◎答えづらい問題かもしれないが、回答の大ざっぱな方針は明らかだろう。次の3つのうちいずれかを挙げた人が正解である。最大剰余方式以外には配分算出法は存在しないから。あらゆる配分算出法の中で総合的に見て最大剰余方式が一番優れているから。最大剰余方式を含めてどの配分算出法にも欠陥があるから。

論理的にはどれも正解だが、実際の正解を絞るとしたら2番目かもしれない。最大剰余方式以外の配分算出法としてドント方式、サン゠ラグ方式などがあるが、最大剰余方式という算出法は、あらゆる算出法の中で直観的に最もわかりやすく、かつクォータ・ルールを守る唯一の算出法であるというメリットを持っている。

クォータ・ルールとは、どの州（区、政党……）もその「公正な仮の議席

数」に最も近い整数のいずれかを獲得する（上限か下限のいずれかだけを割り当てられる）、というルールである。たとえば本問の10議席の例では、A区、B区は公正な仮の議席数が4.286だから4または5、C区は1.429だから1または2が配分されるべきだ。この常識的なクォータ・ルールを常に満たすのは最大剰余法式だけであり、他の方式は「割り当てを破る（上限・下限を守らない）」おそれがあるのである。

たとえば日本で採用されているドント方式は、得票数から計算された値の多い順にひとつずつ議席を割り当ててゆく方式で、1議席埋まるたびにV／(S＋1)という計算（Vは各党の得票数、Sは各党にすでに配分された議席）をし、その値が最大である党に1議席与えるという作業を総議席が埋まるまで繰り返す。この方式は最大剰余方式に比べて公正性が直観的に明らかでないうえ、クォータ・ルールに沿った結果が必ずしも得られないため、比例代表選挙方式として欠陥があると言わざるをえない。

つまるところ、アラバマ・パラドクスを引き起こさないどの配分算出法にも「クォータ・ルールを破る」という明白な欠陥があるため、アラバマ・パラドクスはパラドクスと呼ばれるに値するのである。

📖 Balinski, Michel, Young, H. Peyton. *Fair Representation: Meeting the Ideal of One Man, One Vote* (Yale U. P., 1982)

088 アビリーンのパラドクス
Abilene paradox

　ある暑い日、家族の中で、遠く離れたアビリーンという町へ旅行しようかという話が出た。他のメンバーはこの旅行を望んでいると誰もが思い込み、提案に反対した者はいなかった。道中は暑く、埃っぽく、とうてい快適ではなかった。提案者を含め誰もアビリーンへ行きたくなどなかったとみなが知ったのは、旅行が終わった後だった……。

　📖に提示された寓話である。自分の嗜好は他人とは違うと思い込み、大多数に合わせないとばつが悪いという、「空気を読もう」的態度をとる傾向が誰にもある（☞心023【美人投票のパラドクス】）。

> これは別段パラドクスではなく単なる社会心理的傾向にすぎないが、「アビリーンのパラドクス」の名が与えられている。これがパラドクスっぽいのは、権力から圧力を受けたわけでもなく、権威者に命ぜられたわけでもないのに、人々が自由意思で自分の本音の欲求を抑圧してしまうところが不思議だからだ。
>
> **1** 現在、町でよく見られる「アビリーンのパラドクス」の例を挙げてください。

答え◎いろいろなものがあると思うが、2011年現在、不思議なほど廃れていない「あのマナー」を私としては挙げておこう。エスカレーターの片側あけというやつである。2人分の幅の半分だけ、利用者がせっせと歩いてゆくあれだ。

　本音ではみな、あんな狭いところを無理して歩きたいなどと思っていない（命題A）。めったにいない「寸秒を急ぐ人」のために片側を空けるなどという配慮もバカらしいと思っている。しかし、「他の人たちはみんなこのマナーを求めてるんだろう」と思い込み、じっと我慢して左側に並んでいる。

> **2** しかし、「本音ではみな、あんな狭いところを無理して歩きたいなどと思っていない」という命題Aが正しい根拠は何だろう。たとえば一目でわかるような光景としてどういうデータがあれば、命題Aが正しいと結論できるだろうか。

答え◎すいている時間帯のエスカレーターを見て、利用者のほとんどが歩いていなければ、命題Aが正しいと言える。すいているときにはエスカレーターを歩きたい人はほとんどおらず、混んでくると歩きたい人の比率が増える、ということが常に成り立つ確率はきわめて低いからだ。

　そして実際に、すいている時間帯のエスカレーターはほとんどの人がじっと立ち止まって乗っている。少し混んでくると左側は長い行列になって混雑し、右側は素通し。歩いてゆく人はたまにしかおらず、非効率この上ない。さらに混んできて初めて両側が埋まり、右側の間断なき歩行者の流れが生じ

る。

　混んでいるときに右側を黙々と歩く人たちの大多数は、しぶしぶ歩いているのだ。うっかり右側に入ってしまったがゆえに重い荷物を手から肩に背負い直して歩く人や、いかにも無理してえっちらおっちら進む老人の姿もしばしば見られる。この悪習を絶つために、私はなるべくいつも右側に（関西では左側に）立つようにし、歩行の流れを堰き止めるのだが、ときどき後ろから「すみませーん」と歩行を促される。間を無理やりすり抜けていくやつ、振り向きざま罵声を浴びせるやつ、さらには降り口で私を待っていて「おまえは常識を知らないのか」とつかみかかってきたやつもいた。

　たとえば左手に障害があり手すりに摑まれない人を無理に左に立たせるような「マナー」が「常識」であるはずがなかろう。平時に公徳心強きよき市民だった人が、満州事変以降は非協力的な隣人を非国民呼ばわりするようになった流れを彷彿させる。「携帯電話はマナーモード」は電車内で繰り返し放送されても定着しないのに、誰に言われなくとも大衆が自発的に守ってしまう片側あけマナーなるもの、まことに不思議なアビリーン式同調圧力と言うべきである。

　Harvey, Jerry B. *The Abilene Paradox and other Meditations on Management* (Jossey-Bass, 1988)

089 良きサマリア人のジレンマ
good Samaritan's dilemma

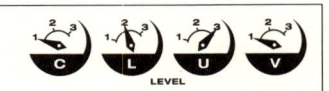

　経済学で言われる「サマリア人のジレンマ」とは、救済や援助の両面性にまつわる問題を指す。「慈善行為は、救われる人の利益になる反面、いつまでも慈善に頼る怠惰な傾向を植えつけやすいので、慈善行為は控えるべきではないか」と。ここから、政府は国民の生活保障にあまり力を注ぐべきでないといった、自助努力を重視した自由主義、反社会主義、反共産主義的な主張が導き出される。

　そこに「良き」が付いて「良きサマリア人のジレンマ」というと、「良かれと思ってした行為が裏目に出てしまった」という広い意味で使わ

れることが多い。聖書にある行きずりの慈善行為の挿話（ルカ伝、第10章29〜37節）に近いのは、後者である。典型的な実例は、次のようなものだ。

　自動車事故の現場に居合わせた男性が、つぶれた車内から女性を救い出した。女性は病院に運ばれ、命は助かった。しかし、ガソリンに引火して爆発しそうだと思った男性が急いで女性を引きずり出したため、無理な体勢で引っ張られた女性に麻痺の後遺症が残った。女性は、救助者である男性を訴えた。

　これは2008年12月にアメリカで話題になった実話だが、その他にも、事故や急病の現場に居合わせた医師が応急処置を行なったところ出血多量で死に至り、遺族から訴えられたなど、さまざまな事例がある。

　第三者が傍観せず善意からの措置を行なった場合、悪い結果となっても責任を問われないとする法律を「良きサマリア人法」と呼ぶ。市民が「傍観者」のままでいる傾向が強いと災難や犯罪が拡大しかねないため、良きサマリア人法はさまざまなレベルで立法化が考えられている。

　さて、こんな状況を考えよう。A氏が通りすがりに、飛び降り自殺しようとしていたBさんを発見し、止めるために飛びかかって押さえつけた。Bさんは頭を打ち、後遺症が残った。A氏はBさんに訴えられた。

❶　先ほどの自動車事故の救助者に比べて、A氏の場合、責任を問われる度合は大きいだろうか、小さいだろうか。大小それぞれの理由を述べよ。

答え◎「A氏は自動車事故の救助者より責任が重い」と考えるにせよその逆にせよ、事故と自殺の違いがポイントとなるはずだ。

　たとえば、「後遺症で寝たきりになってしまい、自力では自殺ができなくなってしまった。自殺幇助をしてくれる人もいない。意に反して生き続けねばならない。地獄だ。どうしてくれるのだ」というような場合（☞パ**095**【自殺する権利】）は、A氏の行為は結果的に罪が重いことは明らかである。そのような極端な状況ではなく、Bさんは自力で動くことができる程度の後遺

症としておこう。

　まず、「Ａ氏は責任がより重い」とする主な理由はこうだろう。事故と違って自殺だから、Ｂさんにとって不慮の災難ではなく自由意思での選択である。Ａ氏にはその事情が見てとれたのだから、あえて救助する必要性は事故の場合よりはるかに小さかった。ましてや暴力的に突き飛ばしてまで止めるべき理由などなかった。お節介もいいところであり、怪我をさせたことに対して責任をとるべきだ。

　他方、「責任がより軽い」とする主な理由はこうだろう。事故と違って自殺だから、Ｂさんは自由意思で死を受け入れる用意があった。ならば、死よりも軽微な結果である障害が残ったからといって、救助者を訴える道理はないだろう。Ａ氏の行為はたしかにお節介だったかもしれないが、告訴されるほどの悪でないことは確かだ。Ｂさんは、Ａ氏相手に裁判などしている暇があったらさっさと予定どおり自殺し直せ。そうすれば後遺症からも脱却できるのだから。

2　いま挙げた２つの理由のうち、どちらのほうが説得力で勝るだろうか。

答え◎どちらの理由も、「どうせＢさんは自由意思で死のうとしていたのだから……」という同じ事実を根拠として、Ａ氏の責任について正反対の結論を導いている。事実については合意しているが価値判断が異なるという、よくある対立の構図だ。

　結論から言うと、「責任がより重い」という理由のほうに軍配が上がるだろう。自殺は自由意思による合法的行為だからこそ、そこからの離脱も、自由意思でなされるべきものである。暴力によって引き剝がすことが正しいとは言えない。事故で燃える車に閉じこめられた人に対してならば、当人の望まぬ死から救い出すために必要なかぎり乱暴な手を使ってやるのも仕方ないだろう。しかし、自分で死を選ぼうとしている人に対しては、もし止めようとするならば、言葉での説得などで当人の意思を和らげるのが筋である。

　「責任がより軽い」派の、「死ぬ気だったやつが怪我くらいで救助者を訴えるとは何事か」論は乱暴と言わざるをえまい。自殺未遂から時間が経ったときに、死にたい気持ちがすでに消えていてもそれは責められるべきことでは

ないし、自殺の現場においてすら、自殺者の決意がどうなるかは最後の最後までわからなかった。放っておいても自殺を思いとどまったかもしれないし、言葉での説得があればなおさら、無傷で生還できた確率も低くない。A氏がその可能性を潰して強引に自殺を止めた結果、Bさんに後遺症をもたらしてしまったのであれば、A氏は責任を負うべきだろう。

　ただし例外がある。A氏がただの通りすがりではなく、自殺志願者の運命に利害関係を持っているような場合だ。その人が死ぬと、A氏の行方不明の息子に関する情報が失われて、A氏は私的に損失を被るとか。あるいは社会に大損害が出るとA氏が思っていたとか。そのようにA氏の利害や公徳心が相手の命と結びついている場合は、乱暴な仕方で自殺を止めたために起きた悪い結果についても、A氏は免責されてよいだろう。しかしそのような状況はもはや目前の相手へのA氏の善意とは関係なくなっており、「良きサマリア人」的問題とは異なると言うべきである。

"Good Samaritan's Dilemma" Dec. 20 2008, Debate Message Board in *parentsconnect.com*

090 時限爆弾シナリオ
ticking time bomb scenario

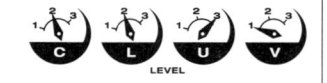

　文明国においては、拷問は法律で禁止されている。拷問が悪であることに、ほとんどの人は同意するだろう。

　さて、いま、大都市の中央部に時限爆弾を仕掛けた1人のテロリストが逮捕されたとしよう。時限爆弾の場所は当人しか知らない。爆発すると数千人が犠牲になることは間違いないという。一刻も早く場所を聞き出さねばならないが、テロリストは尋問に対して頑なに黙秘している。口を割らせるには、拷問しかなさそうだ。数千人の命を守るためには、拷問は正当化できるのではないか？（☞パ086〜088【二重効果のジレンマ】）

　そのような場合は拷問は正当化できるという論拠、正当化できないという論拠を、それぞれ1つ以上挙げてみよう。

答え◎正当化できる、という論拠はただ１つだろう。功利主義である。数千人の死と破壊という悪と、その災厄に責任のある１人のテロリストに苦痛を与えるという悪とを天秤にかけたとき、前者のほうがはるかに重く、防止する必要性が高いのは当然だ。１人を拷問することで数千人の死と破壊が防げるならば、なんとしても拷問をすべきである。本人が拷問に屈しないのであれば、本人の家族──妻や子ども──を連れてきて目の前で拷問することすらやむをえないだろう。なにしろ罪のない数千人の命がかかっているのだから。

　他方、正当化できない、というのはどういう論拠によるだろうか。１つは、「拷問は真実を引き出すのにあまり効率的な方法ではない」ということである。冤罪事件でよく知られているように、人は、拷問に近い厳しい取調べの苦しさから逃れるために、あることないこと適当にしゃべってしまう傾向がある。拷問されたテロリストが出まかせを口走り、その真偽の確認のために当局がいちいち走り回ることになると、逆に時限爆弾除去作業は遅れてしまうだろう。テロリストは結局時間を稼いで首尾よく大量殺戮を実現させ、自分を捕らえた国家にも拷問という違法な暴力を使わせて同じ穴のムジナ化させたことにほくそ笑む。こうしてテロリストに二重の勝利への陶酔をもたらし、敵の思う壺ということになりかねない。

　しかしケースバイケースであって、拷問がしばしば自白強要手段として大変効果的であったことも事実なのだ。テロリストへの拷問が真実の自白を引き出す確率が１割でも、いや、1000分の１でもあるなら、数千人の命を守る期待効用がテロリスト１人の福祉を上回り、拷問は十分正当化されるのではないか。

　これに対しては、「滑りやすい坂の論法」による反論がある。非常事態だというのでひとたび拷問が正当化されれば、歯止めが利かなくなって恒常的に拷問が許されるようになってしまうだろう。拷問は絶対にいけない、という原則を守り通さないと、倫理の基礎が揺らいでしまう。

　功利主義的な比較考量か、倫理原則かといったジレンマだが、ひとことで功利主義と言っても、その中で正反対の結論を導く下位分類がある。それを次に見よう。

Thought Experiments, (Books LLC, 2010)

091 原爆投下のジレンマ
atomic bombing dilemma

　広島・長崎への原爆投下は、第二次世界大戦を１年半ほど早く終結させた、というのが連合国側の定説である。「原爆によって何百万人、場合によっては何千万人もの生命が救われた。生じえた悪の度合を比較すると、原爆での数十万人死傷という悪は、戦争が１年半継続したときの悪よりずっと小さい。よって原爆投下は正当化される」という論理だ。

　原爆投下は極端な【時限爆弾シナリオ】（090）とも言える決断だった。内外に多くの犠牲者を出しつつ漫然と戦争を続ける日本が「時限爆弾」に相当し、連合軍の日本本土侵攻開始が「時限」に相当し、原爆投下が「拷問」に相当し、日本の無条件降伏がテロリストの自白にあたる。「最大多数の最大幸福」を善の判定基準とし、利益と損失の比を最大化すべきだという「功利主義」的な計算にもとづいてショック療法が行なわれたのだ。ただし功利主義にも大別して２種類ある。

　行為功利主義……個々の具体的行為ごとに功利計算をして、そのつど最善の行為を行なうことを求める。
　規則功利主義……個々の規則ごとに功利計算をして、概して最善の行為を生み出すような規則に常に従うことを求める。

　さて、あの大戦のあの時期において原爆投下をよしとする思想は、どちらの功利主義に基づいていただろうか。

答え◎第二次大戦当時の戦時常識として、原爆投下のような無差別爆撃は倫理的にどのように判定されていたかをまず考えよう。意図的に市民を焼夷弾攻撃して戦意喪失を狙うという戦略は、1938年末から日本軍が重慶空襲で創始したもので、1945年には主要交戦国の常套手段になっていた。しかし、

戦前のハーグ陸戦条約その他の戦時国際法では、一般市民への攻撃が禁じられており、その建前は戦時中も生きていた。その規則の根拠は、一般市民への攻撃を認めると、戦争が無制限の殺し合いに発展して収拾がつかなくなるという功利主義的な認識だった。つまり、**規則功利主義の枠組み**では、重慶、ロンドン、ハンブルク、ドレスデン、東京などへの空爆と同様、原爆投下は悪であった。
　他方、**行為功利主義**では、善悪を行為ごとに個別に判定する。敵国民に恐怖を与えて反戦気運を生じさせ、敵国政府を揺さぶれば、早期終戦を勝ち取れるかもしれない。そこで得られるであろう功利的善は、規則を守ることの功利的善に優越するかもしれない。そうした行為功利主義的な思惑をもって、日本、ドイツ、イギリス、アメリカなどが都市爆撃を繰り返した。しかしどれも軍事的には無意義であり、敵国民の敵愾心と戦意と結束力を強めるという逆効果しかもたらさなかった。功利的な規則を破ってまで各国が踏み切った都市爆撃だったが、行為功利主義的な意図は実現できたとは言いがたい。
　あえていえば、無差別爆撃のうち唯一、行為功利主義的にみて目覚ましい効果を挙げた実例が、原爆投下であった。原爆投下は、その他の都市爆撃とは異なり、敵国政府と市民の分断を図るのが目的ではなく、敵国政府に直接働きかける目的を持っていた。降伏したくてもできずにいた自縄自縛の日本政府と軍部に、降伏の口実を与えたのである。そしてそのとおりになった。日本人は徹底抗戦の義務から逃れ、ソ連参戦ではなく新型爆弾によって日本は降伏したのだという宣伝が日本国内と世界において信じられ、日本はアメリカが主敵であるうちに降伏して政治的な危機を脱することができた。
　原爆投下は、規則功利主義的に見れば、重慶爆撃、ドレスデン爆撃、東京大空襲などと同様に悪である。しかし、行為功利主義的に見ると、歴史上稀な目覚ましい成功を収めた作戦だったと認めざるをえないだろう。
　行為功利主義的な判断をまとめて新たな規則とし、規則功利主義へと転化させることもある。たとえば生体移植という医療は、「健康な人を傷つけるのは医療の目的に反する」という功利的規則を破るものだが、緊急避難の措置としてそのつど例外的に認めるという行為功利主義的な扱いよりも、「生体移植という選択肢」として1つの功利的規則のように扱ったほうが効率がよい。その是非はともかく、生体移植がすっかり通常の医療として認められ

ているのは、個々の特例行為を束ねた規則功利主義的な処置の結果である。

三浦俊彦『戦争論理学』二見書房

092 「無条件降伏」というパラドクス
paradox of "unconditional surrender"

　第二次大戦中、カサブランカ会談（1943年1月）で、ルーズベルト大統領は「ドイツ、イタリア、日本には無条件降伏のみを要求する」と宣言した。無条件降伏という過酷な「条件」が、枢軸国の降伏を遅らせたと言われる。ドイツはベルリンが破壊されるまで徹底抗戦した。日本の場合、海軍は壊滅しつつも主力が無傷だった陸軍による本土決戦という選択肢が生きており、連合国は、対日戦は対独戦終了後1年半続くと想定していた。実際にはドイツ降伏の3ヶ月後、原爆投下とソ連参戦に見舞われて日本はポツダム宣言を受諾したが、「無条件降伏」という厳しい建前が最後まで日本政府の決断を鈍らせていた。

　無条件降伏といっても、降伏であるかぎり「停戦がなされる」「勝者は敗者の降伏後、武力攻撃しない」等々の当然の条件は入っているはずだ。とりわけ日本に降伏を促すために連合国から発せられたポツダム宣言は、日本国民を奴隷化しない、日本に国際貿易への復帰を許す、戦争犯罪人の処罰、等々基本的な方針を明示していた。それらはれっきとした「条件」ではないか。となると、無条件降伏の「無条件」とはいったい何だったのだろう。降伏にかぎらず、真の「無条件」など、不可能なはずだが？

　というか、無条件降伏を要求している時点で、「無条件降伏」という条件を出していることになりはしないだろうか？

答え◎「無条件降伏」には、定義はない。ルーズベルトもなんら明確なことを述べておらず、連合国側の強硬な意志を表現するためのイメージ戦略として「無条件降伏」という言葉が使われたにすぎないとも言える。したがって、「条件の付かない降伏」の「条件」とはどのようなものかについても、明確

な候補はない。そうなると、「無条件」だって一種の条件じゃないか、というツッコミは、勇み足というべきである。「無条件降伏」の意味を矛盾のないよう定義することが求められるだけのことだ。

　それでは、そこまで勇み足をせずに、ポツダム宣言受諾による日本降伏について考えてみよう。あれほど条件提示めいたやりとりのあげく降伏した日本は、とうてい無条件の降伏をしていないのではないか？

　ドイツの場合、国土が戦場となり政府が消滅し、降伏の当事者である国家が断絶した。その意味で、ドイツの降伏は真の無条件降伏だったとも、無条件降伏すらできなかったとも言われる。イタリアと日本の場合は、あらかじめ提示された休戦協定やポツダム宣言に敗戦国側が同意するという形で「無条件降伏」が達成された。つまり、第二次大戦時の「無条件降伏」とは、敗者の側から何も条件を出せない降伏のことだった、ととるのが妥当である。

　ただし、国体変革を怖れる日本政府は、ポツダム宣言に対して「天皇ノ国家統治ノ大権ヲ変更スルノ要求ヲ包含シ居ラサルコトノ了解ノ下ニ受諾ス」という「了解内容の条件」付きの返答をし、ポツダム宣言を受諾した。したがって、日本の無条件降伏は、あえて言えば「条件つき無条件降伏」とも言うべき奇妙な降伏のようにも見える。しかし、次の３点により、日本は本当に無条件降伏したと言うべきである。

　第１に、ポツダム宣言には日本国の無条件降伏を謳ったカイロ宣言の条項履行が明言されており、日本政府もポツダム宣言黙殺の時点において「ポツダム宣言はカイロ宣言の焼き直し」と述べていること。第２に、「天皇ノ国家統治ノ大権ヲ」以下の条件付き受諾返答に対して連合国からの回答（バーンズ回答）は沈黙したままであったのに、それでも日本は降伏に同意したこと。第３に、現実の結果をみると「天皇ノ国家統治ノ大権」は抹消され、日本政府の出した唯一の条件は履行されなかったこと。敗戦国側の出す条件は無視され、無効とされていることがわかる。とりわけ日本政府要人のほとんどが、戦争に負けたからには「天皇ノ国家統治ノ大権」の消滅など当たり前と考えており、自分側の条件が聞き届けられるなどと期待していなかった。

　「無条件降伏」という概念はパラドクシカルだと考える人は多いが、実は整合的な概念である。戦勝側からの「話し合いの余地はないからね、こっちの出した条件にのみ黙って従ってもらうよ」「そっちの条件は考慮しないか

らね」という宣告が無条件降伏要求である。戦勝側からごまんと条件が出されようと、「無条件という条件（一方的条件）」になんら逆説は含まれていない。

吉田一彦『無条件降伏は戦争をどう変えたか』PHP新書

093
勝者の裁き？
victors' justice?

　第二次世界大戦の敗戦国ドイツと日本に対して開かれたニュルンベルク裁判、東京裁判は、「勝者の裁き」であるとよく言われる。正義の裁きではなく、勝者の都合による復讐裁判にすぎず、正当ではない、と。
　批判者の指摘する問題点は主に３つである。
　１．中立国ではなく、連合国の検事と判事によって運営された。
　２．連合国の戦争犯罪は裁かれていない。
　３．戦前には国際的に合意されていなかった「平和に対する罪」「人道に対する罪」のような事後立法で裁いており、いわゆる「法の不遡及」の原則に反している。
　これに対し、「平和に対する罪」などの概念を作り出した創造的意義を強調し、戦争を犯罪とする司法的パラダイムの第一歩となったという肯定的見方もある。
　この２つの見方は、司法裁判としてのニュルンベルク裁判、東京裁判に対する相反する立場を表わしている。しかし、ともに根本において思い違いをしている可能性が高い。ニュルンベルク裁判、東京裁判に対するもっと現実的な第３の見方として、どういう考えがありうるだろうか。

答え◎ニュルンベルク裁判・東京裁判を批判したり擁護したりするほとんどの言説は、あれらが司法裁判だったという前提を当然視しているが、その前提を否定してみよう（☞008【禅問答：外道問仏】）。あれらは「正義が犯罪を裁く司法裁判」ではなかったのだと。
　そもそも第二次大戦前には、戦争のルールに反した「戦争犯罪」が存在し

ただけで、戦争そのものは犯罪ではなく、国家がおよそどんな理由で開戦しても「防衛戦争」と主張できるという慣例があった。したがって、政治家を裁くなどということが「正義」の名において成り立つはずがない。しかも、国際戦犯裁判などというものを開催する正式のルールも決まっていなかった。

　そうしたことを率直に認めれば、ニュルンベルク裁判・東京裁判は、決して司法裁判ではありえない。であればこそ、司法措置としてアンフェアだという評価そのものが、アンフェアなのである。あの２つの裁判は、実利的・政治的な処分として評価せねばならない。

　あの２つの裁判は、悪をその罪ゆえに罰するための司法裁判ではなく、危険分子を除去し、戦争再発を防ぐための行政処置だった。「罪」と「危険性」を混同してはならない（☞心014【決定論と自由意思】）。裁判の体裁がとられたのは、政治的な戦後処理をできるだけ客観的に行なうためにすぎなかった。世界平和を回復するという政治的処置に携わっている以上、戦勝国側が自国の「犯罪」を追及する必要も余裕もない。そんな追及は戦後秩序の確立にとって妨げとなろう。「勝者の裁き」ならぬ「勝者の統治」は、権利というよりむしろ当然の義務であった。

　　　　　　　　　📖 L.ファン・プールヘースト『東京裁判とオランダ』みすず書房

付　録

パラドクス辞典
(寸言的索引)

　　パ────『論理パラドクス』
　　サ────『論理サバイバル』
　　心────『心理パラドクス』
　　★────　本書
　　　　数字は問題番号を表わす。

あ

アイスクリーム売りのパラドクス 　心 024
ice cream parlors paradox
　　人間は利己的であるがゆえに、自発的な言葉に強制されて互いの利益を守ることができる。

アインシュタイン - ポドルスキー - ローゼンのパラドクス（EPR パラドクス） 　★ 023
Einstein-Podolsky-Rosen paradox(EPR paradox)
　　ここぞというときに伝統的科学が敗退していくところに、科学の伝統の勝利がある。

赤の女王仮説 　★ 047
Red Queen's Hypothesis
　　同じ場所にとどまるためには走り続けなければならないのはなぜか、を理解するには、彼方へ向かって走らねばならない。

アキレスと亀 　サ 005
Achilles and the Tortoise
　　話を無限に分割して引き延ばせば、可能な変化が必ずや不可能に見えてくる。そういう分割不能な話。

アキレスと亀：変則バージョン 　心 098
Achilles and tortoise: non-paradox version
　　行動を環境条件に合わせて柔軟に変えられれば、不可能な持続が必ずや可能に見えてくる。そういう堅固な話。

アクセルロッドの実験 　心 026
Tit-For-Tat
　　善人は短期的には負けてばかりでも、長期的にはいつのまにか勝っている。善き結果だろうか、結果的な善だろうか。

悪のパラドクス 　サ 061
paradox of evil
　　世界の現状を見るに、神は、無知であるか、無能であるか、悪であるか、非存在であるか、少なくともそのいずれかであるか、少なくともそのすべてである。

悪魔の提案 　サ 096
devil's offer
　　直観に迎合した非現実的な前提は、それ以上に論理に迎合し、直観を踏みにじる。

付録◎パラドクス辞典

アクラシア問題（意志の弱さのパラドクス） 八030
akrasia
> 利己的な人ほど、自分のためになることをなぜか為したがらず。弱き者ほど、弱点を放置して平然たるもの。

明けの明星と宵の明星 サ044
Morning Star paradox
> 在り方を語り方で判断すると決めたからには、多少の矛盾の在り方には目をつぶろう。

アダムとイブの思考実験 サ103
Adam and Eve thought experiment
> 決意するだけで幸運を呼び寄せる念力は、すでに特別な位置を確保した人間にしか許されまい。そしてそういう人間にすらたぶん許されまい。

後知恵バイアス 心089
hindsight
> 知にとって最も重要な倫理は、恥じず臆せず率直に驚くことである。

アビリーンのパラドクス ★088
Abilene paradox
> みんながやってるからやる、という習慣だけは、みんなが控えても控えがたい。

アポロ：人類の月面着陸はウソ？ 心086
Apollo moon hoax
> 事実を「存在」と見るか、事実の否定を「存在」と見るかは、図と地の関係。どちらを図に見立てた方が世界を単純に理解できるか、その了解を地にすべし。

雨ニモマケズ 風ニモマケズ 心077
intentional fallacy
> 作者が自分の意図どおりに作品を理解されたいと意図していたかどうかは、わからない。

アラバマ・パラドクス ★087
Alabama paradox
> 完全な合意が不可能であるからこそ、完全な投票が求められる。完全な投票が不可能だからこそ、不完全な合意で合意できる。

アリストテレスのコイン ★028
Aristotle's coin
> 物にとって矛盾であるものが、数の上では無矛盾。数の上では無矛盾らしきものが、論の下で矛盾になることしばしば。

アレのパラドクス　　　　　　　　　　　　　　　　　　　　　心 069
Allais' paradox
　人間は非合理的であるという調査結果は、非合理的なくらい好まれる。

アロウの定理　　　　　　　　　　　　　　　　　　　　　　サ 080
Arrow's general possibility theorem
　社会が自由であればあるほど合理性への憧れは非合理的とされ、非合理性への諦めは合理的になる。

アンスコムのパラドクス　　　　　　　　　　　　　　　　　パ 085
Anscombe's paradox
　多数決の大多数は、多数派の好みに反した決定を生み出す。

アンナ・カレーニナ式エントロピー　　　　　　　　　　　　心 052
Anna Karenina Entropy
　宇宙の秩序は、生活のためには十分、幸福のためには不十分。知識のためには満足、知恵のためには不満足。

いくらでも対偶　　　　　　　　　　　　　　　　　　　　　サ 039
indefinite forms of contrapositions
　言いかたが自由であればあるほど、言いようは制限される。

石のパラドクス　　　　　　　　　　　　　　　　　　　　　サ 060
paradox of stone
　自己否定すらできない神が、罪を拒否できるはずがあるまい。

意志の弱さのパラドクス　　　　　　　　　　　　　　　　　パ 030
paradox of unsuccessful intervention
　意志が強ければいいなあ、とは誰もが憧れつつ、望んではいない事柄である。

1＋1＝2　　　　　　　　　　　　　　　　　　　　　　　　サ 001
1+1=2
　4a－a＝4、という答えを褒めてやれる教育をしたいもんです。ただしテストではバツをつけてくださいよ。一回りでっかくね。

一般対角線論法　　　　　　　　　　　　　　　　　　　　　サ 066
generalized diagonal argument
　無限には無限の階層がある、という全体を告げ知らせるのは、常に階層からのはみ出し者である。

アインシュタイン - ポドルスキー - ローゼンのパラドクス（EPR パラドクス）　★ 023
Einstein-Podolsky-Rosen paradox(EPR paradox)
　〈あれ〉が完全ならば、世界は逆説的である。〈あれ〉が不完全ならば、世界は非常識である。

一夫一婦のパラドクス　　　　　　　　　　　　　　　　　心 015
monogamy; whose advantage?
　男女の観点と夫婦の観点ほどかけ離れたものはない。

遺伝子検査　　　　　　　　　　　　　　　　　　　　　　パ 040
carrier problem
　原因から結果を予測するよりも──結果から原因を推し量る方が──楽観主義の役に立つし──悲観主義の用も賄う。

意図の誤謬　　　　　　　　　　　　　　　　　　　　　　心 077
intentional fallacy
　意図を読まれることを怖れる作者と、意図を読まされることを屈辱と思う読者と。意図を読ませることを恥じる作者と、意図を読みとることを後ろめたく思う読者と。それらの空隙こそ作品の意図どおりとか。

祈りの実験　　　　　　　　　　　　　　　　　　　　　　★ 080
The Step Project
　祈りなど聞き届けられるはずはない、と誰もが悟りを開いているからこそ、祈りはますます神仏の扉に閉じ込められてゆく。

色のパラドクス　　　　　　　　　　　　　　　　　　　　サ 081
color continuum paradox
　誰ひとり識別できないのに異なる色、なるものを認定できるかどうかについて同意してから、色談義を始めよう。

インスペクション・パラドクス　　　　　　　　　　　　　パ 074
inspection paradox
　平均的な幸運に恵まれている人は、平均よりはるかに幸運である。

「上の子」問題　　　　　　　　　　　　　　　　　　　　★ 011
boy or girl part 3
　長男長女だから優遇される、というのは今どき現実には珍しかろう。虚構の中でも珍しかろう。しかし譬え話ではまだまだ普通のことである。

ウィグナーの友人　　　　　　　　　　　　　　　　　　　★ 025
Wigner's friend
　私たちひとりひとり、徹底的に孤独。孤独というからには自分自身となら密着しどおし。孤独であるからには自分自身とこそ分離しつづけ。

ウォレスのパラドクス　　　　　　　　　　　　　　　　　心 045
Wallace's paradox
　脳にとっての最大の謎は、なぜ脳ができたかということであり、その次に大きな謎は、脳がなぜ謎でなければならないかということである。

動くブロックのパラドクス サ008
moving blocks
最小の距離や単位時間なるものを手持ちにするには、最大にして無数の前提が必要らしい。

うさぎ-あひる図形 ★076
rabbit-duck illusion
別々のものを一箇所に同時に在らしめるのはたやすいこと。実感を重んじさえしなければ。

嘘つきのパラドクス パ007
liar paradox
自分の言葉は真実でない、と認めることはつねに謙虚だが、最もたちの悪い矛盾を生み出すのが謙虚さであることあまりにしばしばだ。

嘘つき連鎖のパラドクス サ025
liar chain paradox
個々人が矛盾を回避できていれば、全体の矛盾に責任を負わなくてよし。ここここそ論理的悪霊の呼吸孔だ。

打ち歩詰め ★085
immediate checkmate by dropping pawn
反則を誘発する手は合法だが、反則を余儀なくさせる手は反則。この区別、重要。
反則にも常識的な反則と途方もない反則がある。その区別、いっそう重要。
して、反則はしょせん反則である。この認識、さらにいっそう重要。

宇宙船のパラドクス 心097
spaceship paradox
実在することさえ遠慮しておけば、いかなる非実在の場所にも居ることができる。

エイプリルフール・パラドクス ★003
April fool paradox
ウソをついてやる、というウソは、これはウソである、というパラドクスとは根本的に異なる。だからこそ、厄介さがそっくりである。

X- ヒューリスティクス 心004
X-heuristics
自分がどの錯覚に囚われやすいかを悟るのは簡単だ。どの錯覚に囚われているかを悟るのに比べれば。
自分がどの錯覚に囚われているかを悟るのは簡単だ。錯覚に囚われていると納得するのに比べれば。

エッシャーの不可能絵画 サ053
Escher's impossible drawings
矛盾を描くことはできるが、矛盾を写すことはできまい。

エディプス・コンプレックス ★061
Oedipus complex

論理的に考えればありえないのに、面白いからその実在が信じられてきた〈無意識の罪悪感〉なるもの。その面白さを支える主な力は、罪悪感そのものであったりなかったり。

エピメニデスのパラドクス 心073
liar paradox of Epimenides the Cretan

パラドクスを解決した瞬間、必ずやパラドクスの復讐が始まる。かどうかがパラドクスの品質証明。かどうかがパラドクス論の品質証明。

エルスバーグの壺 心058
Ellsberg's urn

まったくの不確実に賭けられる人は、確実でなければ賭けない人と同様、賭けに向いてないか、天性のギャンブラーか、ギャンブルでギャンブルをしているか。

円周率は2である サ011
$\pi = 2$

長さは縮めればどんどん変わるが、形は縮めてもまったく変わらない。もし形を縮めることが可能だったら、その操作を長さに施すことはできるだろうか？

黄金の山 心081
The golden mountain

存在しないものだって、ものである限り、存在しているだろう。本当にものである場合に限ってだが。

オースチンの犬 サ010
Austin's dog

始めようのない事柄も、終了時から逆向きにシミュレーションしてみれば、否応なく始まらざるをえないものだ。

オッカムの剃刀 心085
Occam's razor

仮定を減らしてゆくと、仮定されるものの数は爆発的に増えるだろう。

男の子と女の子 バ039
boy or girl

同じ答えが得られたからって、質問の違いを忘れているととんだ勘違いをする。勘に狂いがなければないほど。

驚くべき出来事 サ040
surprising vs. unsurprising improbable events

説明できるはずなのにと感じるから、不思議なほど不思議だと信じる。説明できないと信ずるなら、不思議と不思議だとは感じまい。

同じ誕生日
same birthdays 凶 036

真の確率は直観的な確率と異なるだけでなく、計算上の確率とも異なることがある。

親殺しのパラドクス（タイムトラベル 1）
paradox of time travel 凶 079

誰もが自分の生をリセットする能力を持っているが、自分の生をリセットする論理を備えた者はいない。

オムファロス仮説
omphalos hypothesis ★ 042

神の業績のうち最大のものは、人間を大々的に騙したということである。

オルバースのパラドクス
Olbers' paradox 心 049

無限の夜空が暗いという観察ひとつだけで、星々について無限に多くの秘密を照らし出すことができる。

女か、虎か
The Lady, or the Tiger? ★ 064

決して取り戻せない愛とは、利己的に徹するものだろうか、利他的に凝らされるものだろうか。

≡ か ≡

懐疑論のパラドクス
paradox of scepticism サ 058

不審感に囚われている人自身が、最大の不審人物である。

解釈学的循環のパラドクス
hermeneutic circle サ 088

完璧に理解できていないかぎり理解できていないも同然だ。そう理解すると、完璧に一歩も踏み出せない。

買春のパラドクス
merit of prostitute ★ 054

男は kane さえあればいい。女は ana さえあればいい。双方の本音がいつまで本音であり続けるものやら。

快楽のパラドクス
paradox of pleasure ★058

じかに求めると逃げてゆく蜃気楼だとて、知らん振りしていれば現実化してくれるわけではないのだが。

科学の信頼性
credibility of science 八098

科学を信頼しないという人に2種類。科学を誤解している人。「科学」という言葉の意味を誤解している人。

鏡の部屋
accessibility relation 八006

全員がただひとつの関係で結ばれるためには、案外多くの関係が必要だ。

鏡はなぜ左右を反転させるのか
mirror image problem ★040

鏡の中の世界が何かを反転させているとしたら、まず第一に「反転」という概念ではないだろうか。

確証バイアス
confirmation bias 八062

どうせ正しそうなことならば、あえて正しくなさそうな問い方で確かめてみるがよい。

核戦略のパラドクス
paradox of deterrence 八083

相手が愚かだろうと互いに疑っているときに限り、道連れ戦略は賢い戦略となる。

確率的嘘つきのパラドクス
probable liar paradox サ032

どんな断定も、確率表現で一般化すると見かけは一変するが、構造は同じである確率が高い。

確率のパラドクス
paradox of probability

「交換のパラドクス」「モンティ・ホール・ジレンマ」「眠り姫問題」「2人の子ども問題」「シンプソンのパラドクス」「4枚カード問題」など一群のパラドクスの非公式の総称。「ペテルブルグ・パラドクス」「パスカルの賭け」「ベルトランのパラドクス」のように無限のパラドクスが混ざっているものも多い。

過去断罪のパラドクス
paradox of condemnation ★041

過去を責めることは政治的にこの上なく非生産的。だからこそ文化的にはきわめて創造的である。

影のパラドクス　　　　　　　　　　　　　　　　パ 050
shadow paradox
　　最終結果を変えずに中間の因果連鎖が増減することがある。ただし最終結果の何が変わらな
　　かったのかについては増減ありそうだが。

カサンドラのジレンマ　　　　　　　　　　　　　　心 032
Cassandra's dilemma
　　喉元過ぎれば熱さ忘れるやつらには、こっちの信用を犠牲にしてでも痛い目を見てもらおう
　　か。

数の原子　　　　　　　　　　　　　　　　　　　　心 084
atomic mathematical entity
　　馴染み深いものが世界の基本的素材だと思い込む自己中生活では、馴染み深い世界がいつま
　　でも基本レベルの縁遠さにとどまる。

火星に動物がいることの証明　　　　　　　　　　　心 055
dependent probability
　　確率計算で人を驚かせてもむなしいだけ。驚きの各々が独立だったかどうかを確かめないと、
　　本当に驚かれたのだかどうなのだか。

風が吹けば桶屋がもうかる？　　　　　　　　　　　心 079
transitive reasoning
　　個性的なハプニングと、一般的な事実関係とが、同じ表現で語られることがある。個性も一
　　般化できないと個性的でないらしい。

必ず正解の出る質問　　　　　　　　　　　　　　　パ 011
unmistakable question
　　必ず正解できる問題とは、不正解ができない問題ということで十分だ。十分な不正解ができ
　　ない問題ということでは不十分だが。

カプグラ症候群　　　　　　　　　　　　　　　　　心 091
Capgras' Syndrome
　　親しみは悲しみのもとである。親しみやすいものに親しめるとは限らないから。

ガラスの天井　　　　　　　　　　　　　　　　　　心 042
glass ceiling
　　人間への社会的影響を見破ったつもりで人間の生物学的本性を見過ごしていると、差別なき
　　ところに差別を見出し、作り出し、脆弱な社会改革が強行されかねない。

カリーのパラドクス　　　　　　　　　　　　　　　サ 071
Curry's paradox
　　何かを否定するだけでは紛らわしいというときは、否定を矛盾で置き換えてみよう。

カリーのパラドクス / 応用編
Curry's paradox applied　　　　　　　　　　　　サ 072

　任意に選ぶことが本当に任意に可能かどうか、恣意的にでも不随意にでも場合分けしてみよう。

ガリレオのパラドクス
Galileo's paradox　　　　　　　　　　　　★ 029

　より小さいはずの方がより大きくなる観点が1つでも見つかるやいなや、常識を1つならず振り捨てる口実が手に入る。

含意のパラドクス
implicational paradox　　　　　　　　　　　　★ 036

　専門的な考えも語りも、日常の考え方をことごとく尊重し、日常の語り方をとことん軽視しなければならない。

還元不可能なネズミ獲り
irreducible mousetrap　　　　　　　　　　　　心 044

　ひとつの部品が常に同じ機能を持ってきたと考えるくらいなら、まだしもどの機能もひとつの部品でのみ実現されてきたと考える方が見どころがある。

感情の誤謬
affective fallacy　　　　　　　　　　　　心 078

　芸術作品の価値は観賞者次第。芸術作品の意味は観賞者次第。これ、大きな開きがある。観賞者の意味が芸術作品次第であり、観賞者の価値も芸術作品次第だから。

観測選択効果
observation selection effects　　　　　　　　　　　　ハ 044

　選ばれるとしたら良いものが選ばれる？　選ばれてしまったのだから良いものが選ばれている？　選ばれるはずだから良いものが選ばれる？　現実の説明にはどれを選ぶのが良いだろう。

カントールのパラドクス
Cantor's paradox　　　　　　　　　　　　サ 067

　すでに在るものは自由に記述してけっこうだが、記述によって在るものは注意深く記述しよう。

韓非子の矛と盾
Hanfeizi's spear & shield　　　　　　　　　　　　サ 076

　「実験のための完璧な条件」を定義せよ。「完璧に成功したという判定は容易なのに、完璧に失敗したと確信できる状況はありえない」設定だったりせんようにな、見た目。

議席のパラドクス　　★086
casting vote

> 権力とともに権限が失われる以上に、権限を失うやいなや権力が増す現象がちらほら。それが現代風権力というもの。

ギーチのパラドクス　　パ025
Geach's paradox

> 論理で万物を証明できるはずがないからこそ、論理は万能である。

義務のパラドクス　　パ048
paradox of derived obligation

> 倫理的義務が果たされていないと常に矛盾が生ずる。倫理とは論理的誠実さのことである証拠だろう。

逆 - カプグラ症候群　　心092
prosopagnosia

> 論理の理解には、実感はどのくらい必要だと実感されるだろうか。

逆ギャンブラーの誤謬　　パ043
inverse gambler's fallacy

> 珍しい事件に立ち会えたのは、偶然でない可能性の方が高かったりする。立ち会えたからには貴重な事件だというのが、偶然である可能性は皆無であったりもする。

逆説的 ESS　　★049
paradoxical evolutionarily stable strategy

> 面と向かうと強いやつが、面と向かえずには割を食う。面と向かった比較だけが面に向かう環境では丸く収まっているのだが。

キャッチ＝22 のジレンマ　　★005
Catch-22-type double bind

> この文章が受けないようでは先が思いやられる。この文章で受けるようならこれまでが推して知るべし。

ギャンブラーの誤謬　　パ043, ★013
gambler's fallacy

> 確率よりもツキや流れに殉ずるくらいでないと、天才ギャンブラーになれる確率は低い。

究極の還元主義　　心100
final reductionism

> 数学的経験なるものがあるだけでなく、経験とはすべて数学だったとわかる日が来たらどうしようか。すべて数学的、じゃなくてすべて数学、だよ。

付録◎パラドクス辞典

窮鼠猫を咬む？ 心039
public health selection
　文明は共存共栄を強いる。公衆衛生の副産物は、抗生物質 vs 耐性菌といういたちごっこだけではない。

恐喝のパラドクス 心008
paradox of blackmail
　恐喝に応じることは罪ではないが、贈賄に応じることは罪である。脅迫に屈することと誘惑に負けることの違いだろうか。警告に従うことと懇請を容れることの違いだろうか。

鏡像文 サ070
mirror image sentences
　あなたを記述することが潜在的にあなたのすべての性質の列挙を含むならば、あなたは無限回の人生に列(つら)なることになる——

禁欲のパラドクス ★059
paradox of asceticism
　禁欲したいという欲求を批判することによって、欲求への耽溺を正当化することはできない。耽溺への欲求を追認できるのみである。

偶然的パラドクス サ017
contingent paradoxes
　いかなる文も潜在的にパラドクスだが、そのうちたまたま露見したのが偶然的パラドクスである。必ずしも偶然が露見しなくても、偶然に露見すれば。

空のパラドクス 心070
paradox of ku
　背理法の仮定は、主張された言明として遇するべきだが、主張された言明として扱ってはならない。

クオリアの点滅 ★044
blinking qualia argument
　随伴現象説が現実に成り立っていても、クオリア点滅が起こる可能世界がある。
　　　（真なる事象様相　∃w（Ew ∧ ◇Bw））
　随伴現象説が成り立つ現実の中で、クオリア点滅が起こることは可能である。
　　　（偽なる言表様相　∃w ◇（Ew ∧ Bw））
　この２つさえ同一視できれば、難問と易問を同一化できるのだが。

くじのパラドクス パ045
lottery paradox
　誰もが福の神に会う可能性がある。しかし、全員が福の神に会う可能性はない。福の神の気難しさゆえではなく、福の神の論理ゆえに。

グッドマンのグルーのパラドクス　　　パ 067
projectible predicates
　言葉は予測だけでなく、説明にも使えるようでないと、科学用語としても日常用語としても等しく非なるものである。

クラスターの錯誤　　　心 057
clustering illusion
　錯誤が起こりやすいという理屈があるならば、錯誤が起こる方に賭けるべきである。錯誤が起こりうるという根拠があるならば、起こるという錯誤を試すべきである。

クリックの「統計の誤謬」　　　心 046
Crick's statistic fallacy
　地球人はランダムな宇宙人だが、だからこそ地球はランダムな惑星ではありえない。

クリプキの規則のパラドクス　　　パ 068
paradox of rule following
　具体的な適用の集合である規則と、アルゴリズムとしての規則とは、規則破りを規則化しないと引き剝がせない。

クリプキの信念のパズル　　　サ 045
Kripke's puzzle about belief
　客観的な報告にみえる間接話法は主観的誤解の直接的原因である。

クレタ人／プライアーのパラドクス　　　サ 015
Prior's family of Cretans paradoxes
　「人間みな嘘つき」は矛盾ゆえ偽。だからといって、嘘つきでない人間がいることが証明されたわけじゃないってば。

グレリングのパラドクス　　　パ 015
Grelling's paradox
　「抽象的」という単語は抽象的だが、「抽象的」という性質はこの上なく具体的かもしれない。

クローン人間　　　サ 107
human cloning
　「人間の尊厳に反する」という断定ほど傲慢で、人間の尊厳を踏みにじる態度はない。

芸術の「について」性　　　サ 054
aboutness of art
　芸術展では、出品物だけでなく、出品行為を込みに考えないと正しい評価ができません。少なくとも芸術的に正しい評価は。つまり世俗的に正しい評価は。

付録◎パラドクス辞典

係留ヒューリスティクス　　心003
anchoring heuristics

情報を偶然入手したからといって、幸運なヒントであるとは限らない。

決定論と自由意思　　心014
moral luck

およそ罪なるものが宿命であろうがなかろうが、罰には値するまい。罰に値するのは罪でなく危険性である。

ゲティア問題　　兄054
Gettier problem

真実が合理的な理由で信じられているのに、知識ではないと。偶然というものはしばしばそうした芸当をみせる。

ゲティア問題以前　　兄054
toward Gettier problem

答えが間違っているから知識ではないという事例よりも、答えが正しくても知識ではないという事例の方が多かろう。正しいから知識でない事例はもっと多かろう。

ゲーデル命題　　兄059
Gödel sentence

自分の限界はいくらでも知ることができるが、限界の自分についてはそうはいかない。

ゲーデル命題 Part2　　兄061
Gödel sentence: part2

知ることはできても決して知ることはないような事柄は、知りがたい場所より知りつくした身近な紙背行間に潜む。

ケネディ暗殺のパズル　　心034
counterfactuals

真実が藪の中であれば何通りもの仮説が立てられるが、藪の中ならではの厳格な序列が決定していたりするのだと。

権威からの論証　　心076
argument from authority

権威のお墨付きを信じてはならない。当の権威が実は権威でなかった場合はもちろん、唯一の権威でない場合にも。

現象判断のパラドクス　　★043
paradox of phenomenal judgement

因果関係がまったくない人物を指示することなど簡単だ。ただし支持することは難しく、ましてや師事することは決してできないが。

原爆投下のジレンマ ★091
atomic bombing dilemma

やってはならないことがやるべきことに化すところに、戦争の悪がある。やるべきでなかったとひたすら非難する人は、戦争を悪と認めまいとする人だろうか。

行為の原因 凡031
causes of action

本人の素質や能力も遺伝子も、環境の一部である。行為にとっては。

交換のパラドクス 心056
exchange paradox

選択肢の内容より先に個数を正確に見極めれば、可能性が個性化して難問がたちまち平易化する。

合成の誤謬 心072
fallacy of composition

個々の日本人が慎ましやかであればあるほど、日本という国は傲慢になりきれるような。

幸福と快楽 凡056
happiness and pleasure

快楽とは独立の、単に「幸福である」という自覚こそが幸福、という定義もありかもしれない。さらには「幸福である」という決意こそ、幸福の定義のみならず幸福な定義かもしれない。

功利主義のパラドクス 凡092
paradox of utilitarianism

最大多数の最大幸福に憑かれることほど、最少数の最少幸福をすら尽くしがたい姿勢はない。

合理性のパラドクス
paradox of rationality

「囚人のジレンマ」「最後通牒ゲーム」「ビュリダンのロバ」「毒物パラドクス」「美人投票のパラドクス」など一群のパラドクスの非公式の総称。「ニューカム問題」「勝者の呪い」のように予言のパラドクスと絡むものや、「アレのパラドクス」「代表性ヒューリスティクス」のように確率のパラドクスと絡むものも多い。「自己欺瞞のパラドクス」「サスペンスのパラドクス」のような亜種もある。

心の会計簿 心006
mental accounting

お金に名前は書いてないが、密かに使い道が書かれている。

胡蝶の夢 サ105
pan-fictionalism-butterfly dream

ともに夢の中ではあれ、コンピュータシミュレーションによる宇宙創作と、実験室ビッグバンによる宇宙創作との区別は、創作するまでもない。

子供はほめるより叱って育てよ？ 　　　　　　　　　　　　　パ078
regression fallacy
> なまじ道徳的な教訓が成立するメカニズムほど、単なる統計的効果ではないかと疑うことが道徳の基本。

この本の中の…… 　　　　　　　　　　　　　　　　　　　パ099
in this book…
> 本書に印刷されている中で一番画数の多い文字は「どれだろう」。そしてそれは「何だろう」。

この本の名は？ 　　　　　　　　　　　　　　　　　　　　サ019
what is the name of this book?
> 文の形をしたタイトルはしばしば見かけるが、どれも見えないカギ括弧によって非文化されている。

コープの法則 　　　　　　　　　　　　　　　　　　　　　心047
Cope's law
> 片道を塞いでおけば、偶然の揺らぎだけでかなりの奇跡が実演できる。

コペルニクス原理 　　　　　　　　　　　　　　　　　　　心059
Copernican principle
> いかに例外的な存在であっても、任意の一性質において例外的である確率は低い。

語用論的パラドクス 　　　　　　　　　　　　　　　　　　サ021
pragmatic paradoxes
> 「このメールはあなたに届かないかもしれませんね」的な不毛な文をつい書きたくなるのは、自己ツッコミの本能だろうか。

語用論的パラドクス
pragmatic paradoxes
> 「エイプリルフール・パラドクス」「ムーアのパラドクス」「ソクラテスの無知のパラドクス」「反芸術のパラドクス」「懐疑論のパラドクス」「やぎさんゆうびん」など一群のパラドクスの非公式の総称。「終末論法」「デルタt論法」など「観測選択効果」系にもこれの気配がある。

コールバーグの6段階 　　　　　　　　　　　　　　　　　心093
Kohlberg's moral stages
> 成長につれて視野が広がっていき、近視眼的な本能が根っこを押さえ続けていることが忘れられやすくなる。

コンコルドの誤謬 　　　　　　　　　　　　　　　　　　　★048
concorde fallacy
> 人間は野獣以上に野獣的だと言いたくなる場合があるが、むしろ野獣が人間以上に人間的なのかもしれぬ。

コンドルセのパラドクス
Condorcet's paradox サ 079

シードされるのが得なのは、相手が疲労しているせいだけではない。負ける確率が減るからだけでもない。その両方だけかどうかだけである。

≡ さ ≡

最後通牒ゲーム
ultimatum game ★ 069

われわれは利己的ではない。かといってなおさら利他的ではない。自分の利益を犠牲にしてまでも相手を責め、詰り、執拗かつ崇高に罰することしばしばなのだ。

最後通牒ゲーム:N回バージョン
ultimatum game: repeated version ★ 070

われわれはときに、ハッと我に返って利己的な理性に目覚めることがある。たいていは感情的な言葉の力によって。

最善の可能世界
the best of all possible worlds 心 035

可能世界が物理的に実在すると信じはじめると、現実世界の価値が不可能なほど変わることがある。

逆らえない命令
unrefusable order パ 009

イジメに逆らえないのは、たいてい「逆らえるもんなら逆らってみろよ」という命令が含まれているからかも。

サスペンスのパラドクス
paradox of suspense サ 051

ネタバレされてもまったく楽しみが損なわれないミステリー小説は、ミステリー小説としてはともかく、小説のミステリーとして良質である。

殺人の条件
necessary conditions of murder 心 009

加害者のいかなる行為も被害者の死の原因になっておらず、被害者の死期を早めてもいないが、たしかに加害者は被害者を殺した。論理にはそんな芸当もお手のもの。

ザルクマンのパラドクス
Zalcman's paradox サ 020

質問そのものを繰り返せば答えとして通用するような質問にはどのようなものがありますか?

サンクトペテルブルク・パラドクス（ペテルブルグ・パラドクス） パ035
St. Petersburg paradox

論理は常に永劫の時間にバックアップされている。それを忘れると、永牢の現在をセットアップされてしまう。

3囚人問題 パ041
3 prisoners

他者の運命を知ることで自分の運命の確率を変えるには、自らの破局を知ってしまうリスクを引き受けねばならない。

三単語クイズ 心088
three word quiz

類似性にもとづく隠喩的世界観と、近接性にもとづく換喩的世界観とは、競い合うのか、補い合うのか、喰え合うのか。

サンチョ・パンサの絞首台のパラドクス パ013
Sancho Panza's gallows

不合理な規則は合理的に守ることができないだけでなく、不合理に守ることすらできないかもしれない。合理的に破ることができないだけでなく、不合理に破ることすらできないかもしれない。

ジェンダー・パラドクス ★051
gender paradox

私たちは、男としてあるいは女として生まれ、教育によってしだいに人間になってゆく。

時間差レイプ ★056
rape after sexual intercourse

女の言い分？　あれだけヤッといて付き合わないなんて、文句言いたい。
男の言い草？　付き合いもしない女とあれだけヤレて、ラッキーだったな。

死刑廃止論 パ090
argument against capital punishment

死刑という不条理が必要とされるとしたら、懲罰のためでも犯罪抑止のためでもない。極悪に対する社会の態度表明の象徴としてである。

死刑を怖れれば誤審は起きない？ 心075
argument for capital punishment

「ほぼ」の誤差が二、三積み重なっただけで「まったく」になることがある。因果関係を逆転させることすらある。

時限爆弾シナリオ ★090
ticking time bomb scenario

人類絶滅を防ぐ手が他にないとしても、罪のない子どもを拷問することは許されない。その考えは許されるだろうか。そんなことを論じなければならないことが拷問だろうか。

自己欺瞞のパラドクス サ050
paradox of self-deception

自分を騙すことが可能であればあるほど、自分の中に他者が発見できる。なわけないところが人間の深さであり、浅さである。

自己言及のパラドクス
self-reference paradox

「嘘つきのパラドクス」「ラッセルのパラドクス」「カリーのパラドクス」「グレリングのパラドクス」「床屋のパラドクス」「相互言及のパラドクス」など一群のパラドクスの非公式の総称。「ヤーブローのパラドクス」「韓非子の矛と盾」のような暗黙言及系もある。

自己充足的信念 心017
Self-fulfilling Belief

自分で自分の靴ひもを引っ張って宙に浮かぶことは、論理的には不可能ではあるまい。その瞬間に我が失われ理が消えるかもしれないが。

自己反例的パラドクス サ018
self-counterexemplifying paradoxes

必然的に偽だからといって、矛盾しているとは限りませんて。

自殺する権利 パ095
right of self-murder

自由に限界はないが、自由の尊重には限界がある。よって、限界の自由こそ尊重されねばならない。

自然主義の誤謬 心040
naturalistic fallacy

自然な事実としてどうであるかと、どうであるべきか。この２つが同一視されがちなのは、自然な事実だろうか、そうあるべき自然だろうか。

慈悲深い殺人のパラドクス サ062
paradox of gentle murder

副詞を２つ以上重ねるコツを学び取れば、容易にパラドクスの大量生産ができそうだったり。

清水義範のメタ・パラドクス ★009
Shimizu's meta-paradox

学界好みのパラドクスの大半は、解決よりも維持にコストがかかる。よほど目を凝らさないと再認できない、心霊写真の希少種。

射撃室のパラドクス
shooting-room paradox　　　　　　　　　　　　　　　サ097

母集団が閉じているのか開いているのかが、楽観論・悲観論の信憑性に悲喜こもごもの影を落とす。

車線問題
next lane problem　　　　　　　　　　　　　　　　　サ090

同じ効果を及ぼすメカニズムが複数働いている場合、必ずや論理的な方が見落とされる。

囚人のジレンマ
prisoner's dilemma　　　　　　　　　　　　　　　　　バ082

２つの合理的判断、たとえば場合分け判断と確率判断とが、正反対の結論を支持することがある。合理性が曖昧なのか、曖昧が合理的なのか。

囚人のジレンマ：N回バージョン
prisoner's dilemma: repeated version　　　　　　　　心025

繰り返し同じ状況に置かれることが前提された場合、合理性の曖昧さはどのくらい明晰化されるだろうか。曖昧が明晰に変ずるという意味であれ、曖昧度がさらにあからさまになるという意味であれ。

終末論法
doomsday argument　　　　　　　　　　　　　　　　バ075

自分が今ここにいる、という事実は、自明なデータどころではない。仮説の提案と検定とに不正二重使用されがちな、最も危険なデータである。

宿命論のパラドクス
paradox of fatalism　　　　　　　　　　　　　　　　サ074

謙遜して発言を仮言的文言に修正すると、どんな瑣末な性質も本質的性質に化けてしまう。なんたる傲慢。

シュレーディンガーの猫
Schrödinger's cat　　　　　　　　　　　　　　　　　★024

ガラス張りの部屋では生死の境目ははっきりしている。包み隠しなき心どうしにこそ疑心暗鬼の陰翳が宿らねばすまぬのと正反対に。

循環問答
self-involving exchange　　　　　　　　　　　　　　サ023

質問を変数として取り込む回答は、不適切ではあっても有効であることが多い。

勝者の裁き？
victors' justice?　　　　　　　　　　　　　　　　　★093

形式が有効であればあるほど、形式は人を騙す。内容が有益であればあるほど、人は内容に背く。「罪深いやつ」と「危ないやつ」とをいっしょくたにすると、自ら罪と危険に感染する。

勝者の呪い 心 027

winner's curse

買うと必ず損すると理屈でわかっていたので買わずにすまし、結局買わなかったがために損をした。そういう経験がけっこう得だったのだが……。

初版のパラドクス ★ 046

paradox of the first edition

批判・中傷・非難によって被るダメージの大半は、いちいち答える労力による消耗である。

序文のパラドクス（誠実 vs 賢明） パ 046

paradox of preface

拙著の中に間違った文など１つも書いた覚えはないのに、どこかに必ず間違った文がある。紛れ込んだのか、芽生えたのか、変質したのか。

知らぬは亭主ばかりなり 心 028

common knowledge

「誰もが知ってる」と「知の共有」は大違い。誰もが知っている事実を改めて口に出しただけで、誰もが知らなかった洞察に誰もがただちに辿り着くとはな……。

ジレンマをパズルに変える方法 サ 085

how to change dilemma into puzzle

答えを分割するか、ひとつにまとめるかは、回答者の好み次第である。質問者のセンスが回答者の好みを上回っていなければ。

白黒の壁 心 061

fry on the wall story

確率の高い方のことが起きたからといって、説明が不要になることはめったにない。

真剣勝負のパラドクス ★ 084

paradox of serious fight

無視されることに耐えられる観客は一流である。無視されることを望む観客は超一流である。無視されないと怒る観客は神である。

真実のジレンマ サ 027

truth-teller paradox

自己保証には必然的に、自己不在が保証されている。

人種の遺伝的素質 心 041

racialism?

人種の大きな分類が３つというのは、偏見を下品に露出させないために好都合な見立てであった。

シンデレラ民話のパラドクス ★062
paradox of Cinderella

伝承が外界をしばしば反転させるのは、伝承者の心が内向きの鏡だからである。

シンプソンのパラドクス ［パ］077
Simpson's paradox

原因 - 結果のメカニズムがわからなければ、相関関係の統計に頼るしか仕方がない。あくまでしぶしぶ頼ることを条件に。

シンプソンのパラドクス：一般形 ★015
Simpson's paradox: general version

全体集合での統計よりも、真部分集合の中での統計の方を信じるべきだとは限らない。ランダムなメンバー性が失われていることしばしばなのだから。

真理の人間尺度説 ［サ］029
anthropocentrism of truth

事実が真理に昇格するには、人間の心が必要であるらしい。とくに煩悩という心が。

心霊ドキュメンタリーの信憑性 ★083
credibility of psychic documentary

密かに覗き見たことならなんでも信じてしまう人がいる。ヤラセとノゾキは本当に相性がよいようで。

推移律のパズル ［サ］036
transitivity puzzle

お互いに相手の前にいることができるのと同様、お互いに相手の優位にいたり、影であったり、守護神であったりすることができる。

スマリヤンのパラドクス ［パ］049
Smullyan's paradox

死の原因を作ること、死期を早めること。殺人の条件としてこの２つが譲れないとしたら、殺人者の倫理的定義に論理的譲歩が求められる。

性差のパズル ★052
differences between the sexes

微差を大差へ拡大してゆく微妙ならざるメカニズムによってのみ、男と女は互いの微差を微妙な魅力にしてゆくことができる。

精神鑑定のジレンマ ★063
dilemma of psychiatric test

狂ったふりを通そうとするなら狂ってはおるまいが、狂ったふりを通せるならすでに狂っていよう。

性比のパズル ★053
puzzle of sex ratio
　男は男らしい方が絶対に得で、女は女らしい方が絶対に得である。これからもその通りであるかどうかは、「らしさ」の意味がどう性選択されていくかにかかっているが。

生命の窓 心048
window for life
　達成者に限れば誰もが速やかに達成できたからといって、その仕事が簡単だということにはならない。

世界5分前誕生仮説（オムファロス仮説） ★042
omphalos hypothesis
　およそ最も人間中心的な世界観は、世界が周到に人間を騙し続けているという世界観である。

世界最小の電子頭脳「ミニアック」 サ016
miniac
　外界を参照せずにどんな問いにも正解を返してくれる論理的万能機械？　物理的永久機関よりも難しかろう。その実現がではなく、不可能だと見破るのが。

セクシュアル・ハラスメントのジレンマ ★055
dilemma of sexual harassment
　誘いに乗って何もしなかったら、誘っておいて何もさせないのと同じくらい、性倫理上の罪なのだとか。

ゼノンのタネのパラドクス サ083
millet seed paradox
　境目が見えるか見えないかの境目と、境目があるかないかの境目との間には、はっきり境目がある。

ゼーリガーのパラドクス ★020
Seeliger's paradox
　時間のおかげで、いたるところに宇宙の重みが折り重なることなしですんでいる。

0乗 ★030
zero power
　ゼロ回掛け合わせるというのを、ゼロを掛けるとか、ゼロに掛け合わせるとか、ゼロと掛け合わせるとかと識別するには、0にリセットする辻褄合わせのテクが必要である。

0の0乗 ★031
zero to the zero power
　ゼロをゼロ回掛け合わせるというのを、ゼロとゼロを掛けるだの、ゼロにゼロを掛け合わせるだの、ゼロとゼロとを掛け合わせるだのと識別するには、0からリセットする辻褄再構成の直観が必要である。

0の0乗：哲学バージョン　　　　　　　　　　　　　　　★ 032
zero to the zero power: philosophical explanation
　何も実行しないのと、何もしないことを実行するのとでは、無と有ほどの大違い。

1001匹の猫のパラドクス　　　　　　　　　　　　　　　ハ 051
paradox of the 1,001 cats
　髪の毛の先を見つめるだけで悟ることができる。我らはみな、無数の相矛盾した生命体が同時に同じ時空間を占有した多重的存在なり、と。

選好の推移律　　　　　　　　　　　　　　　　　　　　★ 067
transitivity of preference
　人間的な好みは数学的な序列に従わない。従うという思い込みこそが人間的なのだが。

全体的証拠の原理　　　　　　　　　　　　　　　　　　★ 016
principle of total evidence
　もとの統計より、真部分集合へと狭めた集団における統計を重んじるべきである。騙されない自信さえあれば。

選択公理　　　　　　　　　　　　　　　　　　　　　　★ 034
axiom of choice
　無限個の中から無限個のものを選び出すには、有限の言葉で語り尽くせる基準がなきゃダメ。そう言われては無限個の苦労からの選択が強いられそうだが……。

選択自由のパラドクス　　　　　　　　　　　　　　　　ハ 093
paradox of autonomy
　自由を制限する自由を認めねばならないように、束縛を拡張する束縛は拒まねばならない。

選択のパラドクス　　　　　　　　　　　　　　　　　　★ 066
paradox of choice
　自由と幸福のいずれを選ぶかというジレンマは、自負か降伏かというジレンマに似ている、いやそのものである。

禅問答：外道問仏　　　　　　　　　　　　　　　　　　★ 008
mondo: One Outside the Way Asks the Buddha
　「無我」は万能の解決策であるが、解決の万能薬ではない。

相互言及のパラドクス　　　　　　　　　　　　　　　　サ 022
paradoxes of cross-reference
　意図せずして言及した事態の転びよう如何によっては、私のこの発言もパラドクスかもしれないのだし……。

相対主義のパラドクス
paradox of relativism　　　　　　　　　　　　　　　凡094

相対主義者たるもの、自己制約的であるか不徹底であるかを喜んで自認しよう。しかし矛盾という絶対的境地と見なされるのだけは絶対に心外だろう。

ソクラテスの無知のパラドクス
Socratic ignorance paradox　　　　　　　　　　　　サ049

自分が無知であると知るためには、知に値するどれほどのことに無知なのかを知らねばなるまい。膨大な知が要求されよう。無知の自称たるや最大の傲慢たるゆえん。

訴追者の誤謬
prosecutor's fallacy　　　　　　　　　　　　　　　★017

何度言ったらわかるんだろう。要は容疑者が犯人らしいかどうか探るんじゃなく、容疑者を探ったら犯人らしいかどうかだというのに。

ゾンビ・ワールド
zombi world　　　　　　　　　　　　　　　　　　凡058

自分にまったく主観的内面がないと密かに信じることは可能だろうか。内面がないと信じた時点で心らしい外面も失うのではないだろうか。

≡ た ≡

対角線論法
diagonal argument　　　　　　　　　　　　　　　　凡017

一流の論証は、図示すると美麗な軌跡を描く。たいてい射程の長い斜線を含んでいる。

対偶
contraposition　　　　　　　　　　　　　　　　　　凡003

文の意味を変えずに言い換えるためには、言外の意味を大幅に変える、いや正反対にする必要があったりするだろうか。

大数の法則
law of large numbers　　　　　　　　　　　　　　　凡037

形は大きさに屈する。同じ縦横比でも、絶対数によって価値が異なる。

大統領は人間にあらず？
probability paradoxes　　　　　　　　　　　　　　　サ035

人間が話題になっているからといって、人間サマが話題になっているとは限らない。

代表性ヒューリスティクス　　　　　　　　　　　　　　　心 001
representativeness heuristics
　それらしいイメージにあてはまればあてはまるほどそうである確率が増えるわけではない。そこに人間的直観らしい哀しきイメージがある。

タイムトラベルのパラドクス 1（親殺し）　　　　　　　凡 079
paradox of time travel
　タイムトラベルをすれば必ず矛盾が発生するというならばタイムトラベルは不可能だろう。しかし単に矛盾が可能になるというだけなら……？

タイムトラベルのパラドクス 2（無からのループ）　　　凡 080
causal loop
　タイムトラベルをすれば必ず創造論が正しくなるというならばタイムトラベルは反科学的だろう。しかし単に創造論が確からしくなるというだけなら……？

多義図形と多義文　　　　　　　　　　　　　　　　　　★ 078
ambiguous picture and ambiguous sentence
　感覚的な錯覚と概念的な錯誤は、類似を探りたくなる程度に似ており、類似を探らねばならない程度に別物である。

多数派と少数派のパラドクス　　　　　　　　　　　　　サ 100
large and small groups
　先に当たりをつけていた場合とそうでない場合とでは、確証される仮説は似ても似つかない。まったく同じデータが得られたとしたらなおさら。

多世界説の経験的証拠　　　　　　　　　　　　　　　　サ 102
observational evidence of many-worlds
　この宇宙とは因果関係のない別の宇宙。その存在証明を、この宇宙の中に発見できていないとしても、発見しうるということは証明できる。

妥当な演繹のパラドクス　　　　　　　　　　　　　　　サ 033
valid argumentation paradox
　実在の人物がフィクションに使われると、虚構の真実と現実の真実との混同が生じうるが、論理学においてはなおさらである。

たぬき・むじな事件、むささび・もま事件　　　　　　　凡 089
mistake of fact, mistake of law
　情状の微妙な温度差が有罪と無罪を分けるばかりでなく、無理と無論の断絶をもたらすことがある。

単純追加のパラドクス　　　　　　　　　　　　　サ 106
mere addition paradox

ただでさえ平等と幸福量との葛藤きびしきところに、駄目押しの紛糾が産まれ出よう。産めよ殖やせよ言われると。

チェーン店のパラドクス　　　　　　　　　　　　サ 077
chain store paradox

勝負の終了予定が決まっていない不確実性と、相手が正気でないかもしれないという疑心暗鬼とが、社会を無事動かすとともに、無用の絶滅戦を促している。

チキン！　　　　　　　　　　　　　　　　　　　サ 078
chicken!

自由意思の放棄を宣言することが、ときとして自由意思実現の最善の方法だとはな。

知識の閉包性　　　　　　　　　　　　　　　　　ハ 060
closure principle of knowledge

知識は閉じた世界を形成しない。外へ開かれるよりも、内側に無限に落ち込んでゆく。知識そのものがいったん知られ始めるやてきめんに。

中国語の部屋　　　　　　　　　　　　　　　　　心 096
Chinese room argument

知覚を次第に精密化していって、意識が灯る瞬間を捉えようとしても無駄だろう。捉えられたらそれは物であって意識でありえないのだから。

忠誠のパラドクス　　　　　　　　　　　　　　　ハ 032
paradox of loyalty

倫理、教訓、法則の普遍化可能性は、「いかなる○○であれ」というお馴染みの形に忠実だとは限りません。

チューリング・テスト　　　　　　　　　　　　　心 095
Turing test

意識と区別できない現われ方をするからといって、意識が表われているのかどうか。現われと表われは違う現われ方をするはずだから。

墜落ネコの死亡率　　　　　　　　　　　　　　　心 016
falling cats' death rate

精神の、いかなる高みから落ちても平気な身軽さが、軽薄という重しとなって身体を煩わせる。

デイヴィドソンのパラドクス　　　　　　　　　　サ 041
Davidson's paradox

いかなる誤りにもそれなりの根拠がある以上、いかなる誤りもそれなりに合理的である。その考えは合理的だが、合理的なだけである。

定義のパラドクス ★006
paradox of definition

> 対象や現象や出来事や概念について説明がやたら懇切丁寧である。まず言葉の意味を説明してほしいときに限って。

定項のパラドクス サ073
paradox of constant

> xが未知数なのか変数なのかは大違い。なにしろ定まり方が未知数 > 定数 > 変数だというのだから。

定常宇宙論の矛盾 サ104
contradiction in steady-state cosmological model

> 主題が何であっても、それがずっと変わらない、という学説だけはともあれ間違っていると見てよいようだ。

テセウスの船 パ052
ship of Theseus

> ひとつの物がいくつの物と同じでありうるかを考えると、「同じ」という概念どうしが同じでないことに気づくだろう。

デモクリトスのジレンマ サ012
Democritus' dilemma

> いかなる断面と断面の間にも削除された中間がある。あるいは挿入された中間が。

デュエム - クワインテーゼ サ087
Duhem-Quine thesis

> 実験がうまくいかないときはえてして、捏造の誘惑と理論修正の蛮勇とがせめぎ合う実験場が現出しよう。

デリダのパラドクス サ059
Derrida's paradox

> どれほどまで誤解を許容するかが、科学者の不適性を測る物差しであり、文化人の器量を示す指標である。

デルタ t 論法 サ091
delta t argument

> 自分の歴史的場所から、人類の歴史をどれほど解釈できるだろうか。解釈できる度合に応じて、歴史の外に出ている感が強いが。

天国への道 パ019
road to the heaven

> 誰が吸血鬼かを突き止めるには、推理の出発点として一番血色のよい者を探すより、任意の１人を吸血鬼と仮定するのが上策である。

同一人物であること 　　　　　　　　　　　　　　　　　　　パ 026
personal identity
　心が同一でも、体が連続していなかったら――、体が同一で心が似ても似つかぬ場合に比べて同じくらい、同一人物といえるだろうか？

同一性のパラドクス 　　　　　　　　　　　　　　　　　　　★ 039
paradox of identity
　部分を独立させるべきときと、全体に従属させるべきときとの判別が、概念を操る秘訣の大部分を占める。

同型問題 　　　　　　　　　　　　　　　　　　　　　　　　心 007
isomorphic problem
　使いやすさと考えやすさは別ものだが、使えそうかどうかと考えやすいかどうかはほぼ一致する。

盗撮ビデオ：ヤラセの見破りかた 　　　　　　　　　　　　　心 029
peeping video: how to find fakes
　エロビデオを見るにも、局部ばかりでなく人格への興味を忘れぬ大局的視点が観賞レベルをアップさせる。すなわち低レベル観賞の快楽を損なう。

投票のパラドクス 　　　　　　　　　　　　　　　　　　　　パ 084
paradox of voting(Ostrogorski's paradox)
　評価で勝っても人気で負ける。あるいはその逆。多数決はとかく気難しい。評価も人気も揺るぎない多数決という決め方は。

独我論のパラドクス 　　　　　　　　　　　　　　　　　　　サ 058
paradox of solipcism
　無意識や記憶喪失や多重人格の可能性は、独り言の純粋さを汚すだろうか。

ドクター・サイコ・パラドクス 　　　　　　　　　　　　　　サ 095
Dr. Psycho paradox
　真理と意味のいずれを〈重視するかによって〉命に関わる決断の正否が左右される。〈重視すべきかによって〉なら然るべく対し方があるものを。

毒物パラドクス 　　　　　　　　　　　　　　　　　　　　　★ 071
toxin paradox
　自分が結局やらないとわかっていることを本気でやる意図を固めることはできるだろうか。できたとしたら、自分の意図を今後信じられるだろうか。

毒物パラドクス：N 回バージョン 　　　　　　　　　　　　　★ 072
toxin paradox: repeated version
　意図を行為で試される可能性がなくなったとわかったとき、意図は行為の束縛から完全に逃れられるだろうか。

「特別な数」のパラドクス サ046
paradox of interesting numbers

特別さは各々独立しているはずなので、特別な独立性というものはありえない。

解けない問題 八010
insolvable problem

哲学の問題の半数以上は、決して解けないことが前提された問題である。たとえ数学的に解けたとしても、哲学的には解けないものと決議済である。

床屋のパラドクス 八012
barber paradox

存在しえない者の気持ちになることはできないが、存在しえない者の視点に立つことはできる。

ドーピング 八097
improper doping

薬物スキャンダルの発覚で作品が回収されるか否か。これ、大衆的芸人か芸術家かの試金石。

飛ぶ矢 サ007
arrow

一瞬にして一点を通過できるとは、なんと速くも遅くもありうる矢だろう。

ドミノ倒し論法 心080
mathematical induction

程度の差に関する事柄については、数学的帰納法は使えない。証明の方法と証明の対象とが依存しあっているのだから。

トムソンのランプ サ009
Thompson's lamp

架空の報告に欺かれたときは、何でもOKの寛容さで報復すべし。

ド・モルガンのパラドクス サ004
De Morgan's paradox

AもBもCに等しいからといって、AとBが等しいとは限らない。あの特殊なCに限っては。

トリストラム・シャンディの自叙伝 サ063
Tristram Shandy's autobiography

永遠に終わらない作業であっても完成することがある。作業されずに残る部分がなければ作業は完成、そういう穏やかな定義のもとでは。

トロイの蝿　　　　　　　　　　　　　　　　　　　　　　　心 099
trojan fly

特異点を経た後となっては、どのように再構成しようと自由である。ただし最低限の条件が最大限引き継がれていくことだろうが。

≡ な ≡

ナーゲルの「超難問」　　　　　　　　　　　　　　　　　サ 014
Nagel's "harder problem"

誰のナルシシズムがどの人物に向けられうるかを知るには、世界に誰が存在するかを知ることが必要であり、誰が存在しうるかを知れば十分である。

ナッシュ均衡　　　　　　　　　　　　　　　　　　　　心 022
Nash equilibrium

穏当な計算をどんどん続けていくと、極端な算段だけが唯一の選択肢として残りがちである。

「ならば」の論理　　　　　　　　　　　　　　　　　　パ 005
if ... then...

論理的センスが露わになるのは、仮定していない事柄に対する態度によってだ。

二重効果のジレンマ１〜医師の決断　　　　　　　　　　パ 086
principle of double effects1

人命の重さは数で計れる。というより、人数以外のもので計ってはならない。

二重効果のジレンマ２〜運転士の決断　　　　　　　　　パ 087
principle of double effects2

行為の重さはたいてい、意図と結果の関数だが、そうでない場合にだけ行為の重みが露わになる。

二重効果のジレンマ〜解決編　　　　　　　　　　　　　パ 088
double effects-resolution

重さは広さで決まる。行為の重さはほとんど、行為の同一性を保った反実仮想空間の広さ次第。

日蝕のジレンマ　　　　　　　　　　　　　　　　　　　心 013
eclipse dilemma

稀少価値そのものは美の体験中は忘れられるはず。少なくとも体験型の美と非体験型の美においてだけは。

日蝕のパズル
eclipse puzzle　　　　　　　　　　　　　　　　　　　　心 012

太陽と月をせっかく同じ大きさに見せたなら、なぜ日蝕を毎月毎週にでも起こさないのか。やはり創造主って非力なのか、あるいは御都合主義が中途半端に嫌いなのか。

日蝕のパラドクス
eclipse paradox　　　　　　　　　　　　　　　　　　　心 011

光を反射しないものを見ることはできないが、その輪郭は知られるので厄介だ。

ニューカム問題
Newcomb's problem　　　　　　　　　　　　　　　　　パ 081

直接の因果関係を重視するか、確率的相関関係を懸念するか。好みの問題ですめば日々、決断と失敗との相関も因果も消え失せようが。

ニルヴァーナのパラドクス
paradox of nirvana　　　　　　　　　　　　　　　　　サ 057

悟りの境地は始めから悟りすましていると達成されない。達成こそが達成の阻害条件。という達観こそがまた最大の阻害要因である。

ニワトリか卵か
chicken and egg debate　　　　　　　　　　　　　　　パ 020

生物学のパズルだったものが、パラダイム変換後には修辞学のパズルに変貌したり。

庭のパラドクス
principle of indifference　　　　　　　　　　　　　　心 068

無差別原理を何に適用するかによって、確率はいくらでも操作できる。操作できても変更ができないのが確率だが。

人間転送機
teletransportation　　　　　　　　　　　　　　　　　パ 027

移動ではなく複製になってしまわぬよう、フライング防止に神経が使われることになるだろう、テレポート・テクノロジーは。

抜き打ち絞首刑をする方法
unexpected hanging　　　　　　　　　　　　　　　　パ 070

今日の予想が、明日の自分を縛ることはない。が、自分を明日へ縛らずにはいないだろう。

抜き打ち試験のパラドクス
surprise quiz　　　　　　　　　　　　　　　　　　　パ 069

完全な抜き打ち試験は、抜き打ちという性質ではなく、試験という性質によって実現される。

ネクタイのパラドクス ★018
necktie paradox

同じ言葉で違う価値が指し示されたり、違う言葉で同じ価値が指し示されたりする。同じ言葉で同じ価値が指し示されることさえあるのだ。

眠り姫問題 サ098
sleeping beauty problem

記憶喪失によって分断された人格は、別々の身体にいる人格と同列に扱えるだろうか。少なくとも同数と扱えるだろうか。

NOBODYのパラドクス サ037
nobody paradox

無ほど空虚なものはない。というよりも、無ほど空虚を充実に見せかけるものはない。

残りものには福がある？ 心054
order of choice

確率をなるべく高くせよ——実力の論理。
高さをなるべく確率化せよ——実力寄りの論理。
確率を重ねる回数を最小限に——実力風の論理。

☰ は ☰

売春のパラドクス ★057
paradox of prostitution

夫婦以外のセックスは違法、とすっきり決める必要があろう。性倫理に暗にわだかまる矛盾の根をどうしても断つべきなら。

排中律 ハ022
law of excluded middle

述語に係る副詞と文に係る副詞とは念のため常にアクセントを変えておけ。とりわけ否定という副詞については杞憂はありえない。

ハインツのジレンマ 心094
Heinz's dilemma

質問に答えない態度と、断定を避ける態度とは、まったく別物ながら頻繁に併用されてきた。まったく別物だから頻繁に兼用されてきた。

パーキー効果
Perky effect 心090

　自由意思は環境によって強制されている。強制が露骨であればあるほど気づかない。さほどに自由は誇りと幻想を纏わされている。

禿頭のパラドクス
bald man paradox サ082

　程度問題を線引き問題として扱ってよいかどうかは、程度問題であると線引きしたいのだが。

初めての計算
new calculation パ057

　知識とは、脳の状態というより、環境の状態である。その信念は環境というより脳の状態だろうが。

パスカルの賭け
Pascal's wager パ034

　神は唯一、という断定が唯一でありさえすれば、神に賭けるのが唯一合理的だったろうに……。

パズル？　ジレンマ？　パラドクス？
puzzle? dilemma? paradox? パ001

　正解の質は、新たな不正解の出現に依存する。

外れない予言
unfalsifiable prediction パ008

　外れそうにない予言は、もちろん当たりそうである。絶対外れない予言は、当たることも絶対ない。

罰金のパラドクス
paradox of penalty ★068

　損より罪を避け、利より義を求めているうちは、罪が得になり、不義が有利になる可能性を秘めている。

バナッハ・タルスキーのパラドクス
Banach-Tarski Paradox ★035

　見せてみろと言われると一切できないことのどれほどが、見せなくていいとなるやいなや派手に為し遂げられることか！

バベルの図書館〜対角線論法
library of Babel~diagonal argument パ017

　一文字でも食い違えば別物、という厳格な基準と、単語や分節の違いは同一性を損なわぬという基準と。どちらにしても情報が底をつく心配はない。なさすぎる。

パラドクスとジレンマをパズル化する　　　★001
how to puzzlize dilemma or paradox

　パズル解きを軽蔑する高尚なパラドクス・ユーザーなら、自前の煩いが依然パラドクスなのだと証明するためのパズルに取り組み続けるというジレンマにお悩みだろう。

反芸術のパラドクス　　　サ055
paradox of anti-art

　「町では『芸術じゃない、芸術じゃない』とテレた振りをしていたのですが、法廷では『これも芸術、あれも芸術』と主張しました」（赤瀬川原平）。パケでは「本物、本物」とマニアを煽って、司法当局には「ヤラセ、ヤラセ」と主張しています（盗撮AVメーカー）。

反差別という差別主義　　　凡096
implicit prejudice

　差別反対の論理には差別性への偏見が必要とされているように、性差別を糾弾するには性別への偏見が必須である。

ピアジェの錯誤　　　★060
Piaget's fallacy

　大人が子ども目線に迎合すると、子どもは大人目線を代わりに装着し始める。

ビギナーズ・ラック？　　　心060
beginner's luck?

　ベテランもマニアもドランカーも、たった一度に限ってみれば、ビギナーに遜色なく幸運かつ不運である。

悲劇のパラドクス　　　凡028
paradox of tragedy

　芸術的に洗練された装いは、意匠の力を借りるまでもなく、本能的反応で成立してしまう。秘かなる芸術の悲劇。

美人投票のパラドクス　　　心023
beauty contest paradox

　美の基準が全員一致していても、美の序列が一致するとは限らない。美の序列が全員一致していても、一致の基準と一致の序列が合致することはめったにない。

ビゼー - ヴェルディのジレンマ　　　サ084
Bizet-Verdi dilemma

　私にはこの問題が解けないのだが、もし解けたとしたら、（①私が実際よりも賢い場合だろう。②この問題が実際よりも易しい場合だろう）。
　私にはこの問題が解けた確信などないのだが、もし確信できたとしたら、（①私が実際よりも賢い場合だろう。②私が実際よりも愚かな場合だろう）。

非同一性問題（未来世代のパラドクス） ［パ］091
non-identity problem
> 利己的な物欲を正当化したい衝動と、純粋哲学的な思弁的探究心とは、往々にして識別できない。

人はなぜ犬をかわいがるのか？ ［心］036
man-dog paradox
> 犬や猫を可愛がる人は、可愛がらない人に比べて、場合分け的には不利、期待効用的には有利。最も身近なニューカム問題。

百聞は一見に如かず？ ［心］066
Seeing is believing?
> 見て得た情報か聞いて得た情報かよりも、たまたま転げ込んだ情報か狙って得た情報かの方が、耳目を集めるに値する違いだ。

ヒュームの懐疑主義 ［心］043
Hume's skepticism about induction
> ただこうなっている、というのは、こうである理由にはなりえないが、こうである根拠ではあろう。

ヒュームのパラドクス ［心］083
Hume's logical positivism
> 真理や意味について述べる文は、それ自体、真理や意味を有する必要はないかもしれん。

ビュリダンのロバ ［サ］042
Buridan's ass
> 合理的理由にこだわるまい、というのが日常生活を支える最大の合理的理由である。

ヒルベルトのホテル ［サ］064
Hilbert's hotel
> 無限はなんと無限に伸縮する。無限に伸縮できるから無限なのだ、かどうかは即断できないけれども。

瓶の中の小鬼 ［パ］072
bottle imp
> 合理的な計算も、非合理的な者が必ずいるという条件を忘れると、合理的に適用できなくなる。

ファイン・チューニング ［心］051
fine-tuning
> この宇宙は生物にとってあまりに好都合にできている。どうしてそう言いたくなるのだろう、太陽系が生物に満ちあふれているというわけでもないのに？

フィクションを怖れる
fearirng fictions
サ 052

娯楽だし虚構なのに当事者的な感情にいちいち身悶える。これ、人間がそしてこの世が本来虚構的である証拠だろうか。

フェルミのパラドクス
Fermi's paradox
パ 076

宇宙でただひとつの惑星に生物が誕生したのだとしたら、地球生物は存在としては特別だが、生物としてはまことに平凡ということになろう。

不確定性原理
uncertainty principle
★ 022

「この世は不確定」という達観が超俗的にも洗練されたセンスにも見えるのは、確定への蒙昧な信仰が拭い去れない間だけである。

2つの封筒のパラドクス
two envelopes paradox
サ 043

損して得とれ。得をとれるなら損でなくなり、教訓に反するのだが……。反して従え。

2つの封筒のパラドクス（交換のパラドクス）
two envelopes problem
★ 019

いかなる詭弁の裏にも、ときには表にすら、確かなお得バージョンが潜んでいる。

「2つの封筒のパラドクス」へのトンデモ解答
absurd answer to two envelopes problem
★ 019

人の名前がたまたま数字だからといって、名前で資産や知能指数を判断してはならない。

双子のパラドクス
twin paradox
★ 021

相対性こそ絶対でなければならない。視点も価値観も相対的だが、座標は多数派に合わせて固定しないと、相対性そのものが相対的に失せてしまうから。

2人の子ども問題
boy or girl part 2
★ 010

どんなに無用な情報であっても、知られることにより有用になることがある。という教訓を知ったとて、無用はやはり無用にすぎない文脈を忘れるべからず。

2人の受講生
Bayesian inference
パ 038

サンプルを得たのか、情報だけを得たのか、条件付き情報を得たのか。すばやく区別しないと、何も得なかったより悪くなる。誤報を掴まされたよりもずっと。

プラグマティズムのパラドクス
paradox of pragmatism 心020

実用的応用と緊密に結びついてきたために、実用性に乏しい段階で停滞してしまった中華数学——まことに実用的な教訓。

プラシーボ効果
placebo effect 心018

「病は気から」だからこそ、いったんそう信じるや「信じる者は救われる」ことができなくなってしまうんです。

ブラックのジョーク
Black's joke 心062

自分を特別視してはならないが、自分を除外して考えないと自分なき世界を真に受ける羽目になる。

ブラリ・フォルティのパラドクス
Burali-Forti paradox ★033

簡単に定義できるからといって、定義されるものが簡単だとは限らない。

フレーミング効果
framing effect 心005

強調点よりも基準点の方が、判断の形成に強調点をもたらすようだ。

プロタゴラスの契約
contract of Protagoras サ028

契約と裁定が正反対を命じたときの解決なんてどうとでもできる。しかし裁定についての契約と、契約についての裁定がバッティングするとはな……。

「フロリダ」という名の女の子
boy or girl part 4 ★012

名前を教えてもらっただけでは、当人についての知識はわずかしか増えない。が、名前が当たったのだとしたら、当人について要らぬ知識まで殺到してしまう。

分割の誤謬
fallacy of division 心072

日本という国が侵略的だったから個々の日本人も侵略的だったというのは、まことに侵略的な考え方である。

分割のパラドクス
bisection paradox サ006

時空を無限に分割できるなら、運動も視点も無限に分割できなければならないのだが。そして何より分割そのものをも。

分析のパラドクス
paradox of analysis ★007

ものの名前を知っただけでは大した進歩ではないが、同じものの複数の呼び名を知るのは劇的な進歩である。

文の否定
negated sentence 凡002

「私」「今」「ここ」はそう簡単にパズルすら仄めかしもしないのに、「この文」だとたちまちパラドクス風味の名産地となったり。

文明はなぜ永遠に続かないか
event horizon 心033

過去を見れば、未来がだいたいわかる。とりわけ、どこからが未来なのかわかるのが大きい。

分離脳
split brain サ099

能力が分割されるほど自意識は重複するだろう。記憶は共有されても経験は交わらないだろう。身元が複製されるので身分は奪い合われるだろう。

ペイリーの時計
Paley's watchmaker analogy ★045

神を讃える動機は、神に祈る動機よりも切実であり、神を徴する動機は、神を讃える動機よりも真摯である。

ペテルブルグ・パラドクス
St. Petersburg paradox 凡035

一度限りの極端な設定では、効用よりもはるかにはるかにはるかに確率を重視すべきだ、ということが見えなくなる。期待効用が無限回の試行の平均値でしかないことを忘れると。

ヘラクレイトスのパラドクス
Helaclitus' paradox 心071

「同じである」はもちろん省略形。何と「同じである」かを補わねば。「某と同じである」もまだ省略形。何として見たときに「某と同じである」かを補わねば。

ベリーのパラドクス
Berry's paradox 凡016

「この頁で言及されていない人物のうち最も背の高い人」は誰だろうか。この質問は誰に言及しているだろうか。

ベル・カーブ
bell curve 心063

グラフの形は、見やすさのために進化したのであって、実在を反映するために進化したのではない。

ベルトランの箱のパラドクス
Bertrand's box paradox 　　　　　　　　　　　　　　　　　　心067

　直観的にのみ正しい場合分けをすると、唯一正しかった直観までが場合分けされかねない。

ベルトランのパラドクス
Bertrand's paradox 　　　　　　　　　　　　　　　　　　　　サ092

　確率を実験で求められるものなら楽な話だが、どのような実験をすればよいのかについて決め手がない確率が高いので……。

ペンキ塗りのパラドクス
paradox of painting 　　　　　　　　　　　　　　　　　　　　サ065

　物質よりも精神の方が次元が多いと考えればいちおう納得できてみたり。しかし有限の精神で無限の物質を思い描けるとはな。

ヘンペルの鴉のパラドクス
Hempel's paradox of confirmation 　　　　　　　　　　　　　パ066

　見かけより中身、とは対偶のための教訓。対偶の中身が有益であればあるほど、その表現に追随するととんだ大愚を演じる羽目になる。

ポアンカレ‐ラッセルの悪循環原理
Poincaré-Russell vicious circle principle 　　　　　　　　　　 サ069

　禁止を実害だけに限定するのは、法律でも数学でも等しく無益なようだ。

放蕩者のパラドクス
paradox of rakehell 　　　　　　　　　　　　　　　　　　　　心021

　自分の行為を冷静に見つめ直すことは、倫理的感情を冷ます。だからといって、倫理的意義までも冷ますことにはならない。

報復のパラドクス
paradox of revenge 　　　　　　　　　　　　　　　　　　　　心010

　報復は悪であるが、必要である。八つ当たりと逆恨みの区別を論理的に保証するために。

ポパーのパラドクス
Popper's paradox 　　　　　　　　　　　　　　　　　　　　　パ065

　手当たり次第とかデタラメという意味ではない。条件を満たすかどうかとは独立の基準で選ばれたという意味である。ランダムなサンプルというのはね。

ホメオパシー
homeopathy 　　　　　　　　　　　　　　　　　　　　　　　★081

　歴史重視の方針を下ろしていくのは文化のレベルまでにしておけ。

ホリスのパラドクス   パ071
Hollis's paradox

「推理できる」「解くことができる」を「当てることができる」と解釈してよいなら、世の中ずいぶん解きやすく当たりにくくなるだろう。

ボルツマンの人間原理   心050
Boltzmann's anthropic principle

必要なゆらぎがたまたま生じた場所のうちどこかにのみ、必ずやこの私に相当する者は生まれることができるのでなければならない。

ポーンの昇格   サ047
pawn promotion

規則外の超美技に出遭うと、常に創意工夫の余地を狭める方向で対処がなされるらしい。なんせ制度は不意を衝かれるのが大嫌いだから。

ま

マーフィーの法則   サ089
Murphy's law

利害が確率を変える。確からしい率をでなく、確かめられる率を。確かめかした率だとか、確かがましい率だとかを。

マクタガートの時間のパラドクス   サ013
McTaggart's paradox

順序があるからといって、流れがあるとは限らない。ただし流れがないことを証明するには、順序立てて論じただけじゃ駄目。うまく流れに乗れなきゃ無理だろうて。

マジシャンズ・チョイス   ★074
magician's choice

自由意思が否定されるくらいなら超能力を認めた方がまし、と信じる自由主義者。不自由な小能力を拒みたいのか、無能力な超自由が欲しいのか。

間違い探しのパラドクス   ★002
spot the difference paradox

真実に囲まれた一点の虚偽には自己向上化の特有成分が備わる。「この頁に間違いが1つだけある」。堂々巡りが間違いを課題へ、課題を謎へ、謎を逆理へと昇華し続けてゆく。

待ち遠しさのパラドクス　　　　　　　　　　　囚029
paradox of waiting

　矛盾を意識したからといって、心は矛盾を追放しようとはしない。撤回するかもしれないが、決して追放しようとしないだろう。

マルチプル・アウト　　　　　　　　　　　　★075
multiple out

　思い通りに選ばせてもらったからといって、思い通りのものを選べたとは限らない。思い通りだからといって、思っていたとは限らない。

ミズスマシはなぜ群れるのか？　　　　　　　心037
gyrinus japonicus paradox

　孤立しているよりも群れていると当たりやすくなるが、いったん当たったときにそれが自分である確率は大幅に減る。

水の記憶 part1 ──ホメオパシー　　　　　★081
homeopathy

　毎日飲む水が、過去数百年間どんな動物の体内を通ってどこの下水を流れた水なのか、いちいち想像しなきゃいかんな、これからは。

水の記憶 part2 ──ムペンバ効果　　　　　★082
Mpemba effect

　水より熱湯が早く凍っちゃビックリだけど、より冷め方が早いと言われりゃ不思議と納得。

三つ子の魂百まで　　　　　　　　　　　　　心087
You can't ask a leopard to change his spots

　何を可能と思うかは経験につれて変化してゆくが、何を意外と感じるかは一生ほとんど変わらないようだ。

南向きの謎　　　　　　　　　　　　　　　　サ002
peninsula puzzle

　「ただの偶然」が冷遇されるようになればなるほど、単なる偶然でしかない現象が熱く信奉されるようになる。

未来世代のパラドクス（非同一性問題）　　　囚091
non-identity problem

　現代人に未来世代の人権を尊重させるには、義に訴えるのでもなく徳に訴えるのでもなく、利と理に訴えて、我こそ未来世代の一員と悟らせるのが唯一の道らしい。

ミューラー・リヤ錯視　　　　　　　　　　　★079
Mueller-Lyer illusion

　錯覚による警戒も興奮も、もはや石器時代に有していたような利点はない。二次元フェチ文明が環境をすっかり再々編してくれるまでは。

ムーアのパラドクス
Moore's paradox サ 048

信じていない内容を主張する人も、否認している内容を信じる人も、自らどちらを甘受するだろうか。不誠実と不整合と。罪と愚と。

無為自然のパラドクス
paradox of wu-wei サ 056

無為であっては無為自然を唱えられっこないし。唱えられることこそ無為自然にとって自然であるし。

無からのループ（タイムトラベルのパラドクス2）
causal loop ハ 080

無から有が生ずる、というなら無視できよう。しかし無からの有からの無からの有からの無からの有となると……？

無限後退
infinite regression 心 019

理由なく認めねばならない事柄は本当にある。ただしそれが何であるかはそのつど理由なく変化する。

無限個の知識
infinite pieces of knowledge ハ 055

脳の中に無限個の知識を容れられるだけでなく、容れざるをえない理由は、脳の容積が外界に広がっているからである。

無限のパラドクス
paradox of infinity

「カントールのパラドクス」「ヒルベルトのホテル」「ブラリ・フォルティのパラドクス」「トムソンのランプ」「宇宙船のパラドクス」など一群のパラドクスの非公式の総称。「アキレスと亀」系統も広義でのこの種類と言える。「悪魔の提案」「無限列のパラドクス」「定常宇宙論の矛盾」のように確率のパラドクス絡みも多い。

無限列のパラドクス
infinite series paradox サ 094

自然体からランダムに選んで素顔。真面目からランダムに採って真顔。その確率を知るには、顔とは無縁の実験をすれば、概数ははじき出せよう。

矛盾した命令
inconsistent order ハ 023

あまりに露骨な矛盾表現は、比喩表現として再解釈せずとも、文字通り整合的であることが保証されていたり。

矛盾律
law of non-contradiction ハ021

表面上の矛盾を解除する解釈法はいくつもある。少なくとも文法的品詞の種類と同じくらい。

「無条件降伏」というパラドクス
paradox of "unconditional surrender" ★092

負けたら国家が滅びる、と深く覚悟していたやつらほど、あれは勝者の裁きだの事後立法だの、うじうじ未練がましいったら。

ムペンバ効果
Mpemba effect ★082

水にとっての温度のように、人にとっての心は、量から質への転換だろうか。質から統計数字への帰還だろうか。

無理数＋無理数
irrational numbers サ003

有理数−無理数＝無理数、といったん推測はしてみるものの、即座に自明とはいえない。道理から無理を引き去って残るのが無理だとは確信できないのと同様に。

もっと究極の還元主義
ultimate final reductionism 心101

論理があらゆる学の基礎であるに違いないが、あらゆる知の基礎とは限らないところが怖ろしや。

もうひとつの対偶
another contraposition サ038

原文とその対偶はまったく同じ意味でなければならないが、同じ文の対偶どうしは異なる意味を持つことがある。

森の射手
archer サ101

自分の身にすでに起きた出来事をもとに、自分や環境の性質を推測することができる。これから起こる出来事をもとに、自分や環境の性質を忘れ去ることもできる。

モンティ・ホール・ジレンマ
Monty Hall dilemma ハ042

予定どおりのことが実現したからといって、将来の見込みが変化することはない。ほんのわずかでも予定と予想の間に隙間があったなら別だが。

や

役に立つ質問のパラドクス ★ 004
paradox of the question

役に立つと認められるやいなや役に立たなくなる。そういう説明は、無用の用を売りにした場合にだけ役に立つわけではない。

やぎさんゆうびん サ 024
discommunication

趣旨が伝わっていないことが伝わっていないかもしれない。そういう可能性は、物理的なものと論理的なものに分けて別個に心配すべし。

約束のパラドクス パ 047
paradox of promising

約束を守ることよりも、約束の内容を確認することよりも、あれは約束だったのかどうかを確かめる方が緊急であったりするので。

ヤーブローのパラドクス 心 074
Yablo's paradox

さりげない形で自己言及が現われることがあるから要注意。さりげなさったら半端なくさりげなかったりするので。

山のパラドクス パ 053
sorites

程度問題を端的な真偽問題に——取り違えたのかすり替えたのか、誤謬と詐欺の違いもまた程度問題である。

遊女の平均寿命 心 064
average lifetime of prostitute

歴史を生き延びたデータというだけでたいてい性質の偏ったデータだが、典型例として重宝され、歴史家の騙されやすさの典型的データを提供し続けている。

有性生殖のパラドクス ★ 050
paradox of sexual reproduction

正確さと速度で勝負するか、大きさと多様性で勝負するか。巧みな狙撃手に頼るか、ランダムな新しさに賭けるか。

UFOの正体 パ 073
identity of UFO

地球の都合に合わせて来訪の頻度を調節していることがわかったら。宇宙人にしては気の遣いすぎと考えるか、SETIときたら予算の使いすぎと見るか。

様相論理の公式　★038
formula of modal logic
　あえて不自然な論理を先に組み立てて、実感を後から捏ねあげてゆく。暗黙のこの作法のおかげで、いかに自然な実感が多々発見されてきたことか。

良きサマリア人のジレンマ　★089
good Samaritan's dilemma
　情けは人のためならず、という諺は、もちろんわが身のためならず。

予言の自己実現　心031
self-fulfilling prophecy
　ある具体的な事実を予言していて、しかも信じれば必ず実現する予言というものがある。あることはある。

予言のパラドクス
paradox of prediction
　「抜き打ち試験のパラドクス」「チェーン店のパラドクス」「予言の自己実現」「瓶の中の小鬼」「ドクター・サイコ・パラドクス」「ホリスのパラドクス」など一群のパラドクスの非公式の総称。

予知能力　バ064
demonstration of precognition
　アタリハズレをどうやって確認するのか、方法をまずはじめに教えてください。そう要求してきさえすれば、とりあえずアタリである。

予知能力バトル　サ075
predictive competition paradox
　論理的に勝敗がつくはずのないゲームで勝てなかったからといって、勝負強さの名が汚されはしない。負けでもしたら再起不能だが。

4枚カード Part2　バ033
4 cards: part2
　いかにも公平なゲームであっても、念のため、先後を入れ換えて役そのものを公平にしておこう。

4枚カード問題　バ004
4 card task
　ルール違反を最小限の手間で摘発する必要はない。が、最小限の理屈で追及せねばなるまい。

ら

ライアーゲーム版ギャンブラーの誤謬 ★013
gambler's fallacy: Liar Game version

> 正解を決める唯一の方法は、問題の内容ではなく出され方を突き止めること。その認識がしばしば唯一の正解である。

ライアーゲーム版コイントス ★014
Coin flipping: Liar Game version

> 正解を決める唯一の方法は、問題の内容でも出され方でもなく出題者の意図を突き止めること。とは意地悪クイズに限ったことではない。

ラッセルの記述理論 心082
Russell's theory of description

> 論理という深層は日常という表層と決して食い違わない。が、論理の表層と日常の深層とは食い違いまくるのみ。

ラッセルのパラドクス 凡014
Russell's paradox

> 自分自身を無限に映し出す神秘の水晶玉よりも、自分自身を映し出せはしない凡俗な硝子玉の方が、集合に統べられるやはるかに強い論理的呪力を放つとは……。

ラッセルのパラドクス：関係バージョン サ068
Russell's relational paradox

> 関係どうしが関係を持つことがある――というより、持つとも持たないとも言えない関係をこそ必然的に持ったりする。

ラッセルのパラドクス：命題バージョン ★037
Russell's propositional paradox

> 言い回しを変えると、論理の雰囲気が変わるより前に、雰囲気の論理が変わることしばしばである。

ラプラスの悪魔 心053
Laplace's demon

> 歴史があらかじめ完全に決まっているのか決まっていないのかによって、確率が意識の性質であるのか外界の性質であるのかが決まる。あらかじめ完全に決まっている。

ラムジー・テスト サ086
Ramsey test

> DNAを持たない人が発見されたとしたら、その人は生物でないことになるだろうか、それとも生物にDNAは必須でないことになるだろうか。

ランダム・ウォーク　　　　　　　　　　　　　心030
random walk

作為のないことと、偏りのないことは、短期的には矛盾しがちだが長期的には折り合うもの。自由と平等もいずれそのようにうまくゆくだろうか？

利口な馬ハンス　　　　　　　　　　　　　　ハ063
genius horse

必然的論理の理念が揺るぎなく洗練されればされるほど、偶然の物理的シグナルが揺らぎつつ攪乱にやってくる。

リシャールのパラドクス　　　　　　　　　　ハ018
Richard's paradox

もちろん循環定義は避けられない。どうせ避けられないものなら、ループをなるべく拡げるのが良識人の工夫であり、さりげなく縮めるのがパラドクスフェチの創意である。

利他主義のパラドクス　　　　　　　　　　　心038
paradox of altruism

生物種が連続的な歴史の中の便宜的な区分にすぎないことに照らせば、「種の保存のため」という光が自然界を照らしていないことなど自明中の自明なのだが。

利用可能性ヒューリスティクス　　　　　　　心002
availability heuristics

馴染み深いという性質は、さまざまな馴染みなき性質を際限なく引き連れてくる。

両義的な証拠のパラドクス　　　　　　　　　サ034
equivocal evidence paradox

複数の推論が相反する結論を導いた場合、推論に責めを負わせるより先に、適用すべき状況を誤っていないという前提の負けを責めるべきだろう。

量子自殺　　　　　　　　　　　　　　　　　★026
quantum suicide

あなたの1年後の心身が火星やアンドロメダに出現しないのと同じ理屈で、いやもっと強い理由で、あなたが死亡した分岐世界にあなたが移行している心配はない。

量子不死　　　　　　　　　　　　　　　　　★027
quantum immortality

不死を信じるには霊魂を信じる必要などないが、幸運を信じきる必要がある。

良心的な商売　　　　　　　　　　　　　　　★073
fake insurance

騙されたぶん運がめぐってくる。それ式の信仰は、もはや私たちの脳に働きかけはしないが、血液を巡り続けている。

輪廻転生を証明する　　　　　　　　　　　　　　　　　サ 108
arguing for reincarnation
　いつどこで誰として生まれようとも、私は私として存在していただろう。そう信じずにいられる者は、超天文学的な奇跡に耐えられる超人に違いない。ましてやそうでないと信じる者ときたら、超天文学的な奇跡に殉じられる聖人に違いない。

ルイス・キャロルのパラドクス　　　　　　　　　　　　パ 024
Lewis Carroll's paradox of entailment
　論理は真理に密着するが、心理とは直結せず。論理的直観が鋭いとは——非論理的直観にどれほど鈍感でいられるか。実感抜きの仮定への違和感に動じずにいられるか。

ルビンの杯　　　　　　　　　　　　　　　　　　　　　★ 077
Rubin vase
　どこが曖昧なのかをぼんやりとでも突き止めれば、曖昧さという最も明晰な媒体を乗りこなしたことになる。

例外のパラドクス　　　　　　　　　　　　　　　　　　サ 030
exception paradox
　例外のない規則はないだろうが、法則に例外があっちゃだめだ。法則なるものを規則でそう決めておけ。

レム睡眠　　　　　　　　　　　　　　　　　　　　　　★ 065
REM(rapid eye movement)sleep
　眠りは意識の中断だという思い込みは、夢が眠りの中断だという思い込みによって解除される。して、意識は空気のような中断さるべからざる機能だという思い込みによってすべてが解除される。

連鎖のパラドクス（曖昧性のパラドクス）
sorites
　「山のパラドクス」「禿頭のパラドクス」「色のパラドクス」「ドミノ倒し論法」「「特別な数」のパラドクス」など一群のパラドクスの非公式の総称。種類の多少異なる「テセウスの船」や、「時限爆弾シナリオ」のような〈滑りやすい坂〉系も含めてよい。曖昧性とは関係ないが、「ナッシュ均衡」「アイスクリーム売りのパラドクス」のような合理性のパラドクス系も類縁性を持つ。

ロシアン・ルーレット・ジレンマ　　　　　　　　　　　心 065
Russian roulette dilemma
　論理思考ができると命拾いすることもある。他人が運を天に任せている間に、運を確率に託せるかどうかで。

論証のパラドクス
paradox of reasoning
　「ヘンペルの鴉のパラドクス」「ルイス・キャロルのパラドクス」「真理の人間尺度説」「例外のパラドクス」「ヒュームの懐疑主義」「くじのパラドクス」など、演繹と帰納の本性に関する一群のパラドクスの非公式の総称。「ギーチのパラドクス」「妥当な演繹のパラドクス」のように自己言及系も多い。

わ

ワインと水のパラドクス　　　　　　　　　　　　　　　　　　　　サ093
wine and water problem
　恣意的ならざるすべての確率の平均をとる戦略と、最も恣意的でない唯一の確率を突き止めようとする戦略と、どちらが的中確率が高いだろうか？

枠の中のパラドクス　　　　　　　　　　　　　　　　　　　　　　サ031
box paradox
　閉じた空間の内部から外界へ真偽予測をするときは──「真でない」と「偽である」との内的区別を外化せねばならない。

ワニはジレンマに悩むべきか？　　　　　　　　　　　　　　　　　サ026
crocodile's dilemma?
　約束そのものに倫理的欠陥がなければないほど、欠陥は論理的に約束されていたことになる。

最終問題

索引の各項目の aphorism 的解説を、以下の9種類に分類せよ。

1. 表題問題を要約したもの
   (辞書的 aphorism)
2. 表題問題への正解を要約したもの
   (解明的 aphorism)
3. 表題問題への典型的不正解を要約したもの
   (警告的 aphorism)
4. 表題問題の誤った解釈を正したもの
   (指導的 aphorism)
5. 表題問題の解説を補足したもの
   (説得的 aphorism)
6. 表題問題から引き出せる教訓を述べたもの
   (啓蒙的 aphorism)
7. 表題問題にまつわる別の未解決問題を提起したもの
   (挑発的 aphorism)
8. 表題問題の哲学的意義を論評したもの
   (批判的 aphorism)
9. その他の象徴的表現
   (文学的 aphorism)

論理パラドクシカ
思考のワナに挑む93問

著 者	三浦俊彦
発行所	株式会社 二見書房 東京都千代田区三崎町 2-18-11 電話　03(3515)2311 [営業] 　　　03(3515)2313 [編集] 振替　00170-4-2639
ブックデザイン	ヤマシタツトム
DTPオペレーション	横川 浩之
印　刷	株式会社 堀内印刷所
製　本	ナショナル製本協同組合

落丁・乱丁本はお取り替えいたします。　定価は、カバーに表示してあります。

© Toshihiko Miura 2011, Printed in Japan.
ISBN978-4-576-11027-1
http://www.futami.co.jp

★ 好評既刊 ★
4冊合わせれば世界で類のない「パラドクス百科全書」になります。

三浦俊彦［著］

論理パラドクス
論証力を磨く99問
議論には必須の教養がある！
哲学・論理学の伝統的パズルを使って、ロジカルセンスを鍛える画期的問題集

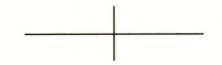

論理サバイバル
議論力を鍛える108問
オールラウンドなロジックの技法！
哲学・論理学の伝統的パズルを使って、勝ち残りのテクニックを磨く最強のテキスト！

心理パラドクス
錯覚から論理を学ぶ101問
急がばロジック！ 今度は基礎固め編
「論理と心理のズレ」を検証することで論理的な思考力が強化されるトレーニングブックの決定版